Alexandros Papadiamantis · Wunschtraum in den Wellen

Kleine Griechische Bibliothek, Band 15

Alexandros Papadiamantis

Wunschtraum in den Wellen

Erzählungen

Aus dem Griechischen übersetzt und mit einem Nachwort versehen von Andrea Schellinger

Elfenbein

Die Arbeit der Übersetzerin am vorliegenden Text wurde vom Deutschen Übersetzerfonds im Rahmen des Programms »NEUSTART KULTUR« der Beauftragten der Bundesregierung für Kultur und Medien gefördert.

Vom selben Autor lieferbar:
»Die Mörderin«. Roman (2015)

Erste Auflage, 2022

Druck: Finidr, s.r.o.
Printed in Europe
ISBN 978 3 96160 076 2

»Eines Tages wird uns die Vergangenheit mit der Kraft ihrer Aktualität überraschen.«

Odysseas Elytis

WÄRTER AN VERSEUCHTEM ORT

Hinter Plakes, einer Stelle mit flachem Gestein, stand ganz oben auf einem im Meer wurzelnden Felsen das Häuschen der alten Skevo, ihres Zeichens Witwe von Gialis. Der Fels lag nach Süden, so dass morgens von der einen Seite die Sonne zwischen drei Inselchen und einem hohen, weißen Gipfel emporglitt. Ihre Strahlen übergoldeten alles: das Grün der von Gesträuch und Gestrüpp bewachsenen Küste, die östlich den Hafen abschloss, das myriadenfach gekräuselte und widerschimmernde Meer, wie es an die »Ameisen« schwappte, ein knapp aus dem Wasser ragendes Riff, das kleine graugrüne Eiland Daskalio und das Bourtsi, eine dem Städtchen vorgelagerte, festungsartige Landmasse; golden überflutete auch an Wintertagen das Licht die Masten, Stengen und Wanten des einen oder anderen Schiffs, wenn es der kalten Jahreszeit wegen vertäut im Hafen lag. Auf der anderen Seite des Felsens verglühte abends die Sonne, um sich geschwind hinterm tiefgrünen Berg, dem Kiefernkamm, zu verstecken; alsdann erschauerten die Bäume sanft in der Brise, und all die unsichtbaren Insektenschwärme sirrten trübselig im Dunkel.

Auf fünfhundert Schritt erstreckte sich, ausgehend von der Küste ins Meer hinein, die lange Landzunge Plakes; beidseits lief sie in den Kleinen und Großen Kapernstrauch, in Mytikas und den alleinigen, meerumfluteten Felsbrocken Katergaki aus – hohe Klippen die einen, die anderen flaches, salzgetränktes Gestein, das von Wellen überspült und von der Sonne erhitzt wurde. Jene flachen Felsplatten von Plakes nutzten arme Frauen, ihre fertiggewebten Stoffe zu bleichen, Windeln, Laken und Lumpen zu waschen und sie anschließend durchs Brackwasser zu ziehen, das aus einem Felsspalt floss; im Sommer wiederum dienten die Klippen den Kindern der Nachbarschaft für ihren Hecht- oder Pflock-Sprung, also dafür, entweder mit dem Kopf oder den Füßen voran ins Wasser zu tauchen, wobei die Sprösslinge der Betuchten sich einmal täglich zum Schwimmen begaben, während die der armen Familien von früh bis spät zigmal ins Wasser sprangen, mit kurzen Pausen dazwischen. Dabei durfte nicht jeder x-beliebige Anfänger von Mytikas oder den beiden Stellen mit den Kapernsträuchern aus springen; vielmehr galt eine peinlich genaue, strikte Stufenleiter, die von Generation zu Generation weitergegeben und sowohl von den verschiedenen Schülerscharen der Elementarschule als auch von stromernden Kindern unverbrüchlich eingehalten wurde.

Zunächst musste jeder Anfänger von Vergoula springen, einem kleinen Felsen, der gerade mal aus dem Meer ragte; wenn er anschließend gut im Schwimmen war, so dass er Katergaki, von Plakes ungefähr drei Klafter entfernt, erreichen und sich dort in zwei Klafter Tiefe über Wasser halten konnte, wurde ihm erlaubt, von dort aus zu springen, denn dieser Brocken war ein wenig höher als der erste Fels. Dann durfte er, nach genügend Übung, sich am Kleinen Kapernstrauch versuchen. Selbstverständlich wurde der Hechtsprung mit einer besseren Note als der Pflocksprung bewertet; wenn der Lehrling aufrecht vom Kleinen Kapernstrauch zu springen begann, dann ging es gleichzeitig auch mit Sprüngen kopfüber vom Katergaki los, und so weiter: Wenn einer später am Mytikas stand, fing er auch mit dem Kopfsprung vom Kleinen Kapernstrauch an. War er schließlich zum Großen Kapernstrauch befördert, ging's entsprechend von Mytikas kopfüber ins Wasser. Hatte einer die Stufe erklommen, um zuerst mit den Füßen und sodann mit dem Kopf voran vom Großen Kapernstrauch zu springen, machte er weiter von Plakes, der Mole und der Muschel aus sowie all den kleinen Buchten und Felsvorsprüngen der Küste, und dann musste er zur Attacke auf die Schiffe übergehen, sich seitlich oder an Ketten aufs Deck hochhangeln, über die Wanten zu den Stengen steigen und anfangs vom Bugspriet, dann von der Fock und zuletzt vom obersten Rahsegel aus den Sprung ins Wasser wagen. Und all das unterm heiseren Gezeter des Kapitäns vom küstennahen Markt, in das der Schiffsjunge vom Heck und der Bordhund vom Bug her einstimmten: »Ins Wasser, ihr Lausbuben, runter ins Meer!«

Auf der einen Seite von Plakes gab es an Land eine Felsnische, Höhle genannt, oberhalb derer dicht aneinander die kleinen Häuser der armen Leute standen, wie aufgehängt in der Luft, in ausgewogenem Durcheinander und vom häufigen Tünchen blendend weiß; auf der anderen Seite erstreckte sich breit ins Meer die Muschel, ebenfalls ein Landvorsprung, wo eine kleine Windmühle mit einem ziemlich zerschlissenen Segeltuch, zwei heilen und einem abgeknickten Flügel zu sehen war, sämtlich vom Wind arg ramponiert; westlich von diesem Felsen befand sich der Totenacker der kleinen Stadt, wo die ehemals Lebenden den ewigen Schlaf schliefen …

Zwischen Plakes und der Höhle lag, nach Osten ausgerichtet, die Werft der Familie Mathinos, ein älterer, dreistöckiger Bau, so wie die Bootsbauanlagen der Mönche vom Heiligen Berg. Um vom Fels zum Sandstrand zu gelangen, brauchte man nicht mit zitternden Knien hinabzusteigen, wie es bei dem steilen, schmalen, schlecht erkennbaren und kaum zugänglichen Pfad unumgänglich gewesen wäre. Die drei Stockwerke des Werftgebäudes waren untereinander mit Fallreepen verbunden. Die erste führte vom Dach durch die Luke ins Obergeschoss, die zweite reichte ins mittlere und die dritte auf den bloßen Erdboden. Oben wurden Hölzer gehobelt und gesägt, darunter schnitt man aus Krummholz die Spanten zurecht, und ebenerdig baute man die Boote zusammen.

Am schmalen Sandstrand vor der Werft, gerade breit genug, um ein Fischerboot darüber zu schleifen und es längs des Felsens abzustellen, lagen mal zwei Barken, mal eine Jolle oder ein Kutter; jeder Handelskapitän, der winters aus den Festlandsdörfern Trikeri, Kissos, Zagora oder Lavkos, gelegentlich auch aus Litochoro oder Kassandra, dem mittleren Finger der Chalkidiki die Insel anlief, beauftragte die Mathinos-Familie, ihm eine Barke oder einen einmastigen Spitzgatter, einen Lastkahn oder Kutter, ein Zweimastkaiki oder ein Fangschiff zu bauen. Als Anzahlung hinterließ er fünf Goldmünzen, fuhr in aller Ruhe wieder ab, kam im Sommer zurück und fand seine Bestellung abholbereit vor. Doch der alte Mathinos und seine Söhne, seit Generationen im Ruf guter Bootsbauer, hatten schwer mit dem Südwind zu kämpfen, der an jenen Küsten alles andere als gelinde wehte. Im ebenerdigen Bereich der Werft gab es nicht genügend Platz, um ein größeres Schiff zu bauen; draußen drohten die vom Südwind herangetragenen bleigrauen, einförmig trübsinnigen Wellen den Zwei- oder Einmaster, das Last- oder Fangschiff, was auch immer der alte Mathinos fertiggestellt und am Strand untergebracht hatte, vor der Zeit an sich zu reißen. Damit die Wasserfahrzeuge nicht voreilig Bekanntschaft mit den Wellen schließen, die Strenge des Salzes kosten und dem Seegang überliefert würden, hatte der alte Mathinos, der sein Handwerk beherrschte, die Pflöcke tief unterhalb der festgetretenen Schicht feinen Sands in die Erde getrieben, so dass der Südwind trotz seiner tückischen Tobsucht nicht in der Lage war, ihm den Rumpf, das Werk seiner Hände, zu entreißen. Die Werft war vor drei, vier Generationen unmittelbar am Felsen erbaut worden, und damals war der sandige Streifen noch viel breiter gewesen; doch inzwischen hatte sich das Meer in einen Teil des Felsens gefressen, so dass dieser Streifen stark verschmälert war.

Oberhalb der Mathinos-Werft stand direkt am Fels das kleine Haus der alten Skevo, der Witwe von Gialis. Als sie an jenem Morgen erwachte, stellte sie sich vor ihre Muttergottes, eine Ikone, nicht größer als die Stirn eines dreijährigen Mädchens, und bekreuzigte sich vor diesem kleinen, silberverkleideten Marienbild; ihr verstorbener Ehemann hatte es aus Russland hergeholt, damals, als die Seeleute dorthin fuhren und erlesene Dinge mitbrachten. Auch schlug sie das Kreuz vor dem heiligen Nikolaus, dem Schutzpatron der Seeleute; auf dieser Ikone, über und über silberbeschichtet und nicht größer als ein kleines, am Leib getragenes Evangeliar, war er mit Lichtkranz, dem Neuen Testament und der Raute des Epigonation dargestellt. Als es mit den Geschäften ihres Mannes bergab ging und er sich anstelle des Schoners, den er einst besaß, nun eine Barke zulegte, damit zum Fischen auslief und auch Holz aus Kalamaki und Kechrea herschiffte, zwei entfernteren Stränden der Insel, hatte er stets jene Ikone in der kleinen Kabine hinten am Bootsheck bei sich und ließ das Lämpchen vor dem Heiligenbild nie ausgehen. Dreimal in acht Jahren hatte er sich eine neue Barke angeschafft, Gott hab ihn selig, den Käpt'n Gialis. Dreimal – lange hat er nicht gelebt, möge Gott seiner Seele gnädig sein – war sie gesunken, einmal mitten im offenen Meer, zweimal an der Küste zerschellt. Dreimal fand sich die Ikone, die sonst in der Kabine hinter einem Öllämpchen lehnte, an Käpt'n Gialis' Brust, während er schwimmend davonzukommen versuchte, als sage sie ihm: »Ich rette dich als Heiliger, rette du mich als Kleinod.« Und dann hatte er, Gott hab ihn selig, eine ungewohnte Leichtigkeit beim Schwimmen empfunden, sich über den Wellen gehalten, ihren Furor bezwungen und war verschont geblieben. In einer anderen Version wurde Folgendes berichtet: Die beiden ersten Male soll Käpt'n Gialis, bevor er sich dem Meerwasser aussetzte, daran gedacht und sich die Ikone an die Brust geholt haben, was ihm bei den nachfolgenden Generationen Hochachtung verschaffte; beim dritten Mal habe er nicht daran gedacht – er war ja auch nur ein Mensch! –, sich nur um die eigene Rettung gekümmert und die Ikone ihrem Schicksal überlassen; doch die habe sich auf wundersame Weise von selbst am Leib des Schiffbrüchigen eingefunden, als sage sie: »Wieso lässt du mich liegen?«

Diese und andere Erinnerungen gingen der alten Skevo in jenem Moment durch den Sinn, als sie sich vor den Ikonen bekreuzigte. Alsdann wandte sie sich zum kleinen Fensterchen, das zum Meer hin sah, warf einen Blick auf die offene Fläche und bemerkte dort – gottlob war sie trotz ihres Alters im Vollbesitz des Augenlichts – zwischen zwei Inseln, dem sogenannten Kleinen und Großen Tsougrias, ja was war das denn?, ein vor Anker liegendes Schiff. Sie war verblüfft, denn so etwas kam eigentlich nie vor. Normalerweise ging man an jener Stelle, also zwei bis drei Seemeilen von der Stadt entfernt, nicht vor Anker; Schiffe liefen vielmehr in den Hafen ein. Auch konnte man dort nirgendwo anlegen. Zwar befand sich die Stelle außerhalb der Hafenmündung zwischen den beiden unbewohnten Inseln, war aber einigermaßen windgeschützt.

Nicht nur Verblüffung war's, was die alte Skevo empfand, nein, sie spürte auch ihr Herz erbeben. Just letzte Nacht und am Tag davor, wie überhaupt jeden Tag und jede Nacht, hatte sie an ihren Sohn gedacht, den einzigen, den sie besaß, an ihren Stavros – nur er war ihr geblieben, er und eine verheiratete, doch kinderlose Tochter, an die sie sich im Alter halten konnte. Der Sohn, zwanzig und unvermählt, war Bootsmann auf einem einheimischen Schiff. Es war die Donau hinuntergefahren und hatte Konstantinopel erreicht. Dies wusste sie seit einem Monat durch einen Brief, den sie erhalten hatte. Das Schiff sollte weiter ins Weiße Meer, doch ihr Sohn konnte ihr noch nichts dazu schreiben, ob der Kapitän vorhatte, einen Halt am heimatlichen Ort zu machen oder nicht. Er hoffe jedoch, dass dies geschehe. Nach dem Empfang des Briefs und zwei weiteren Wochen war plötzlich zu hören, dass sich die Cholera in Arabien und Misr breitmachte, dass sie auch in Anatolien, Smyrna und anderswo ausgebrochen war … Sogar ging die Rede, die Krankheit sei bis Konstantinopel gelangt. Gott schütze alle Christenmenschen und gleich danach ihr Kind, wo immer es auch sei, Gott steh ihm bei …

Viel Pech in diesem Jahr … Überhaupt war in letzter Zeit ein Jahr schlimmer als das andere. Viel Armut und noch mehr Murren und Verdruss. Doch Krankheit war am schlimmsten … – Gott schütze alle Menschen und gleich danach uns arme Sünder. – Von großer Unbill, Missernten, Hunger, Krankheit, von allem zusammen war zu hören. Und die Furcht machte es nur noch größer. Und die Sünde vergrößerte die Furcht. Seid bereit zur Reue, Christenmenschen! Lasst euch vom Heiligen Geist erleuchten und habt ein glückliches Alter. So predigte die alte Skevo unermüdlich und nahm sich heraus, jüngeren Frauen Ratschläge zu erteilen. Doch die meisten von ihnen, die törichteren, lachten sie aus. Sogar die Kinder, die in solchen Zeiten entstandenen Bälger, verspotteten sie und riefen ihr zu: »Skevo, du Fass! Skevo, du Fass!«

Fass war der Spitzname, den das gnadenlose Geläster der Nachbarschaft ihr angehängt hatte. Weil sie recht kurz und rundlich war, verglich man sie mit den bauchigen Behältern, in denen man zum Löschen von Schiffen Ballast herschleppte. Doch so wie der Bootskiel das Krummholz für die Werft des alten Mathinos auf sich nahm, so nahm sie gleichmütig aller Leute Schrullen, Spötteleien und Schmähworte hin. Und wurde der Belehrung und des guten Ratschlags nicht müde. Sie war der Meinung, es sei nun Zeit für Reue und Umkehr. Von Unbill hatte die Welt genug gesehen, und doch zeichnete sich mehr davon ab, darunter Krankheit als keinesfalls geringfügigste. Und schon drohte die Krankheit von überall her einzudringen.

So war ihrer Nachbarin Lenio, der Frau von Garbis, einer Alten, die häufig Gesichte hatte, dieses Jahr unverkennbar bereits etwas Schreckliches vor den eigenen Augen erschienen. Drei schwarzgewandete Weiber waren am helllichten Tag an der Kreuzung neben ihrem Haus aufgetaucht, die erste rabenschwarz im Gesicht, die zweite grünlichgelb, die dritte knallrot. Von den wenigen Leuten, die sie wahrnahmen, kannte keiner sie, und offensichtlich handelte es sich um ein Gesicht, eine übernatürliche Erscheinung. Gesehen hatten sie die erwähnte Lenio, des Garbis Frau, Zacharou, die Bäckerin, sowie die siebenjährige Despinio, die Tochter von Maria Peperou. Eindeutig handelte es sich bei der schwarzen, der ersten der drei fremdartigen Frauen, um die Pest, bei der zweiten, der gelben um die Cholera und bei der dritten, der roten um Scharlach. Auf wundersame Weise waren sie ins Dorf gelangt, vielleicht um anzukündigen, was nicht mehr weit weg war. Womöglich ein gutes Zeichen, deutete die alte Skevo, auf dass die Christenmenschen davon Kenntnis erhalten und sich zur reuevollen Umkehr rüsten. Auch die Nonne Olympias, Küsterin der Marienkirche, hatte allerlei Gesichte im Schlaf und legte sämtlichen Frauen nahe, Buße zu tun.

Darum kreisten die Gedanken der alten Skevo, während sie jenes Schiff im Blick behielt, das drüben zwischen den beiden Inseln vor Anker gegangen war, und sie fragte sich, weshalb es sich hier eingefunden hatte. Wie eine Fortsetzung der Gesichte, die des Garbis Lenio gehabt hatte, kam es ihr vor. »Vielleicht sind von diesem Schiff aus«, sinnierte sie wie entrückt, »eben jene drei Weiber an Land gegangen, die der Nachbarin Lenio vorgestern erschienen sind.« Gleich darauf, als habe sie sich besonnen, fiel ihr ein, dass die drei Frauen, da sie vom Gottseibeiuns kamen, kein Schiff nötig hatten, um an Land zu gehen. Und weil sie in jenem Augenblick den munteren Beilschlag des Bootsbauers unten am Strand vernahm, kam sie darauf, den alten Mathinos zu fragen, lehnte sich aus dem Fenster und rief:

»Nachbar, Meister Dimitris!«

Abrupt setzte der Beilschlag aus, was ihr zu verstehen gab, dass ihre Stimme dem Bootsbauer zu Ohren gekommen war. Mathinos, der von oben vor dem Werftgebäude zu sehen war, wie er auf dem Sandboden hieb und schnitzte, hatte sich tatsächlich aufgerichtet, hielt die Hand über die Brauen und blickte zum Felsen auf.

»Nachbar, Meister Dimitris«, wiederholte Skevo, »was ist das für ein Schiff?«

Der alte Mathinos hatte das Schiff überhaupt nicht wahrgenommen und gab wie ein Echo zurück:

»Schiff?« Vielleicht sah er nicht so gut in die Ferne und war in jenem Moment von der aufgehenden Sonne geblendet, oder die leichte Krümmung an der Spitze von Plakes nach Südost verwehrte ihm gar die Sicht darauf.

Die alte Skevo sagte noch einmal:

»Das Schiff dort drüben, zwischen den beiden Inseln!«

»Weiß nichts von einem Schiff«, brummte der alte Mathinos.

Skevo hatte nicht gehört, was er sagte und machte weiter:

»Das Schiff, Meister Dimitris, gegenüber, es liegt vor Anker. Seit wann ist es dort? Und wieso dort vor Anker gegangen?«

Der alte Mathinos wiederholte:

»Hier gibt es keine Schiffe, nur Barken.«

Womit er natürlich auf die von ihm gebauten Seefahrzeuge verwies.

Skevo begriff, dass der alte Bootsbauer das vor der Hafenbucht liegende Schiff nicht gesehen hatte; gleichwohl unternahm sie einen letzten Versuch.

»Ist vielleicht einer von deinen Söhnen in der Werft, der etwas über das Schiff weiß?«

Doch der alte Mathinos hatte sich bereits wieder seinem Werk zugewandt und machte sich am Krummholz zu schaffen.

Skevo blieb am Fenster stehen und schaute weiter begierig aufs offene Meer. Just als sie sich zum Gehen anschickte und dabei im Geist einen Plan schmiedete, wie sie sich wohl Auskünfte verschaffen könnte, trat einer der Mathinos-Söhne aus dem Werftbau und blickte zu Skevos Häuschen auf.

»Giorgos, mein Junge«, rief ihm die Alte zu, »hast du dieses Schiff da gesehen?«

Der junge Mann stieg nach oben, beschirmte mit der Hand die Augen und schaute.

»Das muss nachts vor Anker gegangen sein«, antwortete er, »gestern Abend war es noch nicht da.«

»Und wieso hat es dort geankert?«, fragte Skevo.

»Zu hören war, dass man Tsougrias zum Seuchenquartier machen will«, gab Giorgos zurück.

»Dann ist das Schiff also verseucht?«

»Bestimmt.«

»Und wohin gehört es?«

»Nicht zu uns hier«, antwortete Giorgos.

Sagte es, stieg hinunter und ging wieder in die Werft.

Der alten Skevo genügten diese Auskünfte nicht, so dass sie sich entschloss, geradewegs ins Unterdorf zu gehen und nachzufragen, was vor sich ging. Anfangs vermutete sie, es handele sich bei jenem Schiff um die einheimische Brigg, auf der ihr Sohn Bootsmann war. Doch in diesem Fall hätte der scharfe Blick des jungen Bootsbauers es freilich erkannt, und des alten Mathinos Sohn hatte bestimmt keinen Grund, der Nachbarin die Wahrheit vorzuenthalten. Nichtsdestoweniger war Skevo beunruhigt und irgendetwas sagte ihr, dass sie bald mehr erfahren würde.

In den nächsten zwei Stunden war die Alte mit ihrem Haushalt beschäftigt; dann machte sie sich fertig für den Ausgang, schloss die Tür ab und schlug den Weg in den unteren Ortsteil ein. Schon war sie ein Stück vorangekommen, da erübrigte sich auf einmal, dass sie weiterging.

Auf halber Strecke, zweihundert Schritt von ihrem Häuschen entfernt, lag an einer Kreuzung die Bäckerei von Zacharou. In dieser Bäckerei, deren Ofen zwei oder drei Mal am Tag aufgeheizt wurde, scharten sich alle Frauen der Nachbarschaft, ob jungverheiratet, verwitwet oder betagt, und erzählten einander die jüngsten Neuigkeiten, stellten Fragen, schnappten etwas auf und berichteten, *streckten* und *besiegelten*. Die »Streckerinnen« taten sich in der Kunst hervor, Kettfäden zu dehnen und am Webstuhl festzuknoten, wenn das Garn aufgebraucht war. Das Metier der »Besieglerinnen« bestand darin, die Mitgift einer Braut kurz vor der Hochzeit unter Hochdruck fertigzunähen und zu sticken, nachdem der Bräutigam wochenlang den Beleidigten gespielt und dann unwirsch erklärt hatte, er wolle nächsten Sonntag an den Traualtar treten. Beide Gewerbe waren ohne Umstände in die Bäckerei zu verlagern, dem Gegenstück zum Kafenion, wo die Männer herumsaßen, wenn sie nichts zu tun hatten; hier wie dort zog man all die kleinen Gerüchte in die Länge und versah sämtliche unabgeschlossenen Geschichten mit irgendeinem Schlussstrich. Die eine hat mit ihrem Mann gestritten. Die andere verlobt sich demnächst mit X, aber was hat dem nur an ihr gefallen, und so weiter. Die Y ist schlampig und kommt mit ihrem Haushalt nicht zurande. Lässt ihre Kinder ungewaschen und verwahrlost herumlaufen, und so fort. Eine weitere, deren Mann noch kein Jahr unter der Erde liegt, ist schon wieder kurz davor zu heiraten. Solche Geschichten und weitere, viel anstößigere, konnte man tagtäglich hören, wenn man an dieser Kreuzung vorbeikam.

Der Backvorgang und seine Vorbereitung verliefen in mehreren Schritten. Erst befeuerte man den Ofen mit Reisig und wischte ihn dann aus, anschließend schob man ein und dichtete die Öffnung ab; wenn das Brot dann fertig gebacken war, entnahm man es wieder. Um die Laibe anzurichten, bedurfte es außer dem Kneten, das zu Hause ausgeführt wurde, genauso vieler Schritte in der Bäckerei. Man musste den Teig von zu Hause hertragen, ihn manchmal trockenwalken, neu formen und schließlich einschießen. Mit welchem Stoff, wenn nicht mit Geläster, ließen sich die untätigen Pausen zwischen Befeuerung und Säuberung des Ofens sowie zwischen Formen und Einschuss der Laibe überbrücken?

An jenem Tag war die Versammlung, obschon wie üblich vollzählig und lärmig, irgendwie ernsthafter. Seit zwei, drei Tagen gingen Gerüchte über wundersame Erscheinungen um. Dann war auch von Cholera die Rede; die Frauen hatten davon erfahren und berichteten. Doch schmückten sie die Maßnahmen seitens der Zentralverwaltung, die von den örtlichen Behörden bereits gegen das drohende Unheil eingeleitet wurden, aus und gerieten darüber ins Fabulieren. Der Gemeinderat – oder wie die Frauen sagten: die Zwölferrunde – hatte beschlossen, aus der öffentlichen Sanitätskasse etwas beizusteuern, und den Einwohnern mehr Reinlichkeit nahegelegt. Tags zuvor hatte der Bürgermeister die Insel Großer Tsougrias, wo gestern ein paar Jollen und Zweimaster aus Choleragebieten eingetroffen waren, zum Seuchenbezirk erklärt. Die Seefahrzeuge lagen in der Bucht bei der Kapelle des Heiligen Floros und waren daher vom Städtchen aus nicht zu sehen. Heute ganz früh im Morgengrauen war ein großes Schiff aus Konstantinopel angekommen, wo die Cholera offenbar um sich griff, und westlich vom Großen Tsougrias vor Anker gegangen, auf halber Strecke zur Geschwisterinsel Kleiner Tsougrias. Das Schiff war vollbesetzt mit Passagieren aus Konstantinopel, darunter viele Cholerakranke. Auf der Fahrt hierher waren einige gestorben, und die Besatzung hatte die Toten dem Meer übergeben müssen. Doch dann hatte ein Leichnam, gerade als man ihn fallen und den leeren Raum durchmessen ließ, wieder ins Leben zurückgefunden, so schmückten es die Frauen aus, und noch den Fluch ausgestoßen, der Mannschaft möge »die Cholera nicht erspart« bleiben. Dies komme daher, dass Tote unangenehm berührt sind, wenn man sie ins Wasser wirft. Ein wahrer Christ müsse in die Erde und die Erde mit Öl und Weihwasser gesegnet sein. Dabei müsse der Geistliche sagen: »Denn Staub bist du, zum Staub musst du zurück«, und auf der Kopfseite eine Grableuchte aufstellen, in die das orthodoxe Kreuz mit der Inschrift ΙΣ ΧΣ ΝΙ ΚΑ: »Jesus Christus siegt« graviert ist, denn nur so könne sich der Leib auflösen und die Gebeine auf eine gemeinsame Auferstehung beim Jüngsten Gericht warten.

Kaum hatten die Seeleute den Choleratoten losgelassen, merkten sie, dass der Verstorbene ein Lebenszeichen von sich gab, doch der Moment, ihn noch einmal zu packen, war schon verstrichen. Vom Eisengewicht um den Hals beschwert, sank er, kaum aufs Wasser geprallt, sofort zum Meeresgrund. Man hörte noch seinen fürchterlichen Schrei, und weg war er. Der arme Kerl war zweimal gestorben, einmal an Cholera und dann an einer Bestattung, die gegen Sitte und Brauch verstieß. Anzumerken wäre, dass nun auch die Mannschaft dem Fluch überantwortet war, zweimal dahinzuscheiden, nämlich an der nie nachlassenden Angst, vor der Zeit zu sterben, bis der Tod durch Cholera sie endgültig ereilen würde.

All dem entnahm die gemeinhin auch Tante gerufene Skevo zur Genüge, dass es sich bei dem gestern gegenüber gesichteten Schiff wohl um ein auswärtiges handelte und folglich nicht jenes war, auf das sie wartete; dass die Cholera tatsächlich in Konstantinopel wütete und dass ihr Sohn, war er gesund, sehr wahrscheinlich heute oder morgen mit dem einheimischen Schiff ankäme und dann notgedrungen tagelang in Quarantäne verbliebe. Ungeachtet dessen fasste sie den Entschluss, noch weiter hinunter in den Ort zu gehen und mehr zu erfahren, denn sie wollte den Auskünften ihres Geschlechts nicht ohne weiteres Glauben schenken.

Kurz bevor sie aufbrach, vernahm sie eine schrille, gellende Frauenstimme, und aus einem etwas oberhalb der Bäckerei gelegenen Haus drang lautes Plärren und Schluchzen. Die Bäckersfrau Zacharou, die gerade den Schieber gepackt hatte, um den Ofen säubern, ließ ihn auf der Stelle liegen und flitzte los, um zu sehen, was da wohl vor sich ging.

Lenio, die Frau von Garbis, die gerade auf dem Holzbrett ihren ungesäuerten Blätterteig bearbeitete, ließ ihn liegen, wie er war, und trat aus dem überdachten Vorhof der Bäckerei, um auch etwas mitzubekommen. Maria Peperou, die vor kurzem Brotlaibe in Begleitung ihrer siebenjährigen Tochter Despinio hergeschleppt hatte, welche ihrerseits eine Schale mit Sauerteig hielt, setzte ihre Tonschüsseln in einer Ecke ab, auf die Gefahr hin, dass sie zerbrechen und die geformten Teigmassen sich auf der Erde verteilen könnten; sogleich folgte die Tochter dem Beispiel der Mutter, pfefferte das Gefäß hin, das mit einem dumpfen Geräusch am Boden aufkam, und dann liefen beide auf die Straße, die Mutter voran, danach die Tochter. Sie ließen die Bäckerin Zacharou hinter sich, die immer noch an der Vorhofpforte stand, eilten an Lenio, der Frau von Garbis vorbei, die sich lediglich zwanzig Schritte vom Laden entfernt hatte, und dann schauten sie in gespannter Erwartung auf die Stelle, von der die Schreie kamen. Die behände Vjenio, die den Teig gerade auf dem Brett trockenknetete, ließ ihn halbfertig stehen und preschte wie eine hochgewachsene Amazone mit gelöstem Haar auf und davon, vorbei an Maria Peperou und sogar an der inzwischen ihrer Mutter vorausrennenden Despinio. Zu dritt stürmten sie vorwärts, Vorhut eines Heers von Frauen, die sich alle mehr oder weniger von der Bäckerei entfernt hatten, um herauszufinden, woher der Lärm stammte, und zu erfahren, was dort geschah.

Giannis Poupoulas hatte vor einigen Monaten an der Ecke gegenüber der Bäckerei eine kleine Schenke aufgemacht, die zugleich als Gemischtwarenladen diente. Gerade war er dabei, wegen Mangels an Kundschaft zu schließen, und trat jetzt, eine schmutzige Schürze um den Leib, die Hände rücklings verschränkt, vor die Schenke, wo er auf dem Pflaster hin und her schlenderte. Er getraute sich nicht, weiter weg vom Geschäft zu gehen, hatte jedoch seine Augen und Ohren auf die Stelle gelenkt, von der das Geschrei kam. Inzwischen waren zwei sich auf der Straße herumtreibende Lausbuben, der zwölfjährige Michalis, Maria Peperous Sohn, und der zehnjährige Alexis, Sprössling von Vjenio, langsam und vorsichtig barfuß in die Schenke geschlichen. Alexis stand Schmiere an der Tür, Michalis griff nach der Flasche mit dem Mastixschnaps auf dem Tresen, setzte sie an und trank genüsslich Schluck um Schluck. Dann reichte er die Flasche an Alexis weiter, machte sich, anstatt wie vereinbart an der Tür Wache zu schieben, aus dem Staub und brachte sich mit hörbar aufs Pflaster schlagenden Füßen in Sicherheit. Doch dieser Lärm genügte nicht, um Giannis Poupoulas aufhorchen zu lassen, und nie hätte er die Klauerei bemerkt, wenn nicht Alexis, angesichts von Michalis' Flucht verängstigt und verdattert vom damit einhergehenden Geräusch, nicht selbst Lärm gemacht hätte, als er mit zittriger Hand die Flasche zurück auf den Tresen stellte, so dass sie um ein Haar zerbrochen wäre. Erst jetzt eilte Giannis Poupoulas herbei, griff sich Alexis, wie so oft den Unschuldigeren, und schubste ihn, nachdem er ihn an den Ohren gezogen und ihm zwei Backpfeifen versetzt hatte, unsanft aus der Schenke.

Gegenüber der Schenke lehnte sich eine bleiche Frauengestalt aus dem Fenster. Es war die vor Monaten vom Schlag gerührte, nun halb gelähmte und ans Bett gefesselte Frau von Sotiris. Auch sie hatte das Geschrei und den Lärm vernommen, sich mühsam vom Bett hochgestemmt und bis ans Fenster geschleppt, um zu erfahren, was da vor sich ging. Sie sprach den Schenkwirt und die Frauen an, die aus der Bäckerei liefen:

»Was gibt's? Was ist los?«

Doch die Frauen wussten auch nicht, was sie ihr sagen sollten.

»Was gibt's?«, wiederholte sie.

»Keine Ahnung«, sagte der Schenkwirt, der gerade überschlug, dass ihm die zwei Bengel – denn Alexis hatte Michalis verpetzt – für fünfzehn Lepta Schnaps stibitzt hatten.

Jetzt schwoll der Lärm, der unterdessen abgeflaut war, wieder an, und man vernahm schluchzendes und jammerndes Geschrei, von dem ein paar Worte durchdrangen: »O weh! Was soll aus mir werden?«

»Was gibt's denn? Was ist los, sagt's mir schon!«, wiederholte die Gelähmte ungeduldig vom Fenster her.

Keiner konnte ihr helfen.

»Ja gibt es denn hier keinen Christenmenschen, der mich auf dem Laufenden hält?«, kam noch einmal gereizt von Sotiris' Frau.

Derweil war Vjenio, die Fahnenträgerin des weiblichen Exodus, weitergelaufen und in das Haus getreten, aus dem die Schreie drangen. Danach schlüpfte die kleine Despinio durch die halboffene Tür, und als Dritte kam Maria Peperou bis zur Schwelle.

Die in der Nähe der Bäckerei verbliebenen Frauen warteten ungeduldig darauf, dass Vjenio herauskäme und ihnen etwas mitteilte. Doch da sie minutenlang nicht erschien, schwappte die brodelnde Neugier über.

Eine der Frauen rief die ganze Zeit nach Maria Peperou, deren Kleid an der Haustür zu sehen war, während ihr Kopf in der Öffnung steckte. Indes schenkte Maria Peperou ihre ganze Aufmerksamkeit ersichtlich nur dem Hausinnern und hatte kein offenes Ohr für Fragen, die ihr von hinten zugeworfen wurden.

Eine weitere, vierte Frau kam näher ans Haus heran, das man von der einen Seite des etwa vierhundert Schritt entfernten Bäckereihofs sehen konnte. Doch Maria Peperou, als lebende Sperre an der Türöffnung aufgebaut, gebot ihr, nicht weiterzugehen.

»Was ist los?«, fragte die Frau.

Maria Peperou machte ihr ein Zeichen: »Still!«

Geduldig wartete die Frau ein paar Minuten. Mittlerweile hatte das Geschrei aufgehört. Leise Stimmen und Flüstertöne waren zu hören, als redete Vjenio nachdrücklich auf die Hausbewohner ein.

Inzwischen hatte eine fünfte Frau die Treppe erreicht. Es war die uns schon bekannte Skevo. Eben nicht wie ihre jüngeren Geschlechtsgenossinnen vornehmlich vom Dämon der Umtriebigkeit beherrscht, dachte sie vielmehr daran, in jenem Haus seien vielleicht Tröstung und Ratschlag vonnöten, und hatte sich beeilt, mit der Klugheit ihres Alters gleich vor Ort zu sein.

Die vierte Frau hinter Maria Peperou übte sich in Geduld, voller Hoffnung, dass diese schließlich, sobald sie des Horchens müde wäre, ihr Schweigen brechen und mehr über das Geschehen wissen lassen würde. Doch plötzlich gab Maria Peperou der hinter ihr Stehenden einen Schubs und stieg so ungestüm die Treppe hinab, dass sie auf ihrem Weg beinahe auch die alte Skevo umgeworfen hätte, die gerade einen Fuß auf die untere Stufe setzte.

Erschreckt wich Skevo aus, und die andere, vierte Frau, lief hinter Maria Peperou her. Beide nahmen an, dass etwas sehr Bedrohliches sie von der Haustür vertrieben hatte.

Doch nichts dergleichen. Vielmehr wollte Maria Peperou kein Wort an nur eine einzige Frau verschwenden und hatte es lediglich eilig, der versammelten Runde die ganze Geschichte zu berichten.

Es war nichts Ernstes, wenn auch offenbar etwas Außergewöhnliches. Garoufalia, die Frau von Giannis Brikos, einem Fährmann und Fischer in Hafennähe, weinte untröstlich in einem fort. Sie hatte erfahren, dass ihr Mann, der mit seiner Barke seit zwei Tagen unterwegs war, sich »verseucht« hatte.

Gestern war die Insel Tsougrias vom Bürgermeister zum Choleragebiet erklärt worden. Giannis Brikos wusste nichts davon, da er seit vorgestern abwesend war, und hatte sich Tsougrias genähert, ja die kleinere Zwillingsinsel sogar betreten.

Die gestern eingelaufenen Jollen vor Augen, nicht wissend, dass sie sich in Quarantäne befanden, oder vielleicht guten Mutes, dass er schon nicht auffallen würde, wollte er dort seinen Fang – Zackenbarsche, Zahnbrassen und Hummer – teuer veräußern. Man bemerkte ihn jedoch und machte Meldung beim Sanitätsrat, und dieser schickte ihn für doppelt so viele Tage in Quarantäne, wie sie den Schiffen aus verseuchten Gegenden auferlegt waren. Deshalb vergoss seine Frau Garoufalia Träne über Träne und war untröstlich. Die Frauen brachen darüber in schallendes Gelächter aus.

Vjenio tauchte auf, gefolgt von Despinio, die hüpfend

mit der strammen Amazone Schritt zu halten versuchte. Kurz und bündig bestätigte Vjenio Maria Peperous Auskünfte und ergänzte, dass Skevo, das Fass, seit kurzem im Haus von Garoufalia sei, um ihr gut zuzureden und sie wissen zu lassen, auch ihr Sohn werde demnächst erwartet und müsse dann tagelang in Quarantäne, so dass die beiden: Giannis, Garoufalias Mann, und Stavros, Skevos Sohn, diese Zeit gemeinsam verbringen könnten!

Mit erneuten Lachsalven nahmen die Frauen Vjenios Bericht auf. Dann griff Zacharou wieder nach ihrem Lappen und machte sich an die Säuberung des Ofens, denn es fehlte nicht viel und der Brotteig wäre verdorben.

Unten am Meer, wo Handel betrieben wurde, stand am Strand das Haus der alten Gerakina, einer leidgeprüften Witwe. Ihr Heim, in dem sie zugleich einen Laden betrieb, war ein längliches, schmales Gebäude, bestehend aus einem Erdgeschoss, von dessen Hinterseite eine Tür auf die parallel zum gepflasterten Markt gelegene Gasse und eine vordere auf den Küstenstreifen führte, den man als Mittelpunkt und Marktplatz des Städtchens nutzte. Nach alter Machart war einer der beiden Holztürflügel waagrecht geteilt. Die obere Hälfte verschloss man mit einem Haken am Türsturz, die untere durch einen Riegel, angebracht am zweiten, einteiligen Flügel, welcher verrosteter Scharniere wegen stets versperrt blieb. Neben der Tür gab es ein schmales Fenster, und an diesem rankte sich bis zur Terrasse ein Rebstock, von dessen großem Laubdach im Herbst schwarze »Adlerkrallen« hingen, eine späte Sorte großer Tafeltrauben, die im Oktober reif waren, wenn nächtliche Passanten und Lausbuben ihnen dafür überhaupt Zeit ließen.

Später im Jahr färbte die Sonne das Weinlaub nach und nach gelb, Nässe ließ es verfaulen, irgendwann riss der Wind die Blätter vom Stock, verstreute sie auf der Erde oder verbreitete sie über den Sand zum Meer hin. Danach gab es nur noch die bloßen, schwarz über Ruten und Zweige gestreckten Äste, die der Winter mit dem schlichten Schmuck unbefleckten Schnees verzierte, und den Schnee härtete und schliff dann der trockene Nordwind zu fingerförmigen Kristallen; sie, die hängenden Geschenke verdichteter himmlischer Frische, zeigten zur Erde, aus deren Beschaffenheit von nun an sprießende Fülle und allumfassende Güte hervorgehen sollte.

Draußen auf dem windgeschützten, nach Süden ausgerichteten Markt saßen die Männer den gesamten Winter über in Kaffeehäusern oder Schenken und den lieben langen Sommer unter notdürftig errichteten Sonnensegeln vor Ladengeschäften, waren ins Kartenspiel oder Gespräch vertieft oder zerrissen sich das Maul über den jeweiligen Bürgermeister, am liebsten jedoch über Lehrer und Geistliche. Drinnen im Haus saß zu ebener Erde Gerakina am Webstuhl oder spann mit dem Rocken.

Unten am Ufer droschen Wellen den Felsen und trieben ihr Spiel auf dem Sand, gluckten her, gurgelten weg, unablässig und unermüdlich. In der eingeschossigen, ärmlichen Behausung strahlte das Antlitz der dort wohnenden ehrwürdigen Frau, deren Silberhaupt bis zu Hals und Schultern von einem schwarzen Tuch verhüllt war, Seelenruhe und wohltuende Warmherzigkeit aus; ein ebenso herzerwärmendes Wesen sprach aus den Gesichtern der weiblichen Verwandtschaft, von denen einige zwar an allen möglichen Ecken des Städtchens wohnten, aber trotz der Entfernung täglich bei ihr hier am Markt inmitten von Geschäften und Amtsstuben vorbeischauten.

An der Vorderfront des Hauses war linkerhand des Rebenstocks das Zollamt und rechts das Sanitätsamt untergebracht. Normalerweise kam die Frauenschar von hinten über die obere Straße zur alten Gerakina und betrat, als summte sie an einem Bienenkorb, mit fröhlichem Stimmengewirr dieses eingeschossige, längliche Haus mit seinen zwei Türöffnungen.

Auch wenn die alte Gerakina als Respektsperson ihres Geschlechts galt, hatte sie doch aufgrund der ständigen Nähe zu Amtsstuben und Geschäften etwas von männlicher Geistes- und Gemütsart angenommen; sie war allen Leuten auf dem Markt, ja sämtlichen Sanitäts- und Zollbeamten bekannt und die einzige Frau, die sich uneingeschränkt an Orten blicken lassen konnte, an denen Männer zusammenkamen; so lief sie etwa quer über den ganzen Markt hinunter zum Sandstrand, um etwas durchs Wasser zu ziehen oder für den Haushalt zu besorgen. An sie wandten sich alle Frauen aus der Verwandtschaft und weit darüber hinaus, wenn etwas in Erfahrung zu bringen war, was einen persönlich oder auch das Gemeinwesen betraf – egal ob von Belang oder einfach nur aufsehenerregend –, oder um sich nach all den abwesenden Gesponsen und Söhnen zu erkundigen, die selten daran dachten, Briefe zu schicken. Nachdem also Skevo Garoufalia aufgerichtet hatte, die sich über das Schicksal ihres unverhofft unter Quarantäne gestellten Mannes Sorgen machte, lief sie durch das ganze Städtchen auf gepflasterten Wegen, über Treppen und Gassen hinunter zu Gerakinas Haus, mit der sie in einer riesigen, kaum zu überblickenden Sippschaft auch entfernt verwandt war.

Unten am Markt herrschte seit dem frühen Morgen ungewöhnlich viel Betrieb. Am Liegeplatz des Zollamts waren zahlreiche Wasserfahrzeuge vertäut, auf denen sich jeweils ein Seemann einsatzbereit am Steuerruder befand. Offenbar war man so gut wie abfahrtbereit. Am Kai lagen Holzstapel, Balken und Bretter, die seit dem Morgen nicht von der Stelle gerückt worden waren. Hätte man sie für eine Fuhre innerhalb des Städtchens vorgesehen, wäre dies schon geschehen. Doch irgendetwas an ihnen sah danach aus, als sollten sie noch geladen werden. Weder waren sie vom Festland hergebracht worden, noch kam Bauholz von der Insel, obgleich es dort Waldbestände gab.

Vier oder fünf von der Sonne gegerbte Männer saßen auf der obersten Stufe der Hafentreppe gegenüber den Amtsstuben und warteten darauf, dass es dem Sanitätsrat und dem Zollbeamten einzutreffen beliebte. Sie waren stämmig und stark behaart, ihr Oberkörper frei und die Waden unter hochgekrempelten Hosenbeinen bronzefarben. Das waren Fährleute. Lebhaft tauschten sie sich mehr mit Gesten aus als mit Worten, die auch noch alle möglichen Sticheleien enthielten, und keiner schien dem anderen über den Weg zu trauen.

Zwei, drei weitere gedrungene, krumme Gestalten mit bulligem Rumpf lungerten unablässig um die Holzstapel. Daneben vor dem Kafenion hatte sich einer von ihnen auf einer Planke breitgemacht und warf den anderen arglistig grinsend spöttische Bemerkungen zu.

Drinnen im Kafenion saß die Kundschaft in Zweier- und Dreiergruppen an den Tischen und unterhielt sich gedämpft. Man sprach einander ins Ohr, aus Argwohn gegen die Leute an den Nebentischen. Der ältere Wirt, ein ehemaliger Seemann, der unter seiner weißen, reinlichen Schürze eine Pluderhose trug, versuchte vergeblich, bei seinen Rundgängen von einem Grüppchen zum anderen ein Wort zu erhaschen.

»Wenn sie wenigstens Kaffee bestellen würden«, sagte er, »dann hätte ich auch etwas davon; aber die trinken nichts, reden nur verstohlen untereinander, und mir kommt nichts zu Ohren.«

In der Schuhmacherei von Gerasimos D. Gerasimou neben dem Kafenion ging es hoch her. Dieser kleine Laden war seit zwanzig Jahren der politische Dreh- und Angelpunkt des Orts, sozusagen sein Gravitationszentrum. Jeder, der sich als Bürgermeister ins Spiel bringen wollte, empfand es als seine Pflicht, Gerasimos D. Gerasimou für sich einzunehmen. Ein Posten als Mitglied des Gemeinderats – und Sonderberater – war das Geringste, was man ihm in Aussicht stellen durfte. Stets nahm Gerasimos das Angebot an, unterstützte den neuen Kandidaten, wartete unterdessen auf die passende Gelegenheit, ihm bei den bevorstehenden Wahlen ein Bein zu stellen, und wandte sich unmittelbar nach der Amtseinführung von ihm ab, erkor sich einen neuen Kandidaten und machte aus seinem Laden den Mittelpunkt für Opposition und Kabale gegen den frisch gewählten Bürgermeister, so dass der neue Anwärter wie gehabt um ihn buhlte, mit doppelt so viel Liebenswürdigkeit wie der alte. Derweil verzeichnete er durch diese Unternehmungen keine gewerblichen Einbußen, und seine Werkstatt mauserte sich nach und nach von einer Schuhmacherei zu einer Schenke, dann zum Handelsgeschäft, zuletzt zum Treffpunkt für Kartenspieler.

Am besagten Tag führte Gerasimos D. Gerasimou ein wichtiges Gespräch mit dem ehemaligen Tuchhändler und Schneider Anthemios Doukaidis, jetzt Rechtsbeistand. Beide hatten sie ein loses Mundwerk. Stundenlang konnten sie gleichzeitig schreien, ohne auf die gegenseitig vorgebrachten Argumente einzugehen, und wichen dabei keinen Schritt von der Reihenfolge ihrer eigenen Gedanken ab. Es war mehr ein Doppelmonolog als ein Dialog. Wie sie gestikulierten oder sich an Arme und Schultern fassten, war eher für Publikum als füreinander gedacht. Und da die Zuhörer anfangs nicht wussten, worum es ging, konnten sie sich nur mühsam einen Reim darauf machen. Die Rede war von Aufträgen, Bauholz und Barackenbau sowie von Passagieren anlaufender Schiffe und Entseuchung. So viel konnte man gerade noch verstehen. Jeder hatte seine Anwärter vorzuweisen, einen Holzhändler und einen Baumeister. Für diese verwendeten sich beide jeweils so lautstark, dass sie sich um ein Haar die Kehle aus dem Leib und den Zuhörern Löcher ins Trommelfell schrien.

Endlich beliebte der Herr Sanitätsrat einzutreffen. Nach ihm kamen der Herr Bürgermeister, der Herr Amtsrichter und der Inspektor der Seuchenstation. Da merkten die Zuschauer, dass eine Auktion um das günstigste Angebot stattfinden sollte. Ehe man sich's versah, hörte man auch schon des Ausrufers Stimme: »Zugeschlagen« und so weiter. Offenkundig war der »Zuschlag« bereits vorab erteilt worden, und das hier war schlicht und einfach eine Formalie. Die behördlich Befugten zeichneten das Protokoll, der Amtsrichter als Vertreter der öffentlichen Verwaltung nickte das Ergebnis im Eilverfahren an Ort und Stelle ein für alle Mal ab, die vier braungebrannten, oberhalb der Hose nackten Bootsleute erhoben sich von der oberen Treppenstufe und liefen zum Holzstapel, die drei krummen Bulligen hörten enttäuscht auf, ihre Runden zu drehen, und boten umsonst ihre Hilfe bei der Ladung von Balken und Brettern an. Mit der Bemerkung, man habe ihre Gefälligkeiten nicht nötig, stießen die Bootsleute sie beiseite, und der massige Patron und Kopf der Zunft, der sich gegenüber breitgemacht hatte, ließ eine letzte Spöttelei vom Stapel: »Hab ich's euch nicht gesagt?«

Es waren Lastenträger, die nicht davon abrückten, dass die Hölzer, da nun schon einmal am Liegeplatz abgeladen, zur Beförderung innerhalb des Städtchens vorgesehen seien. Doch der weitaus gescheitere Kopf der Zunft hatte ihnen längst gesagt, das Warten sei umsonst, und die Hölzer, wie er wohl wusste (was er geheimnisumwittert von sich gab), würden auf dem Seeweg wieder wegtransportiert.

Zum zweiten Mal knallte der Hammer des Ausrufers und wieder hörte man »zugeschlagen«. Das war die zweite Auktion. Bei der ersten war es um Holzlieferungen gegangen und von den beiden Handelskapitänen, die Hölzer auf ihren Schiffen hergebracht hatten, gab man demjenigen »mit den besseren Empfehlungen« den Vorzug. Diesmal handelte es sich um die Errichtung von Baracken, und unter den drei oder vier Konkurrenten wurde abermals derjenige bevorzugt, der sich »insgesamt entgegenkommend« zeigte. Auch wenn im ersten Fall das zweite Angebot günstiger war, man hätte es nicht berücksichtigt, denn der Auftrag war »eilig« und bereits »vergeben«. Im anderen Fall war bekannt, dass kein Baumeister, bei dem sich letzte Reste von Gewissenhaftigkeit in seiner Arbeit auffinden ließen, so weit im Preis herunterginge.

All dies geschah so hastig und unversehens, dass kaum einer von den Leuten, die auf dem Markt zugegen waren, hatte folgen können. Noch weniger hatten die im Haus der alten Gerakina versammelten Frauen mitbekommen, von denen zwei sich aus dem Fenster lehnten und drei weitere aus der Tür spähten. Doch das schwache Geschlecht besitzt den Vorteil, alles Tatsächliche nicht nur auszumalen, sondern auch mit Hilfe der Einbildungskraft abzuwandeln und Leerstellen aufzufüllen. So mussten etwa die Besucherinnen der alten Gerakina einzig und allein etwas ins Auge fassen, um sich dann Dinge vorzustellen, zu ergänzen und zu bestätigen, die niemals geschehen waren. Was auch immer aus der Historie weitergetragen wird und einen Anflug von Fabel und Fama hat, ist gewiss weiblichem Vorstellungsvermögen entsprungen.

Da die alte Skevo es wirklich genau wissen wollte und nicht etwa von törichtem Vorwitz und bloßer Neugier angespornt war, begnügte sie sich nicht mit den Mutmaßungen ihrer Geschlechtsgenossinnen, denn solche zu hegen war sie ebenfalls imstande und zwar, wenn es darauf ankam, weit wahrscheinlicheren Zuschnitts. Doch sie dachte an ihren Sohn, den Sohnemann, den einzigen, den sie hatte, ihr

Erpelchen, ihren Adler in den Lüften, der erwartet wurde und vielleicht für die nächste Zeit in Quarantäne verbliebe; daher wollte sie in Erfahrung bringen und genau Bescheid wissen, was sich tatsächlich ereignet hatte.

Bittend und bettelnd, ihr als Verwandte doch behilflich zu sein, brachte sie die alte Gerakina dazu, vor die Tür zu gehen und nach jemandem Ausschau zu halten, bei dem nachzufragen sie sich erlauben konnte.

Hundert Schritt weiter weg war der Auktionstisch aufgestellt, an dem Bürgermeister, Amtsrichter, Sanitätsrat, der Inspektor der Seuchenstation, der Gemeindesekretär und die Mindestbieter mit der Unterzeichnung der Niederschriften befasst waren. Um sie herum stand eine Schar Schaulustiger, bestehend aus Männern und Buben. Daneben hockten mit ernster Miene die greisen Veteranen der Seefahrt und rauchten ihre Wasserpfeife. Der Platz davor lag neben dem steinernen Kai, an dem die Fährleute immer noch dicke Bretter und Latten in ihre Feluken schleppten und sich dabei lautstark mit den Lastenträgern stritten; diese beharrten darauf, die Ladung von Schiffsbauholz sei »durch Handschlag« ihre Angelegenheit, umringten bereits den Baumeister des Auftrags und forderten Lohn ein. Gegenüber machte ihr massiger Kumpan immer weiter mit seiner Hänselei: Heute seien sie eben vom Pech verfolgt. Mutterseelenallein im Kafenion, schaute der Wirt, Onkel Anagnostis genannt, niedergedrückt aus dem Fenster; er überlegte, dass er seit dem Morgen nicht einmal drei Kaffees an den Mann gebracht hatte, und rümpfte die Nase über die Maßnahmen zur Seuchenbekämpfung, die den Handel zum Stillstand brächten. In der Schuhmacherei nahebei führten Gerasimos D. Gerasimou und Anthemios Doukaidis auch nach vollendeter Versteigerung ihr Wortgefecht fort und blieben dabei, dass der bessere Auftragnehmer der jeweils von ihnen unterstützte sei.

Während Skevo, aus dem Haus getreten, sich vor der Schwelle auf die kleine Stufe stellte, ging Gerakina zunächst zielstrebig auf den Auktionsort zu und schaute sich nach jemandem um, den sie näher kannte und ansprechen könnte. Doch sämtliche Anwesenden hatten ihr Augenmerk auf den Tisch der Mindestbieter gerichtet.

Ein paar Minuten hielt die Alte zaudernd inne, ebenfalls das Auktionsgeschehen im Blick. Dann drehte sie auf einmal den Kopf nach rechts und bemerkte Anagnostis, den Besitzer des Kafenion, auch er ein entfernter Verwandter. »Da ist einer, den ich unbedingt fragen muss, obwohl … er nicht viel wissen kann«, dachte sie und ging zum Fenster des Kafenion, wo der gutmütige Alte stand.

»Sag mal, Anagnostis«, sprach sie ihn an, »was gibt es denn, warum so viel Trubel?«

»Ich glaube, da wird ein Auftrag versteigert«, erwiderte Anagnostis bereitwillig.

»Dass etwas versteigert wird, sehe ich selbst, aber was?«

»Ist etwas mit deinen Augen los? Da drüben der Tisch«, antwortete der Wirt.

Gerakina nahm an, etwas liege auf einem Tisch, und wandte jäh ihren Kopf. Doch die Menschenmenge verbarg den Ort des Geschehens und die Leute, die dort zugange war.

Zum Glück entschloss sich in diesem Moment das Oberhaupt der Lastenträger, der vor dem Kafenion auf der Planke lümmelte, sich ein wenig aufzurichten und, da er das Gespräch zwischen dem Wirt und der Alten aufgeschnappt hatte, auch gleich mitzumischen.

»Die machen eine Auktion für den besten Preis von Bauholz und Baracken«, sagte er.

»Was für Baracken?«, fragte Gerakina.

»Na ja, auf Tsougrias sollen Baracken gebaut werden.«

Und weil er schon den ganzen Morgen einen Menschen

finden wollte, bei dem er loswerden konnte, was er wusste, und bisher keinen gefunden hatte, weil seine Leute »alle Trottel« waren, wie er sagte, womit er die Lastenträger meinte, fing er ohne Umschweife an, Gerakina haarklein zu berichten, was ihm bekannt und mehr oder weniger auch zutreffend war. Da die Cholera in Anatolien viele Menschen dahinraffte, habe die griechische Regierung eine strengere Quarantäne verfügt. Außer dem bereits bestehenden Lazarett in der Nähe des Städtchens, so die Anordnung, solle die unbewohnte, vor der Hafenmündung in südöstlicher Richtung gelegene Insel Tsougrias vorübergehend zum Sonderlazarett werden; es werde jetzt als Seuchenspital bezeichnet, während das andere, bereits bestehende, nun das Seuchenhaus sei. Im Umkreis des Seuchenspitals sollten Schiffe und deren Passagiere ganze einundzwanzig Tage verbleiben und anschließend noch elf Tage zusätzlich im Seuchenhaus verbringen. Also insgesamt zweiunddreißig Tage Quarantäne.

Bis jetzt seien zwei, drei große und fünf, sechs kleine Schiffe bei Tsougrias angelaufen. Man erwarte jedoch weitere, noch viel mehr … Weil es auf der unbesiedelten Insel nur ganz wenige Unterkünfte gebe, ein paar Mönchszellen – denn die der Muttergottes geweihte Insel gehörte zum Verkündigungkloster – und die Masse an voraussichtlich eintreffenden Passagieren einen Unterschlupf brauche, weil es bereits Mitte August sei und die ersten Regenfälle vor der Tür stünden, aus all diesen Gründen also ordnete die Regierung den Bau von Baracken im Eilverfahren auf der kleinen Insel an, damit all die mühselig Beladenen aus den Choleragebieten auf ihrer Flucht vor der schrecklichen Krankheit ein Dach über dem Kopf fänden. Heute sei von Amts wegen die Materiallieferung für Baracken nebst deren Errichtung in einer Unterbietungsauktion öffentlich ausgehandelt worden. Beim Material habe man für soundso viele Teile, was soundso viel pro Teil entspreche, dem Käpt'n

Konstantis Kavardinas aus Litochoro den Zuschlag gegeben. Den Bauauftrag für die Baracken habe gegen 7 812 Drachmen Meister Stathis Chercheris erhalten, seines Zeichens Baumeister. Dies also habe sich heute zugetragen.

»Ah, deshalb also …«, ließ der Wirt des Kafenion verlauten.

Das Oberhaupt der Lastenträger fiel auf seine Latte zurück, und Gerakina ging wieder nach Hause.

Die Neuigkeit, dass ihr Sohn gleich nach seiner Ankunft – denn kommen würde er sicher, daran glaubte die alte Skevo unerschütterlich – sich einundzwanzig Tage auf Tsougrias und weitere elf Tage im Seuchenhaus werde aufhalten müssen, ganze zweiunddreißig Tage also in Quarantäne bliebe, gefiel ihr überhaupt nicht. In alten Zeiten, wenn Käpt'n Gialis, Gott hab ihn selig!, von einer Fahrt zurückkehrte, kam er zumindest mit elf oder vierzehn Tagen, höchstens drei Wochen im Lazarett davon, und das nicht in dem neueren Seuchenhaus der Gemeinde, sondern im alten Gelände bei der Kapelle des Heiligen Georg; damals lief Skevo jeden Abend dorthin, zusammen mit den Kapitänsfrauen und anderen Weibern, deren männliche Familienmitglieder oder Gesponse in Quarantäne waren; alle hatten sie randvolle Körbe bei sich. Wo diese Behälter ansonsten gefüllt von den Feldern zurückkamen, gingen sie einzig aus diesem Anlass so aus der Stadt hinaus. Skevo trug immer ein zierliches, kleines Körbchen, aus zarten Rebstockgerten und blank polierten Splittern glatten Schilfrohrs fein gearbeitet, ein Meisterwerk der Korbflechterei, wie es nur auf dieser Insel entstand. Jeden Abend überbrachte sie es reich bestückt mit Käsetaschen, Eiern, Muskatellertrauben – denn es war August wie jetzt auch. Obwohl Trauben vom Arzt verboten waren, so ein Unsinn!, trug man sie zum Lazarett. Da sind die Leute weggeschlossen, in die Schiffe gesperrt und das auch noch wochenlang im August, und sollen dann nicht einmal ein Träubchen kosten, um den Mund zu benetzen! Wo steht denn das geschrieben? Was soll das für eine Heilkunde sein, bei der die Menschen an dem einen Übel zugrunde gehen, um das andere zu überleben? – Und so fanden sich die Frauen jeden Abend bei Sonnenuntergang am Lazarettgelände gegenüber dem Städtchen ein, auf der anderen Seite des Sees und der Werft, ganz in der Nähe der Georgskapelle. Sie legten den Inhalt der Körbe auf einem flachen Felsen am Strand ab; dann wurden Barken von den in Quarantäne liegenden Kaikia gelassen, und man holte sich die Käsetaschen und Eier, die Flaschen mit dem goldfarbenen Muskatellerwein, finkengelbe Muskatellertrauben, süße Feigenfrüchte und Pfirsiche, flaumig wie Jungfernwangen. Am Ende verabschiedeten sich die Seeleute von den Frauen mit dem lauten Gruß: »Gute Nacht!« Und die Frauen erwiderten von weitem: »Gute Nacht! Und kommt gesund zurück aus der Quarantäne!« Dann rief jede ihrem Mann zu: »Gute Nacht, mein Liebster! Mein Gespons! Mein Adler!« Und zum Sohn sagte eine jede: »Gute Nacht, mein kleiner Schatz! Mein Herzchen! Mein Spätzlein!« Oft fügten sie noch eine Koseform in Anlehnung an den Taufnamen bei. Wenn etwa ein Gialis in Quarantäne war, wie Skevos Mann, dann wurde er als »mein Gialisaki« angeredet. War es ein Giorgos, dann wurde daraus »mein Giorgoulis« oder bei Evstathios »Stathoulis«, auch »mein Arethas« nach dem Ortsvorsteher des Markstädtchens Promyri im Pilion-Gebirge. Hieß er Alexandros, war die Anrede: »Alexandraki, meine Atemluft.« War der Angesprochene Kapitän, fügte man seinem Namen das türkischsprachige Rëis an, etwa: »Konstantinos-Rëis, Giannakis-Rëis« und so fort.

Voll Sehnsucht wandten sich die Gedanken jenen Zeiten zu, als es das alte Lazarett noch gab. Ein schlichtes, unschönes Gebäude, dessen Überreste dem, der alt genug war, jetzt so armselig vorkamen, dass man die Erinnerungen an früher der gegenwärtigen Wirklichkeit vorzog. Jenseits des Baus erstreckte sich nordöstlich der Georgskapelle Weideland, wo zwei arme Hirten sich um ein paar Schafe kümmerten; dreimal täglich stiegen sie vom Berg gegenüber herab, um ihre kleine Herde zur Tränke mit kühlem Brunnenwasser neben dem See zu treiben, wo der Alte mit dem Holzbein, auf Dauer dort eingemietet, sich in seiner kiellosen Bootsschale den ganzen Tag abmühte, ein paar kleine, durchs Sumpfwasser gleitende Meeräschen oder auch Aale zu fangen, die sich geschmeidig in den Schlamm bohrten. Vom breiten Sandstreif am See drangen von früh bis spät schlagende, knirschende und dumpfe Geräusche her, wie sie beim Bootsbau, Sägen und Kalfatern entstehen; in den Ohren gesunder und munterer Menschen waren es angenehme Laute, melodisch verlängert von der Nymphe Echo, die sie in ihren einsamen Höhlen an den Hängen ringsum als heiß ersehnte Gesellschaft empfing. Überall erhoben sich Düfte von Thymian, Macchie, Salbei und Ysop, als stiege ein Räucherwerk aus Weihrauchfässchen ohne Schwaden hin zum Himmelszelt. Das Grün des Tals, ein unschätzbares Polster der Natur, erstreckte sich bis zum Gestrüpp an seinen Rändern, das Gestrüpp klomm bis zum Gehölz auf halber Strecke der Anhöhe, und aus dem Gehölz entstand von dort aus eine Waldung bis ganz oben hin.

Zweimal täglich durchquerte ein fünfzigjähriger, herzensguter Mann das Tal. Er war vor der Zeit gealtert, als hielte er der Giftigkeit nicht stand, die sich schon früh in allen Teilen der griechischen Gesellschaft breitgemacht hatte. Gekrümmt, schweigend und schwermütig stieg Giannios, Margaritas Mann, morgens zu seinem geliebten Stück Land, dem teuren Timar an einer Bergsenke zwischen zwei Gipfeln. Acker- und Rebengrund mit Ölbäumen und einem Garten, reichte es das ganze Tal hinunter bis zur Küste, vor der sich das offene Meer erstreckte. Im oberen Teil brachte sein Boden reichlich Früchte hervor, unten hatte es Zugang zu denen des Meers. Am Steinwall ringsherum lagen sonnengereifte, ovale Wassermelonen; Reben bogen und krümmten sich unter den riesigen nachtblauen oder schwärzlichen Trauben. Entlang der niedrigen Mauern trugen kleine, vor vier bis fünf Jahren gepflanzte Feigenbäume bereits ihre milchig pflückreife Frucht, die sogar eine Jungfrau verlocken könnte, ihre zarte, blaugeäderte Hand zu einem der Zweige auszustrecken. Jenseits der Grenzlinien zwischen bestelltem Land und Waldung zeigten Sträucher neben der Furche des Rebenackers ihre schwarzen Schoten vor, und im Herbst ließ Heidekraut gelassen seine Kapseln unter den wärmsten Strahlen einer lauen Sonne gedeihen.

Unten an den wassergeschwärzten, meerseitig abgründigen Felsen, von denen salziger Dunst aufstieg, grub das Wasser unverdrossen Löcher in die Gesteinsspitze und füllte sie urplötzlich mit seiner Substanz, so dass der erhabene Herr Giannios, dessen Land östlich ans Meer grenzte, stets ein paar Handvoll Salz vorfand, um sein kärgliches Frühstück zu würzen, das er aus Paprikaschoten, kleinen Gurken und den von ihm hingebungsvoll besorgten Tomaten zusammengestellt hatte. Zwischen Felsen, in nassen Höhlengängen und auf scharfen Riffs waren die auf Unterwassergefilden weidenden Krabben und Krebse für Giannios unschwer zu greifen. Jenseits der Felsen, weiter draußen im Meer zwischen der weißlichen Insel, einer beliebten Bleibe für Möwen und Wildtauben, und den drei großen Klippen, die ihre Spitze der Küste zuneigten, von der sie Jahrhunderte zuvor abgebrochen waren, spielten Delphine mit den Wellen und wetteiferten mit der leichten Barke, die weiß besegelt auf die Insel gegenüber zufuhr.

Vor dem Lazarettgebäude gen Westen und dem Städtchen zu stand eine einsame Eiche von mittlerer Größe; man hatte sie von ihrem ursprünglichen Platz bei den stämmigen Gefährten im Eichenwald versetzt, um all denen kühlenden Schatten zu spenden, die sich nach einer Reise nun eingeengt und abgeschnitten in Quarantäne befanden. Dort im Schatten kamen unmerklich Träumereien auf. Sie entstiegen den grünen Zweigen, dem sonnenfernen Laubwerk des einsamen Baums und schickten viele Sehnsuchtsgedanken auf den Weg übers Meer ins reizende Städtchen mit seinen weißen Mauern, azurblauen Fenstern und feinen Söllern, aus denen sich allerliebste, dichte Schöpfe streckten und blaue oder braune Augen stillschweigend Liebessehnsucht und herzinnigliches Begehren über die Wellen auf die andere Hafenseite sandten.

Die alte Skevo, eine der wahrhaft feinfühligen Frauen, hielt an diesen Erinnerungen fest, die wir im vorherigen Abschnitt hatten flüchtig anklingen lassen, und sie war, wie erwähnt, ganz und gar nicht davon angetan, dass ihr Sohn einundzwanzig Tage auf Tsougrias und weitere elf im neuen Seuchenhaus verbringen sollte. Weder könnte sie ihm, wie einst dem Gatten, ein feingearbeitetes, zierliches Körbchen mit häuslichen Gaben füllen noch gegen Abend, wenn die Sonne langsam hinterm Berg versank, sich mit diesem wohlbestückten Körbchen auf den Weg machen, vorbei an Buchten, Stränden und der großen Bootswerft des Städtchens, vorbei am See und der gegenüberliegenden Georgskapelle, um es schließlich ihrem Sohn zu reichen. Jetzt brauchte sie Flügel, um ihm dort drüben auf Tsougrias, der Insel des Verkündigungklosters, etwas auszuhändigen. Sie brauchte ein Wunder, vollbracht von der Muttergottes, der kleinen silberverkleideten, feuervergoldeten, um auf dem Wasser wandeln zu können, das feingearbeitete, für den Sohn bestimmte Körbchen in der Hand, mit dem sie ihm die bedrückende Quarantäne erträglicher machen wollte. Denn bäte sie darum, mit der Feluke nach Tsougrias gebracht zu werden, damit sie einen Blick von weitem auf ihren Sohn werfen könnte, hätten Fährmänner und Bootsleute, wie Menschen in diesen Zeiten nun einmal sind, nichts als Spott und Hohn für sie übrig und würden sie gar auslachen. Um das Körbchen, das wohlgeflochtene, dessen aus Haus und Rebenacker stammenden Gaben von einem feingesponnenen Seidentuch überdeckt waren, auf den Weg zu bringen, ohne sich selbst auf den Weg zu machen, blieb ihr nichts anderes übrig, als es ihrem Sohn von anderen Leuten überbringen zu lassen.

Das behagte ihr überhaupt nicht … Aber noch unbehaglicher wurde ihr zumute, als sie abends, den Kopf voll schlimmer, argwöhnischer Gedanken, auf dem Heimweg von ihrer Base Gerakina unter der ganzen Last ihrer fünfundsechzig Jahre leisen, behutsamen Schritts über die Straße am Meer jenseits des Marktplatzes auf dem gepflasterten Weg ins obere Viertel stieg, über Steine und Gassen, von einer Ecke zur anderen. Da ruderte ein kleines Boot mit eingeholtem Segel auf den Sandstrand zu und näherte sich bis auf Schussweite der nach oben führenden Straße am Meer, auf der sie gerade lief. Im Boot saßen außer einer älteren Person auch zwei Jungen, und einer von beiden, ein richtiges Früchtchen, wie es sie heutzutage gibt, rief ihr rüde zu:

»Tante Fass! Dein Sohn ist mit Cholera auf Tsougrias!«

Inzwischen lag das alte Lazarett in Trümmern und erzählte dem Besucher, der seine verwunschene Sprache verstand, von den Ängsten, Schrecken und Qualen, den Wünschen und Hoffnungen, der Geduld und Ausdauer, den erbrachten Opfern und empfundenen Schmerzen, von Krankheiten und Todesfällen, bitter vergossenen Tränen und Verzweiflung – all dem, was seit der griechischen Unabhängigkeit dort immer wieder zu sehen und zu hören war. Den Baum gibt es nach wie vor, doch wer weiß, ob er sich, wie er da im Verfall vergilbten Blattwerks steht, überhaupt an die Träumereien erinnert, denen er unter seinen gebeugten und gewundenen, wie ein Diadem hochwachsenden Ästen Schatten spendete, oder an den Kummer, den er unter seinem Laub linderte. Auch eine der Gebäudemauern gibt es noch, nackt und schief im Wind, vom Sturm geschwärzt, und zeigt die Stelle an, wo der ganze Bau stand; auch der Felsblock am Strand denkt sehnsüchtig an das fröhliche Stimmengewirr aus Frauengrüßen zurück, die einst übers Meer hallten. Vor nun fast vierzig Jahren hatte die Regierung in Athen entschieden, das alte Lazarett am östlichen Rand der Hafenbucht aufzugeben, und hatte neue Lazarettbauten angeordnet, ungefähr eine Meile südlicher an derselben Küste in Richtung Hafenmündung. Da weder himmlische noch irdische Mächte sich querstellten, war nach Plänen eines von der Regierung beauftragten Ingenieurs der Bau im Nu fertiggestellt. Er bestand aus drei Gebäudeteilen, zwei höheren am Hang und einem dritten, flacheren nächst dem Ufer. Zwischen den dreien lag eine große Zisterne, die längst kein Wasser mehr führte. Unterhalb des dritten Baus erstreckte sich eine hohe, breite Marmortreppe und unterhalb der Treppe eine breite, gut ausgebaute Pier.

Ein Jahr hielt man die drei neuen Gebäude instand, anschließend blieben sie unbenutzt und wurden nie mehr hergerichtet, da eine große Epidemie zum Glück auf sich warten ließ. Jetzt muteten sie, länglich, weiß und niedrig, von weitem wie drei weißwollige Schafe an, die sich aus der Herde des alten Kontzidakis verlaufen haben, an der Küste im abendlichen Zwielicht kauern und in der zunehmenden Dunkelheit wiederkäuen.

Dann geschah es im Sommer des Jahres 1865, dass die Cholera ins östliche Europa eingeschleppt wurde, vermutlich wie immer über moslemische Mekka-Pilger. Die beiden »moslemischen Großmächte« – zur ersten gehörte das goldbeladene indische Staatsgebiet, zur zweiten einträgliche Besitzungen in Algerien – entschlossen sich nie dazu, ihren mohammedanischen Untertanen Reisebeschränkungen aufzuerlegen, und sahen nie einen Vorteil darin, die Hohe Pforte zu wirksamen Hygienemaßnahmen in der arabischen Wiege des Islam zu zwingen. Der gebeutelte Orient glich schon damals, genau wie heute und allweil, in geografischer, sozialer, politischer und religiöser Hinsicht einem Weinberg ohne Zaun, wo ein jeder nach Lust und Laune schaltete und waltete. Doch Jesus spricht von einem künftigen Tag, an dem der Herr des Weinbergs kommt.

Um die Cholera des Jahres 1865 einzudämmen, wurden in Griechenland langanhaltende, strenge Maßnahmen verhängt. Damals reichten die unlängst errichteten Seuchenbauten in der Gegend nicht mehr hin und wurden als ungeeignet für Quarantänemaßnahmen befunden, so dass man zusätzlich die Einrichtung einer Sonderstation für Seuchenbekämpfung auf der unbewohnten Insel Tsougrias anordnete. In den ersten Augusttagen waren bereits ein paar Schiffe eingetroffen, zwei bis drei Tage später doppelt so viele.

In der Woche darauf zählte man schon über dreißig große Segelschiffe und eine Menge kleiner Kaikia. Mitte August beliefen sich die um Tsougrias zur Entseuchung ankernden Briggs und großen Schoner schon auf fünfzig; von den kleinen Kaikia gab es inzwischen mehr als hundert. Diese über hundertfünfzig Seefahrzeuge hatten mehr als dreitausend Passagiere an Bord, von den Mannschaften ganz abgesehen. Auf Tsougrias wurde schwer gewerkelt. Meister Stathis Chercheris, der den Barackenbau übernommen hatte, stürzte sich kopfüber in die Arbeit. Ihretwegen war er auch darauf eingegangen, sich freiwillig »zu verseuchen«, was bedeutete, dass er zwangsläufig mit den in Quarantäne befindlichen

Leuten verkehrte und damit selbst in Quarantäne steckte. Dieser Entscheidung folgten aus Pflicht- und Ehrgefühl vier Bauarbeiter unter seiner Anleitung. Meister Stathis Chercheris nagelte hier und dort einen kleinen Balken oder ein Brett fest und lief dann weiter. Er begann mit der einen Baracke, nagelte drei Bretter für eine Wand zusammen, zwei Latten fürs Dach, ließ das Ganze stehen und liegen, wie es war, um dann den nächsten Verschlag in Angriff zu nehmen.

Erst rammte Chercheris einen Pflock gerade so weit in die Erde, dass dieser nicht gleich bei der ersten Brise umfiel, doch untief genug, um ihn bei jeder Berührung wackeln zu lassen; dann schlug er einen Nagel in eine waagrechte Planke, rammte einen zweiten Pflock in den Sandboden, nagelte ein Brett an die eine, nicht aber an die andere Seite und begab sich daraufhin zur nächsten Hütte. Die angefangene Baracke fertigzustellen überließ er dem Jüngsten im Bunde und machte sich flugs daran, noch eine anzulegen. Anschließend holte er diesen Lehrling, den er mit der Vollendung der halbfertigen Baracke beauftragt hatte, und befahl ihm, an der zweiten zu arbeiten und die erste mit zwei Brettern und drei nicht abgestützten Planken als Bruchbude stehen zu lassen. Auf diese Weise hatte er innerhalb einer Woche über zwanzig kleinere und größere Baracken zurechtgezimmert, doch nur die wenigsten waren an den Seitenwänden verschalt, und bei keiner war das Dach gedeckt, so dass man Menschen dort hätte unterbringen können. Derweil fiel vorzeitig ein erster Herbstregen, und der Strom der Anreisenden wollte nicht abreißen. Viele Passagiere verharrten lieber auf den Schiffen, denen sie ansonsten, bedrängt und beengt wie sie waren, auf der Stelle den Rücken gekehrt hätten. Frauen, Knaben und Mädchen hatten an Bord einiges zu leiden, auch wenn die Schiffe vor Anker lagen.

Zahlreiche griechische Familien und mit ihnen westeuropäische, levantinische und ein paar jüdische hatten in aller

Eile das erste beste griechische Segelschiff genommen, das aufzutreiben war. Zuhauf übten sich die Kapitäne in Philanthropie, nahmen so viele Personen wie nur möglich mit und machten dabei Kasse.

Wie in Zeiten von Panik stets der Fall, hatten dichtes Gedränge, unüberlegte Hast und fluchtartiger Aufbruch die Oberhand gewonnen. Zum anfänglichen Tumult bei der Flucht gesellte sich weiterer Wirrwarr: ein wüstes Durcheinander bei den Sofortmaßnahmen an griechischen Küsten. Im Städtchen hatte man amtlich die Materialbeschaffung in die Wege geleitet und den Bau von Notunterkünften vereinbart. Drüben auf der unbewohnten Insel legte sich Meister Stathis Chercheris ins Zeug, jeden Tag mehrere Baracken zu zimmern, und brachte innerhalb von zwei Wochen eine ganze Menge halbfertiger zustande, mit dem Ergebnis, dass etwa eine schlampig angenagelte Latte, die sich nachts beim lindesten Lüftchen löste, den Kopf einer dösenden Frau und den Säugling an ihrer Brust traf.

Immer wieder fiel ein notdürftig in den Sandboden gesteckter Pfosten um, an den das ausgestreckte Bein eines schnarchenden Mannes gerührt hatte, so dass mit ihm die ganze Baracke einstürzte und neben dem Sumpf am Strand eine schlafende Familie unter sich begrub. Ständig war Gestöhn und Wehgeschrei zu vernehmen. Die lieblich grüne, mit Pinien und Olivenbäumen bewachsene Insel wirkte inzwischen wie ein kleiner, ehemals einsamer Paradieswinkel, in den unversehens Dämonen eingefallen waren, in ihrem Gefolge die Seelen der Verdammten, und sich nun daran ergötzten, diese im Garten Eden zu malträtieren und die Hölle noch grausamer zu machen.

Damit sei nicht gesagt, dass sich an diesem Ort besonders böse Menschen aufhielten. Anderswo mag es sogar schlimmer sein. Doch unabweislich geht das größte Übel auf die Unfähigkeit der griechischen Verwaltung zurück.

Man könnte meinen, dieses Land habe seine Freiheit eigens als Beweis dafür errungen, dass es sich aus eigener Kraft nicht verwalten kann. Dies steht jedoch auf einem anderen Blatt. Wie auch immer, Tatsache ist, dass man auf der unbewohnten Insel, die als provisorische Seuchenstation herhielt, getreu dem geschmeidigen Gewissen gewinnsüchtiger Geschäftemacher Fleisch für drei Drachmen das Okka verkaufte, Brot für achtzig Lepta und Wein für eine Drachme. Beim Wasser wiederum lief es, nachdem der einzige Brunnen auf der Insel rasch versiegt war, darauf hinaus, dass für den Krug zwei Drachmen verlangt wurden.

Wie zu erwarten, handelte es sich bei den allermeisten Passagieren, die sich nun in Quarantäne befanden, um arme Leute, nur einige wenige waren wohlhabend. Die Geschäftemacher legten ihre Waren am Rand der entlegensten Inselküste ab, nahmen das Geld entgegen und machten sich auf und davon. An allem konnte Cholera haften, nicht jedoch am Geld.

Es ging die Rede, die Choleratoten sei in Wirklichkeit größtenteils an Hunger gestorben. Vielleicht habe es sogar überhaupt keine Cholera gegeben. Doch Verblendung, Elend und ungeheures Leid gab es. Die betroffenen Leute verhärteten sich auch noch gegeneinander und steigerten die Pein damit ins Unermessliche. Wer unter den Quarantäneinsassen gut gestellt war, verhärtete sich gegenüber den Armen und legte ihnen zur Last, Mitschuld zu tragen an ihrem Pech, hier vor Ort zu sein. Die Armen verhärteten sich gegenüber den Begüterten und warfen ihnen vor, durch ihren Wohlstand die Preise für Lebensmittel zu treiben. Sämtliche Reisende in Quarantäne verhärteten sich geschlossen gegen die Einwohner des Städtchens und beschuldigten sie der unredlichen Habgier und Hartherzigkeit. Doch in Wirklichkeit waren nur zehn Leute aus der überall vertretenen Gilde von Händlern und Hasardeuren die habgierigen und hartherzigen Profiteure der Misere. Die Einwohner des Städtchens verhärteten sich hasserfüllt gegen die Ankömmlinge, die ihnen Cholera einschleppen würden. Allseits herrschten böswilliger Argwohn, Misstrauen und Eigennutz bis hin zur Unmenschlichkeit. An die Oberfläche kam nichts, dort trat nur die Angst vor Cholera zu Tage. Man konnte sich des Gedankens nicht erwehren, dass die Krankheit nur ein Vorwand war und letzten Endes Menschen ausgebeutet wurden. Jedenfalls hatte der Dämon der Angst weitere sieben Dämonen ausfindig gemacht, deren Verschlagenheit die seine übertrafen, und sich in den menschlichen Verstand eingeschlichen.

Nun liefen täglich von morgens bis abends Schiffe die unbewohnte Insel am steilen Gestade auf der Höhe der Floros-Kapelle an; ihr Name ging auf die Heiligen Floros und Lavros zurück, deren Jahresfest man am 18. August feiert. Derzeit lag die alte Kapelle in Trümmern. Vater Nikodimos Manassis, Sachwalter des Verkündigungklosters auf der kleinen Insel, gedachte dieses Festtags und bat die beiden Heiligen inständig, sie mögen doch die Menschheit von der Krankheit befreien, um ihn von den Cholerakranken zu erlösen. Zehn Tage, bevor die verseuchten Schiffe anliefen und die Insel unter Quarantäne gestellt wurde, verfügte Pater Manassis über eine Ziegenherde mit Zicklein, über Milch, Quark und Käse, einen Obstgarten und den Acker, auf dem Kürbisse, Tomaten und Gemüse wuchsen, sowie über Rebstöcke und Trauben – alles in Hülle und Fülle. Zehn Tage danach waren die Böcke geschlachtet, die Zicklein geopfert, der Quark verspeist, und die Ziegen gaben wegen des niedergetrampelten Grases keine Milch mehr; der Garten war verwüstet, das Kürbisfeld so gut wie abgeerntet, und die Rebstöcke trugen keine Trauben mehr. Vater Nikodimos raufte sich die spärlichen Schläfenhaare, zog an seinem keilförmigen Bart und sagte: »Wie erkläre ich das nur dem Abt? Was soll ich nur dem Verwalter sagen?«

Am Morgen jenes 18. August hatten Boote mit Lebensmitteln wie gewöhnlich das Ufer angesteuert. Unter den üblichen Fährleuten waren auch Giannis Nydraios, Dimitris Tsounos, Giannios Delivarkas und Alexis, genannt der »Kahn«. Alexis der Kahn fuhr fünf- bis sechsmal täglich zwischen dem Städtchen und Tsougrias hin und her. Von Ermüdung keine Spur. Stets kam von ihm: »Jetzt mach ich Dampf.« Und tatsächlich traten ihm Schwaden aus Nasenlöchern und Mund, beinahe auch aus der verschwitzten Brust und dem Nacken. Mit einem seiner herkulischen Arme legte er sich ins Ruder, mit dem anderen hielt er die Pinne, und zwischen den Zähnen steckte die Schot. Begleitet wurde er von einem vierzehnjährigen Jungen, seinem Sohn Giorgos. Den Bug belud er immer mit Broten, Obstkörben und an den Beinen zusammengebundenem Federvieh sowie mit Rumpullen; im Laderaum brachte er Mehl-, Reis- und Zuckersäcke unter, am Heck staute er Korbflaschen mit Wein und Wasserkrügen. Er selbst postierte sich zwischen zwei Korbflaschen, denen er gelegentlich zur Erfrischung auf der Fahrt »etwas näherkam« und sie anschließend mit Wasser auffüllte; sein Sohn Giorgos stand zwischen einem Paar zusammengebundenen Federviehs und einer Rumpulle. Er wartete ab, bis sein Vater woanders hinschaute, bückte sich zu den Hühnern, die in ihrer Benommenheit keinen Ton von sich gaben, um sie besser zu verstauen; dabei griff er nach der Flasche mit dem Rum und trank ein Schlückchen. Die Ärzte empfohlen ihn allesamt als Medizin. Es war englischer Rum, und nach ein paar Mundvoll war man »dicht«.

Am Abend jenen Tages hatte Alexis der Kahn auf seiner letzten Bootsfahrt auch einen frisch ernannten »Wärter« mitgebracht. Jedes unter Quarantäne gestellte Schiff war verpflichtet, so einen Wärter für Wachdienste anzuheuern.

Handelte es sich um ein größeres Schiff, konnten es sogar zwei sein. Solche Wärter waren einstige Seefahrer oder sonst arme Leute aus der Gegend. Für einen geringen Lohn nahmen sie ihre »Verseuchung« in Kauf und willigten in die Quarantäne ein. Dass eben diese auf den Schiffen peinlich genau eingehalten wurde, sollten sie überwachen. Der Kapitän eines in Entseuchung befindlichen Schiffs war zu Entlohnung und Verpflegung verpflichtet. Mehr als fünfzig solcher Wärter hatten Alexis der Kahn und andere Bootsleute bereits übergesetzt. Heute hatte Alexis einen hergebracht, der kurz gewachsen, so beleibt wie bartlos war und ein runzliges Gesicht hatte; er trug eine weite Pluderhose und darüber einen mächtigen Mantel, um, wie er sagte, nachts auf dem Deck, wo er schlafen würde, nicht zu frieren. Im Verzeichnis des Sanitätsamts war er als Stamatis Gyratsinis vermerkt.

Am Ufer bei der Floros-Kapelle wartete Giannis Brikos gerade auf die letzte Fuhre von Alexis. Der Bootsbesitzer Giannis Brikos, der, wie zu Beginn dieser Geschichte erwähnt, wider Willen in Quarantäne gehalten wurde, hatte Arbeit gefunden. Als Schiffer, der zwischen den Anwohnern der Insel hin- und herfuhr, übernahm er den größten Teil der täglich an der Floros-Küste angelieferten Waren und brachte sie zum anderen Kap bei Lalaria, wo die Baracken standen.

Es war schon dunkel, und Giannis Brikos schleppte die Sachen rasch von der Stelle, wo Alexis sie abgelegt hatte, in sein eigenes Boot. Da sah er plötzlich im Dämmerlicht den kleinwüchsigen Alten, der mit Alexis' Feluke gekommen war:

»Nanu! Wer ist denn das schon wieder?«

Alexis legte gerade ab und antwortete deshalb aus einiger Entfernung. Seine Stimme klang komödiantisch gekünstelt:

»Das ist unser Stamatis Gyratsinis.«

Brikos fuhr in die Höhe, teils erschreckt, teils ungläubig verwirrt.

»Stamatis Gyratsinis ist seit zwei Jahren tot«, gab er zurück.

Der Mensch, um den es in diesem Wortwechsel ging, führte den Zeigefinger zum Mund und brachte den Schiffer Brikos zum Schweigen.

Dann sagte er zu ihm: »Ich soll dir Grüße von Garoufalia, deiner Frau ausrichten, Giannis.«

»Aha! … Wessen Stimme ist das nur?«, wunderte sich Brikos.

Und schlug sich an die Stirn, um darauf zu kommen.

»Reg dich nicht auf, mein Junge, ich erzähl dir alles«, sagte der sogenannte Stamatis Gyratsinis … »Aber was ich dich schon längst fragen wollte und es mir verkniffen habe: Weißt du, was mit Stavros Gialis los ist, dem Sohn von Skevo?«

Auf einmal ging Giannis Brikos ein Licht auf, welche Person da redete.

»Ah! Du bist's!«, sagte er, »wie kommt's?«

»Halt jetzt deinen Mund … ich erzähl dir alles … Sag du mir, was mit Stavros ist …«

»Stavros … soll krank … gewesen sein … mehr weiß ich nicht …«, stotterte Giannis, »hier, wo wir gestrandet sind, fragt keiner nach dem anderen, wie es ihm geht und ob er noch lebt.«

Die als Wärter auftretende Person stieß einen herzzerreißenden Schrei der Verzweiflung aus und rang in höchster Not die Hände.

»Stavros ist tot!«, kam von ihr.

Giannis schüttelte den Kopf.

»Nein, so etwas habe ich nicht gesagt«, erwiderte er, »ehrlich … Willst du etwa, dass ich dich auf den Arm nehme? Ich weiß einfach nicht, wo er ist und wie es ihm geht.«

Stamatis Gyratsinis fasste sich halbwegs. Dann stiegen er und Giannis, nachdem sie die Sachen geladen hatten, in Brikos' Feluke und grüßten von weitem Alexis den Kahn. Giannis griff nach den Riemen und los ging es.

Seit Skevo an jenem Abend bei ihrer Rückkehr von Gerakinas Haus die unheilvolle Botschaft vernommen hatte, die ihr einer der Jungen vom Boot aus in übereilter und gemeiner Gefühllosigkeit überbracht hatte: »Tante Fass! Dein Sohn ist mit Cholera auf Tsougrias!«, seitdem hörte sie keine einzige Stimme mehr als nur diese, wie sie in ihrem Innern nachklang und im Mutterherz ein glühendes Brandmal hinterließ. Ihr eigenes Dasein war nun nichtig, es hing davon ab, ob ihr Sohn noch am Leben war oder nicht mehr, und es war ein Ebenbild der Gefahr, in der er schwebte.

Also ging die Arme zurück nach Hause. Wie fand sie nur den Weg? Wie trat der Fuß auf den Boden? Woran ging sie vorbei? – Alles dem Vergessen anheimgefallen! Sie öffnete die Haustür – wie gelang ihr's, den Schlüssel umzudrehen? – und trat ein. Ein Wunder, dass sie nicht mitten auf der Straße zusammengebrochen war!

Sie kniete vor ihrer Muttergottes, der kleinen Silberikone, gerade einmal so groß wie die zarte, weiße Stirn eines dreijährigen, unschuldigen Mädchens; sie kniete vor dem Heiligen Nikolaus, der ihren Mann auf seinen Reisen begleitet hatte, neben ihm geschwommen und dessen Retter aus Seenot war. Mit beiden Händen hielt sie ihre Stirn, damit sie nicht zerbarst, ihre Schläfen, damit sie nicht zersprangen, ihr Herz, damit es nicht aufhörte zu schlagen. Sie wollte sich bekreuzigen, doch ihre rechte Hand war schwer wie Blei. Sie versuchte das Jesusgebet aufzusagen: »Herr Jesus Christus, steh mir bei«, doch Zunge und Lippen regten und rührten sich nicht, allein der Sinn des Gebets nahm in ihrem Geist Form an, gottlob! Dann brach unvermittelt ein Schrei aus ihr, und nun rann der Tränenstrom. Er verschaffte ihr Erleichterung, und sie schöpfte Hoffnung.

Lange betete sie nun für ihr Kind, denn, ach!, sie hatte keinen Zweifel, dass das Früchtchen ihr die Wahrheit gesagt hatte, und empfand auch nicht das Bedürfnis, sich der Nachricht zu vergewissern.

Lange verweilte sie auf den Knien, und als die Erschöpfung kam und sie sich auf ihre ein wenig erhöht gebaute Schlafstatt fallen ließ, fasste sie einen Entschluss und sprach ihn laut aus: »Ich werde Wärter im Seuchengebiet. Wärter an verseuchtem Ort!«

Gott ließ auch diesen Tag werden. Skevo machte sich auf den Weg zu ihrer kinderlosen Tochter, deren Haus am anderen Ortsende lag. Ein Bruder ihres Mannes arbeitete als Wächter im Seuchenhaus. Zurzeit übte er diese Tätigkeit zwangsläufig nur dem Titel nach aus und war in Wirklichkeit als Bediensteter beim Inspektor des Seuchenhauses im Städtchen zugange. Denn angesichts der außerordentlichen Umstände hatte man Herrn Ronymos, Abkömmling, wie man munkelte, einer traditionsreichen Familie, zum Inspektor für dieses Haus ernannt.

Skevo sagte ihrer Tochter weiter nichts, außer dass sie erfahren habe, Stavros sei angekommen und sofort in Quarantäne gegangen. Auch erwähnte sie, dass er ein bisschen krank sei, doch kein Grund zur Aufregung bestehe. Ihre kinderlose Tochter zeigte weiter keine Gemütsbewegung, als sie diese Nachricht vernahm. Durch heiße Bäder in Ädipsos, Heilmittel und Kräuter, mittels derer sie sich Nachwuchs zuzulegen versuchte, hatte sie sich körperlich und finanziell völlig verausgabt. Alles andere interessierte sie nur in Maßen. Der Mutter hatte sie zu berichten, dass ihr die kürzlich von einem Heilkundigen aus der Nachbarschaft verabreichte Kräutermedizin schwer zusetze. Skevo riet ihr zum hundertsten Mal, doch vorsichtig zu sein, sich vor Arzneimitteln in Acht zu nehmen und sich unverbrüchlich daran zu halten, dass sie nur Nachwuchs bekommen werde, wenn Gott es wolle.

Darauf fragte die Alte nach dem Schwager der Tochter unter dem Vorwand, mehr über Stavros in Erfahrung bringen zu wollen und um Unterstützung zu bitten, wenn sie dem Sohn in der Quarantäne etwas zuzuleiten wünschte. Die junge Frau schickte eine arme Dienstbotin, die von verschiedenen Aufträgen für die Familien des Viertels lebte, auf die Suche nach dem Schwager Nikas zum Wohnhaus des Seuchenhaus-Inspektors. Der Wächter des Inspektorats, der sich im Haushalt der Amtsperson täglich ein paar Stunden zum Kochen aufhielt und den Rest des Tages gegenüber in der Schenke totschlug, wo er auch Einkäufe tätigte, war kein schwer aufzustöbernder Mensch. Exakt um acht Uhr morgens, als die Botin seiner Schwägerin eintraf, stattete Nikas der Schenke, die auch ein Krämerladen war, gerade zum dritten Mal an diesem Tag einen Besuch ab. Früh morgens war er schon einmal wegen Holzkohle vorbeigekommen. Der junge Krämer, zugleich Wirt der Schenke, wog ihm ein Okka Kohle ab. Nikas, oft auch Onkel Nikas genannt, bestellte inzwischen seinen üblichen Frührum, der ihm vom Schenkwirt vorgesetzt wurde, kippte ihn und zündete sich gleich eine Zigarette an. Dann verlangte er einen zweiten Rum, den »üblichen«. Der Wirt schenkte nach. Der Wächter des Seuchenhauses schüttete auch dieses Glas hinunter, griff nach dem Gefäß mit der Holzkohle und ging zum Haus seines Vorgesetzten, um dessen morgendlichen Kaffee zu kochen. Dann ging er erneut zum kleinen Krämerladen, diesmal wegen Zucker. Der Schenkwirt füllte ihm Zucker ab. Darauf sagte Nikas: »Sei so gut und gib mir noch ein Glas Rum.« Der Wirt schenkte ihm ein Glas ein. Nikas trank es aus, drehte sich eine Zigarette und verlangte einen weiteren Rum. »Den spüle ich noch runter«, sagte er, »pure Medizin.« Er trank und gab dem Wirt zu verstehen, die vier Rum seinem Vorgesetzten in Rechnung zu stellen.

Eine Stunde später machte dieser Vorgesetzte Katzenwäsche, kleidete sich an, rauchte vier Zigaretten, sein Morgendusel legte sich und für die zweite Tasse ging er los ins Kafenion. Kaum war der Vorgesetzte um die erste Ecke der Küstenstraße gebogen, streckte Nikas seine rote Schnute, verziert mit einem großen Schnurrbart unter einer großen Mütze, über den Söller und stieg hinab in die kleine Schenke, um für das Mittagsmahl des Vorgesetzten einzukaufen. Beim Wirt bestellte er Öl, Butter und Reis. Der Wirt holte die Ware her. Nikas verlangte einen Rum »zur Stärkung«, und der Wirt schenkte ihm ein. Dann machte er es sich in der Schenke bequem, rauchte gemütlich eine Zigarette und verlangte einen weiteren Rum, den »ultimo«. Der Wirt stellte ihm das Glas hin. Nikas schlürfte es aus. In diesem Moment kam die Frau her, die von seiner Schwägerin, Skevos Tochter, geschickt worden war. Sie holte ihn vor die Tür und redete auf ihn ein.

»Ich habe nicht mal Zeit, hinunter in die Schenke zu gehen«, gab Nikas zurück, »sag der Mutter meiner Schwägerin viele Grüße, wenn es ihr beliebt, soll sie sich die Mühe machen und mir selbst sagen, was sie will; denn ich koche für meinen Herrn und habe nicht mal Zeit, in die Schenke zu gehen und mir einen Rum zu genehmigen.«

Darauf entfernte sich die Frau.

Nikas kehrte zurück in die Schenke und bestellte beim Wirt einen »kontra ultimo«. Er trank ihn und gab dem Wirt zu verstehen, die drei Gläser Rum auf die Liste für den Herrn zu setzen. Dann griff er sich den Einkauf und ging zurück ins Haus.

Die Zusammenkunft von Skevo und Nikas fand im Wohnhaus des Inspektors statt, und zwar auf dessen Söller. Sie hatte zum Ergebnis, dass Nikas nach der unglaublichen Ankündigung der verschwägerten Alten zu Tränen gerührt war. Nikas, ansonsten ein gutmütiger Kerl, hatte nur eine Schwäche: Während ihm sein Vorgesetzter gestattet hatte, täglich höchstens drei oder vier Gläser Rum auf die für ihn eröffnete Rechnung zu setzen, verdoppelte er diese Ration gewöhnlich und ging auch manchmal darüber hinaus.

Nikas erhob matten Protest gegen Skevos sonderbaren Plan, ließ sich dann aber erweichen, sagte seinen von Herzen kommenden Beistand zu und schickte sie fort.

Sobald Skevo verschwunden war, lief Nikas bedrückt zur Schenke, wischte sich seine feuchten Augen, entzündete eine Zigarette und verlangte vom Wirt einen »primo secondo«.

Als der Inspektor mittags aus dem Kafenion kam, wo er drei Partien russische Préférence und zwei Piquet-Runden gespielt und dabei stundenlang über Politik parliert hatte, tischte Nikas seinem Vorgesetzten das Essen auf, immer noch rührselig vom Treffen mit Skevo und ohne nach dem »primo secondo« noch einmal in die Schenke gegangen zu sein. Mit ausgesucht ergebener Aufmerksamkeit hielt er sich zu Diensten, ließ Herrn Ronymos in Ruhe essen, umkreiste beim Dessert, kaum hatte jener drei erlesene Pfirsiche verspeist und zwei Gläser aromatischen Muskatellers getrunken, dreimal den Tisch und begann, seinem Vorgesetzten eine klitzekleine Angelegenheit vorzutragen.

Große Ansprüche habe er nicht. Er sei nicht wie einige andere, die mit endlosen Forderungen ihren Schirmherren keine Ruhe ließen. Außerdem wisse er, was Verpflichtung bedeute. Er habe nichts gemein mit Leuten, die katzbuckeln, solange sie einen brauchen, und später, bittet man sie um etwas, das nicht der Rede wert sei, einen weder je gesehen noch gekannt haben. Er dagegen verharre seinem Gönner gegenüber lebenslang in Dankbarkeit. Es gehe um einen armen Verwandten, den er nicht loswerden könne – ein wirklich bedauernswerter Mensch, dieser Onkel Stamoulis Kardarakis. Mag sein, dass es nichts Vertracktes sei, was er erbitte, aber für ihn habe es sehr viel Bedeutung, wirklich! Ihm sei wohl bekannt, dass viele Leute dem Herrn Inspektor auf die Pelle rücken und alles Mögliche abfordern würden. Wie auch immer. Er selbst erlaube sich, ihn um die Gefälligkeit zu bitten, diesen Verwandten, den Stamoulis Kardarakis, als Wärter auf eines der Schiffe schicken, die in Quarantäne lägen und deren Zahl sich von Tag zu Tag vermehre. Dem Herrn Inspektor würde er es als großen Gefallen anrechnen. Man könne ihn sogar, falls es derzeit sonst keinen Platz gäbe, als Wärter für dieses große Schiff empfehlen, das gestern eingetroffen sei und auf dem sich auch Cholerakranke von hier befänden, wie man höre, etwa ein Bootsmann namens Stavros Gialis, der Sohn von Skevo, und noch andere auf eben diesem Schiff. Der Herr Inspektor könne ja in Absprache mit dem Hafenmeister und dem Sanitätsrat den Kapitän verpflichten, sich auch einen zweiten Wärter zu holen, zusätzlich zum ersten, groß genug sei es ja. Auch andere Schiffe hätten sich zwei Wärter geholt. Und wenn auf diesem Schiff ein zweiter keinen Platz fände, dann solle er halt auf ein anderes Schiff gehen, eines, das schon vor Anker liegt, oder eines von denen, die jetzt Tag für Tag anlaufen würden. Darum wolle er den Herrn Inspektor bitten. Der Mann, um den es gehe, hätte selbst vorzusprechen sich nicht getraut. Und habe ihn wegen der Verwandtschaft nicht mehr in Ruhe gelassen. Ungelogen: Er sei ein armer, bedauernswerter Mensch und heiße Stamoulis Kardarakis.

Herr Ronymos hatte es sich auf dem Kanapee bequem gemacht und hörte seinem Angestellten mit halben Ohr zu, während die andere Hälfte vor sich hinträumte oder döste. Endlich erwiderte er:

»Wieso verlierst du eigentlich so viele Worte wegen dieser Bagatelle, Nikas?… So viel redest du doch sonst nie…«

»Das stimmt«, antwortete Nikas, »ich hatte das nicht vor… Aber dieser verschwägerte Stamoulis Kardarakis…«

»Sei's drum«, fiel ihm der Aufseher ins Wort. »Bring ihn heute Abend zum Hafenamt, und dann sieht man weiter…«

Nikas bedankte sich und verließ den Raum.

Am gleichen Abend, dem des 17. August, meldete sich ein kurzgeratenes Alterchen beim Herrn Sanitätsrat, dem Herrn Inspektor des Seuchenhauses und dem Herrn Hafenmeister an, die sich zu einer Sitzung eingefunden hatten. Im Vorraum hielten sich weitere fünf, sechs ältere Leute auf, ehemalige Seemänner und allesamt Bewerber um Wächterdienste auf den Schiffen in Quarantäne. Sie warteten auf den Bescheid, ob man ihr Anerbieten, als »Wärter« zu arbeiten, angenommen hatte. Es dauerte nicht lange, bis sie erfuhren, dass sie eingestellt würden.

Das erwähnte Alterchen stand unverkennbar unter dem Schutz von Nikas, dem Wächter des Seuchenhauses, der, ohne die ganze Zeit zugegen zu sein und als Begleitung aufzutreten, ununterbrochen ein- und ausging, sich der Tür des Raums näherte, in dem die drei Amtsträger tagten, immer wieder an das Männchen herantrat, sich zu dessen Ohr neigte, ein paar Worte flüsterte und zwischendurch wieder verschwand.

Endlich wies man an, die Wartenden hereinzurufen. Einzeln gingen die sechs alten Männer, ehemalige Seeleute, zur Tür der Kanzleistube; einer nach dem anderen nahm die Kappe, die Mütze oder den groben Strohhut ab, sagte seinen Namen, der ins Register der zur Quarantäne anstehenden Schiffe sowie in die Entseuchungswärterliste eingetragen wurde, erhielt einen kleinen Vorschuss auf seinen Wärterlohn und zog davon. Zuletzt wurde dem kleinen Alten Zutritt gewährt, den Nikas anscheinend unter seine Fittiche genommen hatte.

Das Männchen hatte ein verrunzeltes Gesicht und keinen Bartwuchs. Es trug eine breite Pluderhose, eine Weste und eine verschossene Samtjacke. Im Vergleich zu den anderen Seeleuten, die meist ihre engen Alltagskotzen trugen, wirkte er wie aus der Zeit gefallen. Zögerlich stand er auf und ging zur Kanzleitür. Nikas folgte ihm auf dem Fuß.

»Wer ist denn das schon wieder?«, fragte der Hafenmeister und schaute misstrauisch drein. »Den sehe ich zum ersten Mal. Macht nicht den Eindruck, als sei er je zur See gefahren.«

»Oh! Du bist's, Onkel Stamatis Gyratsinis!«, rief der Sanitätsbeamte, kaum hatte er das Alterchen erblickt.

»Ich bin's, Herr Sanitätsrat«, gab der kleine Alte nachdrücklich zurück.

»Du hattest mir nichts von einem Stamatis Gyratsinis gesagt, Nikas«, wandte sich der Inspektor des Seuchenhauses an seinen Angestellten. »Der hieß doch irgendwie anders.«

»Ja … ja … Ich wollte eigentlich Stamatis Gyratsinis sagen, Herr Inspektor«, stotterte Nikas, »konnte mich aber nicht an den richtigen Namen erinnern.«

Der Inspektor war mehr als verwundert.

»Was für ein Verwandter soll das sein, an dessen Namen du dich nicht erinnerst?«, stichelte er mit einem Lacher.

Nikas kratzte sich verlegen am Kopf. Nachts hatte er nur zwei Stunden geschlafen, und nach dem Aufstehen hatte es nur zu einem Rum gelangt, so dass er einigermaßen nüchtern war.

Auf einmal blitzte Scharfsinn aus seinem Blick. Er machte einen Bückling zum Inspektor hin und erläuterte:

»Man nennt ihn auch Kardarakis … Das ist ein Spitzname, von dem er nichts wissen will … sein richtiger Name ist Stamatis Gyratsinis.«

»Ach so!«, gab der Inspektor von sich, nun vollauf überzeugt.

Unterdessen richtete sich der Sanitätsbeamte erneut an den kleinwüchsigen Alten:

»Na, wie steht's, Gyratsinis? … Alt sind wir geworden, Onkel Stamatis, alt …«

»Alt geworden, Herr Sanitätsrat«, stammelte das Männchen.

Der Sanitätsbeamte war ein gutmütiger Greis, weit über siebzig, bereits pensioniert und nun der außergewöhnlichen Umstände wegen zurück im Dienst. Die einzelnen Sanitätsämter waren aus wirtschaftlichen Gründen fast überall im Lande aufgelöst und teils von den Hafenbehörden, teils von den Zollämtern übernommen worden. Aufgrund der Cholera hatte man nicht nur einen Inspektor für das Seuchenhaus ernannt, sondern auch das örtliche Sanitätsamt wiedereingerichtet und dafür, zusätzlich zum verbeamteten Sanitätsarzt, einen außerplanmäßigen Sanitätsrat ernannt, eben den, der bis dahin im Ruhestand war und jetzt neben seiner Rente ein kleines Honorar erhielt.

Zu König Ottos Regierungszeit, ja schon davor, zu Zeiten des Gouverneurs Kapodistrias hatte dieser Mann vor Ort schon einmal als kaum versetzbarer Sanitätsbeamter fast dreißig Jahre lang gewirkt. Er kannte alle Bewohner des Städtchens und besonders, die im gleichen Alter waren wie er; nur entsann er sich nicht mehr, wer noch lebte und wer schon gestorben war. Zu diesen Gedächtnislücken trug auch bei, dass er letzthin immer wieder längere Zeit in Athen verbracht hatte, dank seiner Rente und seines Rangs. Denn außer allem anderen war er auch Oberleutnant in der Königlichen Kämpferphalanx. Da er schon ziemlich betagt war und nicht mehr gut sehen konnte, hielt er Stamoulis Kardarakis für Stamatis Gyratsinis. Der war zwar längst tot, weilte aber für den greisen Sanitätsrat noch unter den Lebenden.

Stamoulis Kardarakis wiederum hielt es allem Anschein nach für vorteilhaft, den Sanitätsrat in seinem Irrtum zu belassen; tatsächlich nahm er, den Nikas beim Inspektor als Stamoulis Kardarakis eingeführt hatte, den verwaisten, vom Sanitätsrat verliehenen Namen als günstiges, gottgesandtes Zeichen entgegen und hätte ihn gegen keinen anderen Namen der Welt getauscht, nicht einmal gegen seinen eigenen. Der Rest ging recht leicht vonstatten. Einzig der Hafenmeister, Korvettenkapitän der Königlichen Marine, schien der Sache nicht über den Weg zu trauen. Er schaute argwöhnisch auf das Männchen und sagte: »Der sieht aus wie eine runzlige Greisin.« Nach einigen weiteren Formalitäten übergab man Stamatis Gyratsinis den Ernennungsbescheid, händigte ihm einen Vorschuss von zwei Fünfdrachmenmünzen aus und wies den frischernannten Wärter an, morgen im Lauf des Tags seinen Dienst anzutreten.

Gewiss, Stamatis Gyratsinis beziehungsweise Kardarakis hätte die Quarantäneinsel am liebsten schon in aller Herrgottsfrühe erreicht, auch nachts oder nach Möglichkeit im Morgengrauen. Doch das ließ sich schlecht machen, denn vor Sonnenaufgang wurden den Bootsbesitzern die zu befördernden Sachen nicht geliefert. So verkroch sich der geheimnisvolle Jemand die ganze Zeit über in sein Schlupfloch oder Haus – Tageslicht mochte er offenbar nicht – und stieg erst abends bei Sonnenuntergang in Alexis' Barke.

Den frisch ernannten Wärter auf die unbesiedelte Insel zu fahren war vom hilfsbereiten Nikas mit Alexis dem Kahn vereinbart worden, nachdem man zusammen zwei »zur Stärkung«, einen »üblichen«, den »ultimo« und den »primo secondo« gehoben hatte. Mit der Gewandtheit vernünftiger Menschen, die schnell darin sind, immer dann Geheimnisse auszuplaudern und Vertrauen zu erschleichen, wenn sowieso abzusehen ist, dass Lug und Trug nicht durchkommen, fasste er den Entschluss, den Fährmann in die Tatsachen einzuweihen. Alexis der Kahn würde natürlich Kardarakis nicht für Gyratsinis halten; noch weniger konnte er in Skevo, dem »Fass«, Stamoulis Kardarakis ausmachen, so dass Nikas lieber die ganze Wahrheit auf den Tisch legte.

Alexis der Kahn bekreuzigte sich mit der falschen, linken Hand, und am Ende schluckte er es. Was ging es ihn auch an, unterm Strich? Sollte sie doch ihren Willen kriegen, die Tante Skevo, und als Wärter auf die Seuchenschiffe gehen! Er würde sie auf die Insel übersetzen und am Kap aussteigen lassen, und dann musste sie allein zurechtkommen. Eine typische Narretei von Frauen, eine von vielen! Sie hatte es sich in den Kopf gesetzt und konnte keine ruhige Minute mehr finden, bevor sie nicht in Quarantäne war und ihren Sohn gefunden hatte.

Wie es wiederum diesem erging, war nicht in Erfahrung zu bringen, weder von Alexis noch einem anderen Schiffer, auch nicht aus diesem Sanitätsamt über Nikas. Nun würde sie also auf die verseuchten Schiffe und damit in Quarantäne gehen. Wenn ihr Sohn noch lebte, fände sie ihn. Wenn er zu retten wäre, würde sie ihn versorgen, ihn selbst gesundpflegen und nicht jemandem anderen überlassen. Auf diese Weise würde sie der göttlichen Vorsehung dienlich sein, sollte er nach dem Ratschluss des Herrn weiterleben dürfen. Vor der jetzigen Seuchenwelle hatte sie keine Angst und glaubte fest daran, unverwundbar zu sein. Als junge Frau war sie schon einmal, wenn auch nicht sehr schwer, an Cholera erkrankt und glimpflich davongekommen, damals 1848, als die schreckliche Krankheit im kleinen Küstenstädtchen herumging. Und wenn schon, sollte sie sich doch mit Cholera anstecken, das kümmerte sie wenig. Nur ihr liebes Kind musste weiterleben, sie selbst könnte getrost abtreten. Würde ihr Kind aber dem Tod anheimfallen, Gott schütze es!, so wäre sie wenigstens bei ihm, es stürbe in ihren Armen, damit käme sie zurecht. Hauptsache, sie träfe es lebend an, mit allem anderen käme sie schon zurecht. Alles in allem: Sie hatte sich zu diesem tollkühnen Schritt entschlossen, und bis jetzt waren ihr die Umstände gewogen. Sie war voller Zuversicht, die sich ein wenig verlor, als sie die Insel erreichte und dort auf ihren Nachbarn Giannis Brikos stieß. Anfangs freute sie sich bei seinem Anblick. Doch welch ein Weh durchfuhr sie, als jener nichts darüber zu sagen wusste, wie es ihrem Sohn Stavros erging! Das war kein gutes Zeichen. Entweder er sprach die Wahrheit, und die war weder tröstlich noch besänftigend, oder Stavros war tot, und er wollte es ihr nicht verraten.

Auf dem Weg zwischen den drei Kaps, vom äußeren bis zum inneren bei der Floros-Kapelle und vom inneren bis zum Felsvorsprung beim Lalaria-Strand, legte sich Giannis Brikos mit dem Rücken zum Bug kräftig in die Riemen und grummelte alte Seemannslieder. Auf die förmlichen, von Skevo überbrachten Grüße hin erkundigte er sich mit keinem weiteren Wort nach seiner Frau Garoufalia. Ihm war einerlei, ob die Leute in seiner Umgebung sich quälten oder starben, ob sie an Cholera, Hunger oder sonst etwas Schlimmem litten. Er hing an seinen alten Liedern.

Um ihn aufzuheitern, berichtete Skevo, was für einen Schreck seine Frau bekommen hatte, als sie erfuhr, dass auch er nun unter Quarantäne stand, wie angst und bang ihr war, er könne womöglich Schaden nehmen, und wie sie, Skevo, sich bei ihr eingefunden hatte, um ein wenig Zuversicht zu vermitteln, auch mit dem Hinweis, außer Giannis, dem Gespons, sei ja auch ihr eigener Sohn Stavros betroffen, so dass keiner von beiden allein bliebe …

»Bestimmt hat sie mit ihrem Geschrei wieder alle Leute aufgescheucht! …« rief Giannis Brikos lauthals, mag sein, weil er sich an einen ähnlichen Vorfall erinnerte. »War es denn nötig, Menschenskind, zu schreien, damit alle Welt erfährt, dass ihr Mann verseucht und jetzt in Quarantäne ist? Sie kann mir den Buckel runterrutschen!«

Skevo biss sich auf die Zunge und schaute den Fährmann erschrocken an. Sie hatte nicht damit gerechnet, dass ihr Bericht ihn gar erzürnen könnte.

»Ihr Weiber, Menschenskind, nimm es mir nicht übel, Tante Skevo, habt Stroh im Kopf! Wieso hat sie sich kein Boot gesucht und ist zu mir gekommen, wie du zu deinem Sohn? Warum hat sie keine Männerkleidung angezogen, wie du es gemacht hast? Dann hätten wir zwei von euch Hübschen hier … Und säßen im Schlamassel. Jetzt haben wir Schlagseite, wobei mit euch beiden die Last besser verteilt wäre.«

»Frauen sind also eine Last für euch!«, sagte Skevo vorwurfsvoll.

»Last? Das kann man wohl behaupten!«, gab Giannis Brikos zurück. »Eine schlimmere Last, einen lästigeren Sattel als Frauen gibt es nicht. Und du, sag mal, das würde ich zu gerne wissen, wie bist du nur darauf gekommen, Tante Skevo, dir die Hosen von Onkel Gialis, Gott hab ihn selig!, anzuziehen und hierher in Quarantäne zu kommen, als Wärter an diesen verseuchten Ort?«

Skevo erwiderte ihm in einem Ton, der zeigte, dass ihr die Unterhaltung unliebsam war:

»Jede Christenfrau trägt ihr Kreuz alleine …«

»Und was willst du jetzt in Quarantäne tun? Das hier ist kein Kinderspiel, hier geht's ans Eingemachte, Tante Skevo!«

»Hast du etwa als Nachbar oder hat irgendeiner von euch Landsleuten je daran gedacht, mir eine Nachricht zu überbringen, damit ich weiß, wie es um Stavros steht?«

»Wer weiß hier schon, wie's um den anderen steht, Tante Skevo? Hier gibt es weiß Gott wie viele Tausende von Menschen … Schau dir doch einmal all die Schiffe an!«

Giannis wies rechts der mit dem Bug nach Süden fahrenden Feluke auf die Reihe von sechs oder sieben großen Seefahrzeugen, die in den letzten beiden Tagen angekommen waren und viele Klafter vor der Küste geankert hatten. Skevo musterte die Schiffe, die Giannis ihr gezeigt hatte, und es boten sich ihr viele dar, unfassbar viele, mehr als hundert.

Linkerhand waren entlang der Küste fünfundzwanzig oder dreißig kleinere Fischerboote unterschiedlicher Form und Takelung aufgereiht: Schoner, zweimastige Kaikia, Jollen, Kutter, einmastige Spitzgatter, Fangschiffe, Barkassen und Barken. Skevo schaute, und es schienen ihr kaum zählbar viele zu sein, sicher mehr als fünfhundert. Der gerade aufgehende Mond verteilte sein Licht zwischen dem höchsten Waldgipfel der Insel und dem schimmernden, in der leichten Brise gurgelnden Meer, warf verschwenderisch seine Strahlen über die glänzende Takelage der großen Schiffe und ließ die lange Reihe der kleinen im Schatten an der dunklen Küstenlinie liegen. Dann und wann flackerten Lichter auf den Decks. Abgesehen von gelegentlich hörbaren Stimmen herrschte Ruhe und Schweigen auf den Schiffen, während vom Boden der kleinen Insel ein murmelndes Gebrumm aufstieg. Die Feluke war nun fast auf der Höhe von Lalaria, einer flachen Küste auf Wasserlinie, übersät von großen, blinkenden Kieseln, denen der Mondschein einen lieblich-düsteren Anblick verlieh.

Auf dieser ebenen Fläche erkannte man etwas oberhalb des Lalaria-Strandes, wo Gras wuchs und Büsche sich über die Erde wanden, fünf oder sechs Zelte aus altem Segeltuch, notdürftig erstellt auf Rudern und Stangen. Man sah auch Licht. Dort hatten acht bis zehn Familien, die als erste vor ein paar Tagen angekommen waren, eine Notunterkunft gefunden. Denn der Zustrom war noch begrenzt und sollte erst nach drei, vier Tagen sehr viel stärker werden. Giannis Brikos sprach von Tausenden, als sage er die nahe Zukunft voraus, denn in der Tat erwartete man sehr viele Schiffe, die eine riesige Anzahl Reisender mit sich führen würden.

Nicht weit von Lalaria ging Giannis Brikos vor Anker. Der Schiffer stieg ins Wasser, das ihm bis zu den Knien reichte, und zog die Feluke ein paar Spannen zum Strand hin. Die alte Skevo stand auf, als kehrte ihre Jugend zurück, sprang leichtfüßig auf den Sand, geriet mit ihren Pantinen ein wenig ins Wasser, bekreuzigte sich und sagte: »Gott sei Dank!«

Als Vater Nikodimos Manassis früh an jenem Mittwoch des 18. August, dem Jahresfest der gemarterten Heiligen Floros und Lavros, im Morgengrauen erwacht war und für die Frühmette hinunter zum Gebetshaus ging (auf der kleinen Insel gab es kein Kirchlein, nur ein kleines Gebetshaus ohne Altar und Vorhang), fiel ihm wieder ein, was heute für ein Tag war, und er bat, wie schon erwähnt, beide Heilige, die Welt von der Cholera und ihn von den Cholerakranken zu erlösen, so wie vor langer Zeit die beiden Steinmetze die Welt von der geistigen Cholera, dem Götzendienst, erlöst hatten, als sie vom Herrscher den Auftrag erhielten, einen Heidentempel zu bauen und dann dessen Idole zerschlugen, das Kreuz Christi errichteten und den Gesang anstimmten: »Ehre sei Dir, o Herr! Stolz der Apostel, der Märtyrer Freude…« Vater Nikodimos las die Mette auf die ihm eigene Weise mit Hilfe der geknoteten Gebetsschnur, während er unablässig das Jesusgebet wiederholte. Dafür schlug er nicht einmal das Horologion auf, dem das Jahresfest der einzelnen Heiligen zu entnehmen ist. Statt des Horologion hatte er seinen Kopf, das genügte. Zeit und Stunde zeigte ihm das Firmament an mit den Plejaden, dem Oriongürtel, dem Polarstern und vielen anderen Sternbildern. Sein Hymnen- und Monatsbuch war die Gebetsschnur. Als er klein war, hatten seine Eltern ihn nicht zur Schule geschickt.

Aufgewachsen war er in den Bergen, großgeworden auf Felsgipfeln, wohin er seine Ziegen trieb, und nun verbrachte er den Rest seines Lebens auf der unbesiedelten Insel.

Am Vortag (mag sein, dass unsere Geschichte vorauszueilen droht und wir in irgendwelche Schludrigkeiten und zeitliche Diskrepanzen verfallen, wofür wir die Leser um Nachsicht ersuchen) war auch Meister Stathis Chercheris aus dem Städtchen samt seinen Handwerkern übergesetzt. Das Holz hatte man am Abend zuvor in sechs oder sieben Fuhren mit den üblichen Feluken befördert. Am frühen Morgen traf also der Baumeister ein und machte sich mit Feuereifer an die Arbeit. Er konnte es nicht erwarten, die Baracken fertigzustellen, wenn irgend möglich im Lauf des Tages. Durch den unmittelbar nach der Vergabe aufgesetzten Vertrag und die Konditionen der Auktion hatte er sich verpflichtet, dreißig große und fünfzig kleinere Hütten zu erstellen, in denen die unter Quarantäne stehenden Reisenden untergebracht werden sollten.

Am Abend des 18. August etwa gegen neun Uhr war auch Skevo im Quarantänegebiet eingetroffen. Die geplagte Alte hatte, noch bevor sie sich zu ihrem verwegenen Unterfangen entschloss, über Nikas zu erreichen versucht (ihr erstes Anliegen beim Zusammentreffen mit ihm!), dass nach Möglichkeit diejenigen Bootsleute, die täglich zur Insel fuhren, sie mitnähmen und dann einfach am Floros-Kap von Bord gehen ließen, denn es würde ihr überhaupt nichts ausmachen, neben so vielen anderen Christenmenschen in Quarantäne zu leben. Doch hatte sie herausgefunden, dass dies ein Ding der Unmöglichkeit war. Außer für Bootsleute und für Personen mit Sondergenehmigung war es strengstens verboten, sich der choleraverseuchten Insel zu nähern. Bei der Floros-Kapelle war am 17. August, einem Dienstagmorgen, ein Militärposten errichtet worden, verstärkt durch eine komplette, aus Chalkida abkommandierte Einheit. Sie bestand aus einem Brigadier, drei Gendarmen, einem Gefreiten und neun Infanteristen.

Ein Teil der Einheit war auf dem Hügel oberhalb des abseits gelegenen Ufers stationiert, an dem die Schiffer Waren ablegten, und jedes Mal, wenn sich ein Schiff ohne Sondergenehmigung näherte oder eine Person, von der der Befehlshaber nichts wusste, war umgehend der Ruf »Stopp« zu hören. Er kam von den Pinien, wo die Soldaten ihr Lager aufgeschlagen hatten, und ließ sogar dem Waghalsigsten das Blut in den Adern gefrieren. Am besagten Abend hatte der Befehlshaber hoch oben von seiner Warte aus seit diesem Morgen bislang sechs Personen gezählt, die auf der Insel ausgestiegen und zum notdürftig eingerichteten Seuchenspital gegangen waren. In dem seit heute früh vorliegenden Bescheid des Sanitätsamts waren jedoch sieben neue, gestern rekrutierte Wärter aufgeführt, die im Lauf des Tags auf der Cholerainsel eintreffen sollten; bis jetzt war der Brigadier nur auf sechs gekommen und wunderte sich, dass der siebte auf sich warten ließ. In der blauen Stunde schließlich fand sich auf seiner letzten Tagesfahrt Alexis der Kahn ein.

Alexis war beliebt bei den Soldaten, denn nie versäumte er, ihnen Tabak und Rum mitzubringen. Dessen ungeachtet unterließ er vorsichtshalber nicht, laut und deutlich zu rufen, sobald er näherkam:

»Der hier bei mir ist der siebte Wärter für heute, Herr Kommandateur!«

»In Ordnung!«, gab eine schläfrige Stimme unter den Pinien zurück.

Der Befehlshaber legte nicht den geringsten Wert darauf, diesen Wärter persönlich in Augenschein zu nehmen und zu überprüfen. So etwas ging ihn nichts an, dafür war der Doktor da. Hatte er es vielleicht nötig, arme alte Leute zu kontrollieren? In der Tat war die oberste Instanz auf der Insel der Arzt. Er war es, der sich direkt mit sämtlichen

Ämtern absprach und sich oft auch schriftlich mit übertrieben dramatischen Lageberichten an das Innenministerium wandte. Der Befehlshaber feixte kurz, als sich ihm der Gedanke aufdrängte, wie sehr die ganzen Abläufe einem Zerrbild medizinischer Sichtung glichen: »So weit kommt es noch, dass der Arzt einen nicht untersucht, damit man sich wieder frei bewegen darf, sondern um einen in Quarantäne schicken zu können – als wolle er prüfen, ob man sich für die Cholera eignet!«

Fürwahr, in der aus dem Boden gestampften Seuchenstation waltete der Arzt als höchste Instanz, an dem kein Neuankömmling vorbeikam, egal, ob man aus entlegenen, choleraverseuchten Gegenden gekommen, von der Mutterinsel als Baumeister und Händler, der seine Fertigkeiten an den Mann bringen wollte, hergereist oder damit beauftragt war, als amtlich rekrutierter »Wärter an verseuchtem Ort« die Cholera-Schiffe zu überwachen. Der Arzt, ein alter Mann jenseits der fünfzig, hatte sich wohl oder übel schon in den ersten Tagen zwecks Sichtung der Passagiere an den verseuchten Ort begeben und war dann nicht mehr rechtzeitig von der bis dahin unbesiedelten Insel weggekommen, die man mittlerweile zum Choleragebiet erklärt hatte. Er stammte aus Deutschland und war seit den ersten Regierungsjahren von König Otto in Griechenland. Ab 1845 war er auf der Insel ansässig, hatte sich bei der Choleraepidemie von 1848 zur Verfügung gestellt und war seitdem, egal wo Cholera und Quarantäne aufkamen, stets hervorgetreten. Den wechselnden Innenministern war sein Können bekannt, und sie entsandten ihn häufig gegen reichliches Entgelt von der Insel in die großen Entseuchungszentren Griechenlands.

Der Arzt, eine Seele von Mensch, hatte seine lange Pfeife mit dem Mundstück aus Bernstein angezündet, die er auf jeder Reise stets bei sich trug und die gottlob an der Quarantäne ihres Herrn teilnehmen konnte. Am Fuß der Anhöhe hatte er sich nächst einer Pinie ein kleines Zelt aufgebaut, kaum entfernt von den anderen Notzelten. Davor saß er auf einem dürren Strunk im Silberlicht, versunken in den Anblick der Meereswellen, die herantanzten und wegschwappten, eine um die andere von zahllosen, zitternden Monden widerbeschienen. Unzählige sich weithin schlängelnde Lichter baumelten unterm Kiel der geankerten Schiffe. Von Myriaden mysteriöser Schwingungen einer sanften Nachtluft säuselte und wisperte in seinem Rücken der Pinienwald, dessen Gipfel vom fahlen, schwermütigen Schein silbern aufschimmerte, in dessen Inneres die schwachen Strahlen jedoch nicht vordringen konnten. Es war sehr warm, Südwind hatte sich erhoben und erst gegen Abend wieder gelegt. Am Himmel ließen sich gen Westen und Süden ein paar trübselige Wolken sehen, und die halb entblößte, nur mit letzten Fetzen des Frühlings und ersten gelblich verfärbten Blättern verbliebene Natur bettelte offensichtlich um Regen.

Herr Wilhelm Wund zog hastig und vernehmlich an seiner Pfeife und entließ mit einem schmatzenden Lippenlaut seinem Mund mächtige Rauchschwaden, die kurz um seinen großen, dichten, braunen Schnurrbart hingen und sich dann in Spiralen am Pinienast überm Zelt emporwanden. Er sah irgendwie ungehalten aus und ging nicht näher auf die vielen Pläne ein, die der ihm gegenübersitzende, tags zuvor eingetroffene Baumeister Evstathios Chercheris erläuterte; dieser beschrieb dem Arzt seine anstehende Arbeit und rühmte die Baracken, die er erstellen werde, als Krönung ihrer Art. Wilhelm Wund überließ sich genüsslich dem Auf und Ab seiner Stimme, achtete jedoch nicht auf des Baumeisters Worte, stieß ab und zu einen Pfiff aus und nuschelte etwas, das nach Fluch klang und sich im Geist an den Sanitätsrat und die anderen Obrigkeiten der Insel richtete.

Zum zwanzigsten Mal holte er aus der Tasche einen Bescheid, den er heute am frühen Morgen vom Sanitätsamt erhalten hatte, zündete eine Kerze an und las ihn. Das Schriftstück besagte, dass am selben Tag Wächter, sieben an der Zahl, der X, der Y und so weiter, für die Schiffe mit Cholerafällen auf den Weg zum Quarantäneort geschickt würden. Der Arzt konnte nicht verstehen, wieso, während von sieben die Rede war, sich sechs eingestellt hatten und weshalb der siebte nicht aufgetaucht war. Auch wurde er nicht schlau aus dem Namen des siebten, und das verdross ihn noch mehr. Zunächst hatte Wund nicht auf die Namen geachtet, denn er maß ihnen keine Bedeutung bei. Doch jenseits seiner kauzigen, aufbrausenden Art war er ein gutmütiger Mann und hatte (ohne es eigens darauf anzulegen) für arme Leute ein offenes Ohr. Auch waren ihm, ohne dass er es darauf abgesehen hatte, durch den zwanzigjährigen Verbleib am Ort fast alle Namen in der Stadt bekannt. So dünkte ihm also, ja er war sich sogar sicher, dass der siebte, der im Schriftstück seines Freundes, des Sanitätsrats, aufgeführt war, schon längst unter der Erde lag. Es war freilich nicht üblich, dass der Arzt die Toten zur Bestattung geleitete. Doch gemeinhin stellte er eine Bestätigung nach Leichenschau, also einen Totenschein aus, und zwar sowohl für Verstorbene, die er bis zuletzt begleitet hatte, als auch für jene, bei denen er sich nie hatte blicken lassen. Doch diesen Stamatis Gyratsinis häufig besucht zu haben erinnerte er sich sehr wohl, auch, dass der Betreffende in seinen Armen gestorben war und er eine Bescheinigung für die Bestattung ausgestellt hatte. Was ging also vor sich? Entweder gab es einen zweiten Stamatis Gyratsinis, Enkel des ersten; doch dann müsste er um die zwanzig Jahre alt sein und nicht sechzig, wie im Bescheid vermerkt; womöglich war der zweite Stamatis Gyratsinis ein Neffe oder Vetter ersten Grades des Verstorbenen, der dessen Namen trug. Jenen zweiten

Stamatis Gyratsinis hatte er nie kennengelernt und war nun neugierig darauf, ihm zu begegnen. Die Sache beschäftigte ihn mehr als angemessen, vielleicht der Einsamkeit und Abgeschiedenheit wegen, in der er sich befand. Doch kaum hatte er das Kerzenlicht entzündet, hörte man Schritte, und siehe da!, der Schiffer Giannis Brikos erschien und hinter ihm zaghaften Schritts dieser Stamatis Gyratsinis.

Giannis Brikos hielt in der einen Hand eine Leuchte und in der anderen den Ernennungsbescheid des Wärters, den ihm auszuhändigen er vom vorgeblichen Stamatis Gyratsinis verlangt hatte, da er ihn dem Arzt persönlich überreichen wollte. Während sein Weggenosse ein paar Schritte zurückblieb, kam er näher, grüßte und streckte dem Arzt den Umschlag entgegen:

»Was zum Teufel willst du schon wieder?«, polterte der Arzt, als er den Bootsmann erkannte.

Stamatis Gyratsinis hatte den inständigen Wunsch, dass ihm, wenn irgend möglich, diese vorgeschriebene Visite erspart bliebe, doch so etwas kam nicht in Frage. Giannis Brikos hatte ihm zu verstehen gegeben, dass jeder Neuankömmling am Quarantäneort vor dem Arzt antreten müsse, und handele es sich gar um einen Wärter für die verseuchten Schiffe, so würde der Arzt sich seiner annehmen, die Identität feststellen und ihm endgültig seinen Platz auf einem der Schiffe oder an Land zuweisen, denn die diesbezüglichen Anordnungen des Herrn Sanitätsrats müsse er nicht zwingend beherzigen. Giannis Brikos hingegen hatte als beauftragter Fährmann innerhalb des Quarantänegebiets die persönliche Verantwortung dafür, dass genau dieser Vorgabe Folge geleistet wurde, und ihm war mitgeteilt worden, dass er für den Fall der Pflichtverletzung zwei bis fünf Jahre ins Gefängnis käme. Gut für Gyratsinis war allein der Umstand, dass die Sichtung nachts stattfinden sollte. Noch besser war, dass dem geheimnisumwitterten Jemand die Gelegenheit gegeben würde, direkt vom Arzt zu erfahren, wo Stavros war und wie es ihm erging.

Daher folgte Skevo Giannis mit weichen Knien in banger Hoffnung. Nachdem sie den Strand entlanggelaufen waren, wo die Füße einen Finger tief im Sand versanken und Körner in ihre Pantinen drangen, kamen sie auf den Pfad, der sich am Rand des ausgetrockneten Sumpfgeländes zwischen Binsen abzeichnete, wo der Boden im Widerschein des Mondlichts grauweiß aufglänzte. Dort am Sumpf war zwischen drei Binsenbüscheln und zwei ineinander verwachsenen Dornbüschen das Erdreich offenbar erst kürzlich aufgeworfen worden, denn der Boden wies eine zwiefache Wölbung vor, die eine länger als die andere; doch lagen beide so eng aneinander, dass es wie eine einzige aussah.

Skevo zuckte zusammen. Ihr Mutterherz erschauerte. Sie schnappte nach Luft. Ohnmacht übermannte jede Faser ihres Seins. Über die Augen fiel ein Schleier, in ihren Ohren dröhnte es. Im fahlen Mondlicht zeigte sich nicht, wie aschfahl ihr Gesicht geworden war. Diese Zwillingshügel am Boden sahen allzu sehr nach zwei Grabstätten aus, frischen Gräbern, die kürzlich, gar erst heute ausgehoben worden waren. Skevo bückte sich, schaute genauer hin und entdeckte am Ende der einen Grube gen Westen so etwas wie ein kleines Kreuz aus Schilfrohr, das man in der Mitte nachlässig mit Garn zusammengebunden hatte.

Da war es nicht mehr zu bestreiten oder abzuweisen: Der Engel mit der großen Sense in der Hand war am heutigen Tage auf der abgeschotteten Insel angelangt. Zwischen Mitternacht und dem allerersten Dämmerstreifen dieses Dienstagmorgens hatte er von unsichtbaren, fernen Welten aus seine Schwingen jäh gespannt, sich auf Geheiß des Allzeitlichen aus den Himmelspforten gestürzt und Sekundenbruchteile darauf, unfassbar für den menschlichen Verstand, diese bescheidene, kleine Ecke erreicht, die schlichte, unbekannte Insel, und hatte seine scharf geschliffene Sense aufgeboten, den Lebensfaden zweier liebreizender Geschöpfe durchzuschneiden, deren Gewicht die Erde noch gestern nicht stärker empfunden hatte als sie heute das Gewicht der Erde auf ihnen. Die Mutter war erst jüngst in die Gefilde dieser Welt getreten. Schon war die Blüte vom jungfräulichen Garten gepflückt und durch die Tore der Eheschließung gegangen. Gerade einmal hatte der Säugling die Augen zum Licht des Lebens geöffnet. Mutter ohne Schuld und Säugling ohne Arg. Und beide, Mutter und Kind, wurden nach den Liebesstürmen, den friedlichen Freuden der Ehe, den Strapazen der Schwangerschaft und den Geburtswehen, nach dem ersten Schmerz und Wimmerlaut in die Himmelswinkel entrissen, das Kind in der Mutter Armen, beide vereint im Schoß des Unbekannten. Die Ehe war vor zehn Monaten in Smyrna geschlossen worden, und auf der Flucht vor Cholera hatte sich das Paar dort eingeschifft. Während der Fahrt kam es, gut möglich vor der Zeit, zur Entbindung. Als das Schiff am Quarantäneort eintraf, überbrachte es zwei zarte, gerade noch atmende Geschöpfe: die Mutter, letztens noch Tochter, und den neugeborenen Winzling. Halbtot wurden die Leiber an Land gebracht, doch die milde Waldluft vermochte das fliehende Leben nicht zurückzuholen und es den zwei jungen Wesen wiederzugeben. Der Odem des Engels, zärtlicher als Nachtluft, ließ der beiden liebreizenden Geschöpfe Fleisch entschlafen, und sein starker Arm trug beider Geist, den einen in unverfälschter Seligkeit, den anderen damit in glücklichem Einklang, weit weg in unbekannte Welten.

Leicht lag die Erde auf den beiden jungen Körpern, die von der letzten tastenden Geste des Lebens noch warm waren, warm auch von den Küssen des verwitweten Angetrauten, noch wärmer von denen der ihrer Lieben beraubten Mutter, die ihre einst vom Glück begünstigte Tochter auf der

Reise begleitet hatte. Und beider Seelen verflüchtigten sich und flogen weit weg, immer weiter, und der Engel erhob sie zu unbekannten Welten; von fern wiegte Wellengeplätscher den arglosen Säugling in eisigen Mutterarmen, und die im Gesträuch rüttelnde Luft stimmte ein Wiegenlied für den Schlaf von Mutter und Kind an.

»Wer liegt hier in der Erde? Wer ist da gestorben?«, gelang es Skevo mit gebrochener Stimme zu fragen.

Ein entsetzlicher Gedanke hatte sich der Unglückseligen bemächtigt, daher die Angst und Erschütterung, als sie die Zwillingsgräber vor sich sah.

Giannis Brikos warf einen zerstreuten Blick auf die Gräber, schwieg für einen Moment still, räusperte sich und sagte dann:

»Eine Frau mit ihrem Kind ist heute gestorben. Wie ich dir schon gesagt habe, Tante Skevo, wen kümmert's hier schon, wer am Leben und wer am Sterben ist?«

»Und was für eine Frau war das?«, erkundigte sich Skevo, einigermaßen beruhigt.

»Eine aus Smyrna, glaube ich … oder aus Konstantinopel … genau weiß das keiner … Sie sind gestern mit diesem Schiff da angekommen.«

Und er zeigte auf eines der Seefahrzeuge gegenüber.

»Du hast mir noch gar nicht gesagt, Giannis«, machte Skevo weiter, »wo eigentlich das Schiff liegt, auf dem mein Sohn sein soll!«

Diese Frage hatte sie längst stellen wollen, schon als sie zusammen in der Feluke saßen, doch war ihr seine ruppige Art dazwischengefahren, so dass die arme Frau sich entmutigen ließ und es erst einmal aufschob.

»Woher soll ich das wissen, Tante Skevo? Er soll krank angekommen sein … Wenn er hier ist, dann auf einem der Schiffe von auswärts, denn das einheimische von Käpt'n

Gratsiotis, auf dem er Bootsmann war, ist noch nicht eingetroffen … Wenn dein Sohn vor Ort ist, bedeutet das, er ist in Konstantinopel an Land gegangen und dann an Bord eines Schiffs, das nicht von hier ist, aber auf Kurs hierher war.«

»Wieso hast du eigentlich nichts in Erfahrung bringen können, Giannis?«, beklagte sich Skevo.

»Auch mir tut es leid, Tante Skevo, dass ich nichts darüber weiß … Aber wie sollte ich auch ahnen, dass du selbst hierherkommst und an diesem verseuchten Ort als Wärter vor uns auftauchst.«

Der Arzt griff den Umschlag, den Giannis Brikos ihm entgegenstreckte, öffnete ihn und überflog das entnommene Schriftstück. Daraus gingen Anstellung und Identitätsnachweis des für ein Seuchenschiff entsandten Wächters hervor, den der Sanitätsrat unverdrossen als Stamatis Gyratsinis anführte.

Der Arzt machte eine energische Geste des Unmuts, und das Dokument entglitt seiner Hand.

»Herrschaft noch mal!«, sagte er, »wer soll denn dieser Stamatis Gyratsinis sein? … Her mit ihm.«

Giannis drehte sich zu seinem Begleiter um und wies auf ihn:

»Das ist er!«

Der Arzt lächelte, prustete los, sog geräuschvoll an seiner Pfeife, gab ein schmatzendes Geräusch von sich, stieß eine große Rauchspirale aus dem Mund und äußerte:

»Komm her! Wer bist du?«

Skevo näherte sich schlotternd.

»Ich bin's, Herr Doktor«, erwiderte sie.

»Du bist also der Stamatis Gyratsinis?«

Skevo machte eine zweideutige Gebärde, etwas, das man als Ja oder Nein auffassen konnte.

Der Arzt hob das Kerzenlicht, das er in der einen Hand hielt, setzte seine Brille auf, die an einem Lederband vom Hals hing und betrachtete die rätselhafte Person.

»Komm näher«, sagte er.

Mit einer Entschlossenheit, die ihr alle Ehre machte, ließ Skevo dem Arzt keine Zeit, seine Sichtung zu beenden, beugte sich vielmehr an sein Ohr und flüsterte:

»Ich bin's, Skevo, die Frau von Gialis … manchmal sagt man auch Fass zu mir.«

Der Arzt fuhr kerzengerade vom Strunk hoch, auf dem er saß, und lachte schallend.

»Ha, haha! … Hahaha! Donner und Doria! … Dieser Sanitätsrat, er hat ein Brett vorm Kopf … und ist auch noch mein Freund! … Hahaha! Ist ihm für dich kein Name eingefallen von jemanden, der noch lebt, dass er dich unbedingt nach einem Toten benennen musste … Hahaha!«

Dann fügte er hinzu:

»Freilich, wenn ich's mir recht überlege … Der Name eines Lebenden gehört zu jemandem … der von einem Toten hat keinen Eigentümer mehr, er gehört niemandem … Klug also mein Freund mit dem Brett vorm Kopf, als er dir den Namen eines Toten verliehen hat.«

Dann fragte er unverblümt:

»Und was führt dich überhaupt hierher, Skevo?«

Auf diese Frage hatte Skevo nur gewartet.

»Gott gebe dir ein langes Leben, Herr Doktor … und alle deine Wünsche mögen in Erfüllung gehen … auf dass dir deine gute Seele erhalten bleibe … weißt du vielleicht, was mit meinem Sohn, dem Stavros los ist? Geht es ihm gut? Ist er tot oder lebendig? Hast du ihn womöglich gesehen?«

Die Frage unterbrach den dröhnenden Frohsinn, dem sich der Arzt überlassen hatte. Nun rief er sich die heutigen Visiten ins Gedächtnis:

»Ah! Stavros … Gialis … Der Bootsmann … ist also dein

Sohn. Ah! Ja … er ist krank … hat viel durchmachen müssen … doch keine Sorge … er wird es überleben.«

Skevo holte tief Atem.

»Gesegnet sei dein Mund, und deine Lippen mit der guten Nachricht mögen sich in Gold verwandeln, Herr Doktor, wie beim Heiligen Ioannis Chryssostomos dem Goldmund.«

Der Arzt, geschmeichelt von den Wünschen, lächelte und kam erneut auf seinen sogenannten Freund, den Sanitätsrat zurück.

»Aber Teufel noch mal, was dachte sich mein Freund, diese Schlafmütze von Sanitätsrat, nur dabei, dich als Wärter einzuspannen? … Oder hast du es etwa selbst darauf angelegt?«

»Ich habe das gewollt … weil ich nichts über meinen Sohn in Erfahrung bringen konnte und ihn deshalb mit eigenen Augen sehen wollte.«

»Aha! Und dann hast du den schlafmützigen Sanitätsrat hinters Licht geführt?«

»Nein, nicht so sehr ich«, sagte Skevo verlegen, »er hat sich selbst hinters Licht geführt.«

»Wie denn?«

In einem fort sog der Arzt große Mengen Rauch ein, stieß dichte Schwaden um seinen üppigen, braunen Schnurrbart aus und strahlte, ganz Ohr, vor Heiterkeit.

»Ich war völlig von Sinnen, als mir vorgestern Abend so ein Früchtchen vom Boot aus zugerufen hat, dass mein Sohn an Cholera erkrankt ist.«

»Ah! … und weiter?«

»Ich habe mich vor die Ikonen gekniet und meine Muttergottes angefleht, eine kleine aus Silber, dass sie Erbarmen hat und mir gute Nachrichten von Stavros schickt oder mich wissen lässt, was ich tun soll …«

»Und dann?«

»Die Gnadenreiche hat sich nicht bereitgefunden, mir frohe Kunde zu senden, denn ich bin eine Sünderin … nur die, mit der sie dich, Herr Doktor, erleuchtet hat, mir zu bescheren; dieweil es sehr schwierig ist, mit den Frauensachen, in denen ich stecke, von den Fährleuten auf die Insel gebracht zu werden, um hier meinen Sohn zu finden, war das Einzige, was sie mir eingegeben hat, Männerkleidung zu tragen und als Wärter an den verseuchten Ort zu gehen.«

Der Arzt brach in schallendes Gelächter aus.

»Ah! Hahaha! Donnerwetter! Merkwürdig! Wärter am verseuchten Ort! Ah! Donnerwetter! Und was war mit dieser Schlafmütze von Sanitätsrat?«

Skevo fuhr fort:

»Wie ich meines seligen Mannes Sachen angezogen und mich im Spiegel angeschaut habe, sind sie mir ganz kleidsam vorgekommen; kurzgeraten wie ich bin, habe ich darin fast wie der alte Stamoulis Kardarakis ausgesehen, unser Nachbar von früher im Olivenwald, wo er ein Stück Land neben unserem besaß, jetzt hat er es seiner Tochter als Mitgift überlassen, oben auf dem »Rabennest«. Wie ich also gesehen habe, dass ich dem Stamoulis Kardarakis ähnlich bin, in der Größe und dem Schnurrbart und überhaupt, habe ich mir immer besser gefallen und angefangen, mich vor dem Spiegel herzurichten, um unserem alten Nachbarn noch ähnlicher zu werden. Den Fez habe ich so wie Stamoulis aufgesetzt, den drei Spannen breiten, gelben Gürtel um mich gebunden, wie ihn Stamoulis schnürt, die Pluderhose zurechtgezupft wie bei Stamoulis, und als ich die Kleider später ausgezogen habe, konnte ich es kaum abwarten, sie wieder tragen, und so habe ich mich entschlossen, als Wärter auf die Insel zu gehen, egal wie.«

Herr Wilhelm Wund fand großes Vergnügen daran, dieser Schilderung zu folgen. Er sog sogar seltener an seiner Pfeife, hielt seine schmatzenden Lippen im Zaun, schmunzelte und hörte zu.

»Und weiter?«

»Dann habe ich Nikas aufgesucht, den Wächter, der schon früher im alten Lazarett gearbeitet hat, wir sind verschwägert, und habe ihn gebeten, alles in Bewegung zu setzen, um mich, und zwar als Frau, bei einem befreundeten Fährmann unterzukriegen, der mich in seinem Boot zur Insel fahren sollte. Nikas hat gemeint, das sei sehr schwierig. Man lässt keinen heran, außer mit einer Genehmigung, sich dem Quarantänegebiet zu nähern …«

»Und dann?«

»Dann habe ich den Entschluss gefasst, meinem Verwandten, dem Nikas zu sagen: ›Hör mal, weißt du, was Gott mir eingegeben hat? Dass ich mich als Mann verkleide und als Wärter ausgebe. Du hast ja Mittel und Wege und kannst deinem Vorgesetzten sagen, er soll mich auf die Liste für die neuen Wärter setzen. Ich habe die Kleider meines Mannes anprobiert, Gott hab ihn selig, und sehe darin aus wie Stamoulis Kardarakis. Sag dem Herrn Inspektor, dass ich Stamoulis Kardarakis heiße.‹«

Der Arzt lachte lauthals auf:

»Na so was! Sapperlot! Und dann? … Bist du zum Inspektor gegangen … und zum Sanitätsrat, meinem schlafmützigen Freund? Und wie bist du aus Kardarakis zu Gyratsinis geworden?«

»Die ganze Sache ist dem Nikas, meinem Verwandten, zuerst ziemlich abwegig vorgekommen, und als ihm klargeworden ist, dass ich auf jeden Fall zu meinem Kind will, sind ihm aus einem Auge Tränen getropft, so geknickt war er – und der andere Mundwinkel ist nach oben gegangen … Dann hat er die Tränen weggewischt und die Lippen nicht zusammengepresst … Und später mit dem Inspektor geredet … Der hat zu ihm gesagt, als hätte ich's ihm eingeflüstert, ich solle mich im Hafenamt spät abends melden, so dass man mich nicht gleich erkennen könne …«

»Sag bloß! Sapperlot! Und dort hast du auch den Sanitätsrat angetroffen, die Schlafmütze?«

»Spät abends habe ich mich auf den Weg gemacht, und dort waren alle drei hinter verschlossener Tür, der Sanitätsrat, der Inspektor und der Hafenmeister … Man hat uns lange im Vorraum warten lassen, damit es stockdunkel wird – als hätte ich es ihnen eingeflüstert. Für die fünf, sechs alten Männer, die dort gewartet haben, bis sie an die Reihe kommen, sich bei den Herren als Wärter vorzustellen, war ich einer von auswärts. Sie haben mich ausgefragt, und ich habe ihnen erzählt, dass ich vom Pilion stamme. Anschließend hat sich einer nach dem anderen vorgestellt und den Bescheid erhalten, dass er jetzt Wärter war. Zuletzt bin ich drangekommen.«

»Herrje! Und was dann?«

»Mir war richtig schwummrig, als ich hineinging, um ein Haar wäre mir schwarz vor Augen geworden. Ich habe mich an der Tür festhalten müssen, sonst wäre ich gestürzt. Die ganze Zeit habe ich zur Muttergottes gebetet, und sie hat mir Mut gemacht … Und der Sanitätsrat, kaum hat er mich gesehen …«

»Ah!«

»Er hat mich angeredet, als hätte ich es ihm eingeflüstert: ›Du also bist Stamatis Gyratsinis? … Wie geht's dir, Stamatis? … Alt sind wir geworden, Stamatis, alt …‹ Und ich habe zurückgegeben, ohne groß zu überlegen: ›Jawohl, ich bin Stamatis Gyratsinis … Wie geht es dir, Herr Sanitätsrat? Bist du wohlauf? …‹«

Den Arzt hob ein ungestümes Gelächter vom Strunk, auf dem er saß, und rüttelte seinen ganzen Körper durch, so dass er dem Bedürfnis folgte, ihm freie Bahn zu lassen.

»Oh! Zum Teufel! Oh! Teufel noch mal! … jetzt verstehe ich … er hielt dich für den Verstorbenen … Und als dir der Name fertig gebraten ins Maul flog, hast du ihn geschluckt und den anderen liegenlassen?

»Ja.«

»Oh! Sakrament! … Diese Schlafmütze … Und du sagtest dir im Stillen, was soll ich mit einem anderen Namen, wo mir der Sanitätsrat nun einmal diesen gibt. Nicht wahr?«

»Ja.«

Der Arzt lachte schallend und führte erst nach ganzen fünf Minuten die lange Pfeife wieder an seine Lippen.

»Oh! Menschenskind! So was von schlafmützig! … Festzuhalten ist«, setzte er im Ton des Selbstgesprächs hinzu, »dass niemand, umso weniger ein Einäugiger, sagen kann, wem ein Ding ähnelt, welches nicht das ist, als was es erscheint … Wie auch einer, dem das Gesicht schief gewachsen ist, besser als jeder andere Grimassen schneiden und Pantomimen zeigen kann … Und wer nuschelt, macht leichter jemanden nach, der stottert oder lispelt … Oder jemand, der nicht richtig lesen und schreiben kann, hat weniger Mühe damit, einen Brief voller Fehler zu lesen.«

Der Arzt holte kurz Atem, sog fünf-, sechsmal hintereinander Rauch ein, klopfte anschließend seine Pfeife aus und wiederholte, während er sie erneut stopfte:

»Ja weiter! Und dann? … Das also ging für dich anstandslos über die Bühne, und die anderen, die dem Sanitätsrat nach der Pfeife tanzen, ließen dich als Stamatis Gyratsinis durchgehen und ernannten dich zum Wärter …«

»Dem Aufseher war etwas nicht ganz geheuer«, gab Skevo zurück.

»Ah!«

»Er hat Nikas darauf angesprochen: ›Aber du hast mir doch einen Kardarakis empfohlen, wieso ist daraus ein Gyratsinis geworden?‹«

»Ah! Und was hat Nikas gesagt?«

»Ihm ist ziemlich mulmig geworden … um ein Haar hätte er die Fassung verloren.«

»Und dann, wie konnte er die Sache wieder zurechtdeichseln?«

»Gott hat ihm auf der Stelle eingegeben, dem Aufseher zu sagen: ›Man nennt ihn auch Kardarakis, das ist aber ein Spitzname, der ihm überhaupt nicht gefällt … sein richtiger Name ist Gyratsinis.‹«

Herr Wund brach in Lachen aus, geräuschvoller denn je.

»Bravo! Bravo! Prima! Prächtig gemacht!«

Er entzündete seine Pfeife, sog daran fünf-, sechsmal, schmatzte und fragte wieder:

»Und der Aufseher hat sich so zum Narren halten lassen?«

»Ja, zum Narren.«

»Anschließend gab man dir den Wisch, und du hast dich auf den Weg gemacht …«

»Ja, den haben sie mir gegeben … Nur dem Hafenmeister war irgendetwas nicht geheuer, und er hat andauernd gesagt: ›Der sieht aus wie eine verrunzelte Alte!‹«

Zum letzten Mal prustete der Arzt los, bis Gelächter und Rauch aus seinem Mund als Seufzer kamen. Er hatte sich müde gelacht.

Und überlegte: Sollte ihm der befreundete Sanitätsrat täglich ein derartiges Erlebnis verschaffen, dann würden Einsamkeit und Abgeschiedenheit auf dieser sonst öden Insel an ihm vorbeiziehen, ohne dass er etwas davon merkte. Einzig und allein der Vorfall des heutigen Abends genügte, um für seine launige, lebhafte Fantasie viele Tage der Langeweile auszugleichen.

Noch vor Tagesanbruch stieg Vater Nikodimos Manassis, ausgerüstet mit der geknoteten Gebetsschnur und im Kopf das Jesusgebet, wie üblich zur Frühmette von seiner Zelle hinunter zum kleinen, ebenerdigen Raum, der als Gebetshaus diente. Die ganze Nacht hatte der alte Mönch kein Auge zugetan. Nachdem ihm seine Ruhe und teure Einsamkeit abhandengekommen waren, fanden seine Augen keinen Schlaf und seine Lider keine Müdigkeit mehr. Was für Menschen Einöde und unerträgliche Langeweile war, bedeuteten ihm lärmige Menschenscharen und Getümmel. Mittlerweile zog er sich früh am Abend in seine kleine Kammer zurück, die einzige der fünf Zellen, die man ihm gelassen hatte, und nachdem er das Apodeipnon gesprochen hatte, bat er den Schlaf, sich auf seine Augen zu senken, vergebens. In den Nebenzellen rechts und links waren Kranke untergebracht, die man tags zuvor aus den vor Anker liegenden Schiffen hierher verlegt hatte. Unüberhörbar waren die Schmerzenslaute, gelegentlich auch Todesröcheln. Hernach kehrten, schwer lastend wie brütende Hitze, wolkenverhangene Schwüle und erdrückend regenschwangere Luft, Schweigen und Stille ein. Erst beim zweiten Krähen des Hahns, noch vor dem Morgengrauen, übermannte der Schlaf den ermatteten Körper des Mönchs für eine Stunde. Dann erwachte er von Stimmen und gequälten Gesprächen aus der Zelle nebenan, zog seine Kutte über und ging hinaus.

Am überdachten Hof längs der ganzen Zellenreihe rankten sich zwei große Schlingpflanzen empor und formten eine füllige Krönung dieses Bereichs; ihr Stamm steckte in einem erhöhten Mäuerchen, einer Art Umfriedung des Rebenfelds und Gartens, die beide dazu ausersehen waren, bei diesem unerhörten und unvermuteten Überfall in diesem Jahr geplündert zu werden. Sah man nach Süden, lag rechts der Garten, links das Rebenfeld. Der kleine Weg dazwischen führte zu einem Brunnen. Auf diesen Weg kam man über drei, vier Treppenstufen, trat auf Gräser und Laubmoos, von fremden Füßen zerstampft und fast vertrocknet, und gelangte zum Brunnen, der noch ein wenig Wasser führte. Vater Nikodimos stieg die paar Stufen hinunter, lief über den Weg und erreichte die Laube über dem Brunnen. Eine wunderliche Doppelflamme leuchtete ihm gegenüber durch das

Dunkel. Kaum dass er die Laube betreten hatte, war deutlich das Geräusch eines flüchtenden Wildtiers zu hören. Vater Nikodimos rief zwei-, dreimal: »Psi! Psi! Babi! Babi! Babi!«, doch umsonst. Das Wildtier hatte sich davongemacht.

Vater Nikodimos schüttelte betrübt den Kopf und sagte:

»Sie weist mir den Weg! Was soll ich denn unter so vielen Leuten? Wieso bleibe ich eigentlich hier?«

Es war die Katze, seine geliebte Babi, schwarz wie Ebenholz mit zwei prächtigen Augen, graublau und von unbestimmter Farbe, die in der Finsternis aufleuchteten. Sie hatte ihn gesehen, erkannt und war geflüchtet. Früher, als ab und an Fremde auf die Insel gelangten, scheute sie und war bei niemandem zutraulich, doch trug sie ihrem lieben Herrn nichts nach und blieb eine beständig fügsame Freundin. Seit letzter Woche, als die ersten Schiffe eintrafen und eine ungewöhnliche Menschenmenge an Land ging, scheute sie wieder, wurde kratzbürstig, war nicht mehr handzahm und lief am folgenden Tag auf die Hügel, wo sie in den Wald schlüpfte. Seither war sie bei ihrem Herrn nicht mehr gesehen. Es schien, als begehrte sie gegen ihn auf, dass er so viele Leute in beider Königreich, Gebiet und Grund aufgenommen hatte.

Nachdem sie sich im Gesträuch an den Feldmäusen verlustiert hatte, war sie offenbar durstig geworden und hatte, um Wasser zu trinken, eine Tränke neben dem Brunnen aufgesucht. Doch als sie ihren Herrn sah, ergriff sie eigensinnig die Flucht.

Vater Nikodimos seufzte, ging zum Brunnen und schöpfte Wasser, um sich zu waschen. Während er Hände und Gesicht benetzte, war ein wenig weiter unter einer Überdachung aus Schilfrohr, einer zweiten Laube direkt neben der ersten, das Gackern eines Huhns zu hören.

»Ah! Mein Pitsini! Mein Pitsini!«, seufzte Vater Nikodimos, »bist du's?«

Erneutes Gackern war die Antwort auf den Ausruf des alten Mönchs.

»Die ganze Zeit überlege ich«, sprach Vater Nikodimos vor sich hin, »wie es mir gelingen könnte, dass sie mit heiler Haut davonkommt und nicht dasselbe Schicksal wie das unglückselige Kotsini erleidet. Ach! Kotsini, Kotsini!«

Kotsini war das andere geliebte Huhn, an dem sich zwei Tage zuvor die fremden Ankömmlinge gütlich getan hatten. Beide, Pitsini und Kotsini, waren ihm von Vater Sisois, dem Lehrer im Verkündigungskloster, als kostbare Hinterlassenschaft anvertraut worden. Dieses Kloster lag am Fuß des Bergs im Flussbett zwischen Nussbäumen und Platanen, wo riesige Weinranken sich an Felsen und Hängen entlangflochten und über Steinwälle und Schluchten legten, wo Trauben als Beute für die Vögel am Himmel von hohen Platanenästen hingen oder der überbordenden Feuchtigkeit wegen im unzugänglichen Blattwerk des nach oben strebenden Gesträuchs verfaulten. Einem Himmelstropfen und einer Perle gleich, wie der Tau des Hermon, der niederfällt auf den Berg Zion, verhüllte und schmückte es das Tal übers ganze Jahr mit erfrischendem Schatten. Ganz unten am Felsen hallte das Rauschen des Wassers wider, dessen sprudelnder Lauf inmitten von Laubmoos und Gras sich murmelnd in die Zisterne mit den zwei Abflüssen ergoss: den einen, kunstvollen zu den Gärten und Umfriedungen ringsum, die mit schönheitsliebender Sorgfalt von Vater Methodios, dem Müller des Klosters, bestellt wurden, während der andere reißend über die riesige Schaufel zur Wassermühle schoss, wo die Mahlsteine sich mit atemberaubender Geschwindigkeit drehten, dabei das Korn schroteten und unten am Ablauf des Wassers, das in Myriaden silbrig irisierender Brechungen zerlegt und in Hülle und Fülle seinem Bett wieder zugelenkt wurde, rasend der Radkranz rotierte. Oberhalb des Klostergemäuers an der hohen Bergflanke hielt sich

Vater Sisois, einst Schullehrer und nun auf der Suche nach Ruhe und Frieden für seine alten Tage Klosterinsasse geworden, inmitten von Gebüsch und unbetretenem Gestein eine Schar von mehr als dreihundert Hühnern, vielmehr: überließ sie sich selbst. Einst grassierte unter dem Federvieh eine unbekannte, tödlich verlaufende Krankheit. Es hieß, dass fremde, feindlich gesonnene Leute aus Neid Gift gelegt hätten, unter dem fadenscheinigen Vorwand, er als Mönch dürfe sich nicht von Federvieh ernähren. Wie auch immer, dem großen Sterben entgingen nur zwei Hühner, Pitsini und Kotsini, die von Vater Sisois zur Sicherheit an Vater Nikodimos, den Sachwalter des Klosterguts auf der Insel Tsougrias, übergegangen waren. Bis jetzt hatte Vater Nikodimos sie wie seinen Augapfel gehütet, doch die in diesem unseligen Jahr auf die Insel gekommenen Fremdländischen hatten eines davon erwischt und nach der Schlachtung auf einen Stock gespießt, es gebraten und verspeist. Die Art der Zubereitung stand für Vater Nikodimos außer Frage, denn diese Leute auf Durchfahrt verfügten weder über Geduld noch Mittel, es auf andere Art und Weise anzurichten. Aufgemerkt hatte er anhand einer geringfügigen Spur, nämlich einiger weniger Flaumfedern, die er gestern Morgen hatte am Boden flattern sehen, um ihnen dann nachzugehen, die Fußabdrücke der Hühnerdiebe im Sand zu entdecken und, davon geleitet, die Stelle unten am Strand zu finden, wo man ein Feuerchen entfacht und das Huhn gebraten hatte; auch stieß er auf den Ahornbaum, von dem der als Spieß benutzte Stock abgeschnitten worden war, sowie auf die mutmaßlich zu den Dieben gehörende Barke. Doch sprach er keinen darauf an, dachte vielmehr im Stillen: »Gott möge ihnen vergeben!« Nur das unglückliche Kotsini tat ihm leid, und ihm schnürte der Gedanke das Herz zusammen, wie er es seinem »Lehrer« beibringen solle, falls dem überhaupt einfiele, ihn angesichts des unvermutet großen Zustroms fremder

Ankömmlinge auf der Insel auch noch nach Kotsini zu fragen.

Vater Nikodimos fuhr sich mit Wasser über Gesicht und Hände, ging zum Hühnerstall und streckte die Hand hinein, um Pitsini von dort wegzuschaffen. Ihm ging durch den Sinn: »Was für ein Trottel bin ich nur! Nachdem man mir gestern das eine gestohlen hat, lasse ich das andere nachts allein im Gehege neben dem Brunnen, wo man Wasser schöpft und es so gut wie sicher ist, dass man sich auch noch das zweite greift. Ich habe mich gestern Abend nicht darum gekümmert, es die ganze Nacht seinem Schicksal überlassen und mir stattdessen überlegt, was ich am nächsten Tag wohl mit ihm mache, damit es verschont bleibt, während es hier die ganze Nacht über schutzlos der Gefahr ausgesetzt war! Ich bin nicht ganz bei Trost! Komm her, Kotsini, Kotsini!«

Gleich als er den Irrtum begriff:

»O nein … Pitsini!«

Und setzte seufzend hinzu:

»Das arme Kotsini, es liegt mir noch auf der Zunge! … Jetzt sind nicht einmal mehr seine Knöchelchen übrig!«

Er packte das Huhn, stieg in seine Zelle, setzte es drinnen ab, warf ihm etwas Futter hin und verschloss von außen die Tür. Dann ging er hinunter zum Gebetshaus.

Vier alte Wände, feucht und schmucklos. An der östlichen vier Ikonen: Christus, der Vorläufer Johannes, die Gottesgebärerin und die beiden Heiligen Floros und Lavros.

Zwei ölverklebte Lampen mit mächtigen Metallklappen. Ein Pult, an der rechten Wand nah der einzigen Fensteröffnung aufgestellt. Vier liturgische Bücher: das Stundenbuch, das Hymnenbuch, der Psalter, das Pandekt. Eine dritte, einfache Öllampe, deren große Haube aus Weißblech mittels eines Gleichgewichtsmechanismus höher oder niedriger zu stellen war, um Licht auf das Buch oder den Bart des Lesenden zu bündeln. Kein Gestühl. Stattdessen ein starker Schaft in Form eines großen T für den Eremiten oder einen Betenden, der seiner Ordensregel nachkommt, wenn er die ganze Nacht stehend eine geknotete Gebetsschnur durch die Finger der rechten Hand laufen lässt. Das also war das Kapellchen des Klosterguts.

Ungewöhnlich hell schien das Öllicht durchs Fensterglas, keineswegs mönchisch, eher wie eine richtige Bootslampe. Zunächst war Nikodimos verdutzt, doch gleich kam ihm der Gedanke, dass eine von seinen neuen Nachbarinnen, die vorgestern an Land gegangen waren, sich in den drei Zellen eingerichtet hatten und dort kranke Angehörige pflegten, die Lampen in frommer Andacht mochte entzündet haben, nicht ohne zuvor die Dochte zu beschneiden und aufzurichten, so dass sie strahlten, als entstammten sie der Leuchte eines Fischerboots. Er öffnete die Tür und trat ein. Eine Frau saß auf dem niedrigen Pultsockel. Vater Nikodimos war keineswegs verwundert. Seit zwei, drei Tagen gab es viele Frauen in der unmittelbaren Umgebung, und die er nun vor sich sah, kam ihm bekannt vor. Sie war die älteste seiner vier oder fünf nächsten Nachbarinnen.

»Ja guten Tag, liebe Frau; wie geht es deinem Sohn?«, rief Nikodimos aus.

Die Frau war eingeschlafen und wachte von der Stimme unversehens auf. Überrascht schaute sie den Mönch an.

»Wie geht es deinem Sohn?«, wiederholte Nikodimos.

»Ich weiß nicht, mein Guter …«, erwiderte Skevo augenreibend, denn sie war es … »Kannst du mir vielleicht sagen, wie es ihm geht? Seinetwegen bin ich ja hier.«

Diesmal war es am Mönch, überrascht zu sein. Er stellte sich vor die Frau, schaute sie an und sah, dass es nicht die war, für die er sie anfangs gehalten hatte.

Skevo begann erneut:

»Gestern Abend hat mir der Arzt gesagt, Gott schütze

ihn!, dass nichts zu befürchten ist und er gesund wird … Heute gehe ich aufs Schiff und suche ihn dort.«

Obschon Nikodimos seit zwanzig Jahren nicht von der kleinen Insel weggekommen war, erkannte er in ihr jemanden, der aus dem gleichen Ort wie er stammte.

»Du bist ja eine von hier, nicht wahr … Sag mir doch deinen Namen …«

»Skevo.«

»Ja. Skevo … Kennst du mich etwa?«

»Natürlich! Du bist doch Nikolakis, der Sohn der Manassis, nicht wahr?«

»Ja.«

»Wie heißt du als Mönch?«

»Nikodimos.«

»Geht's dir gut, mein Sohn, was machst du so? … Also, ich bin hier, um mein krankes Kind zu finden.«

Und sie berichtete ihm in Kürze, wie die Dinge standen, ließ aber beiseite, dass sie Männerkleidung getragen und als Wärter durchgeschlüpft war.

Nikodimos sprach ihr begütigend zu, nur auf Gott zu vertrauen, denn wenn es Gottes Wille sei, so werde ihrem Sohn nichts geschehen. Dann steigerte er sich allmählich in die Schilderung der Unbilden hinein, die ihm widerfuhren:

»Und was ich erst alles mitmachen muss … So viele Leute wie derzeit sind noch nie hierhergekommen. Mir machen die Schiffe nicht so viel aus, eher die kleinen Boote … Man hat mir die Trauben gestohlen, die Kürbisse und Okraschoten ruiniert … Kein bisschen von der Milch übriggelassen, woraus ich Käse machen kann … Und Kotsini gestohlen, das Huhn von Pater Sisois, es aufgespießt und verdrückt … Die Katze ist scheu geworden, die arme Babi, und hat sich davongemacht auf den Berg.«

Skevo legte ihm nahe, sich in Geduld zu üben, und sie

kamen zu dem Schluss: »Alle haben wir uns versündigt, das kommt jetzt davon.«

Am Abend nach der Unterredung mit dem Arzt war Skevo dem Fährmann Giannis Brikos bis zur Küste gefolgt. Herr Wund hatte ihr angeboten, in seinem Zelt oder einer der halbfertigen Baracken daneben zu übernachten, an denen sich Meister Stathis Chercheris gerade zu schaffen machte. Er versprach, sie am nächsten Morgen auf das Schiff zu begleiten, wo sich ihr Sohn aufhielt. Mit dieser Zusicherung versehen, bestand Skevo darauf, zurück zum Boot zu gehen und ihre Frauenkleider anzuziehen, denn da nun einmal ihre List ans Licht gekommen war, empfand sie es als peinlich, in Männersachen herumzulaufen. Da sie ihren Wärterpflichten nicht nachkommen würde, bot sie dem Arzt an, ihm die zwei Fünfdrachmenmünzen auszuhändigen, die sie im Hafenamt als Abschlag erhalten hatte. Doch der Arzt meinte, sie möge das Geld vorerst behalten, und erklärte, dass er für diesen kleinen Betrag bei seinem Freund, dem schlafmützigen Sanitätsrat persönlich bürgen werde.

Im schweren Mantel, den Skevo von zu Hause mitgeschleppt hatte, steckte ein Bündel mit einer vollständigen Frauentracht, als hätte sie vorausgesehen, dass so etwas rasch vonnöten sein würde. Giannis Brikos stieg in sein Boot und warf ihr den Ballen sowie ein Körbchen zu, in dem ein gefülltes Ölfläschchen, ein paar Kerzen und ein Brot verstaut waren, denn sie hatte für alles vorgesorgt. Skevo fing das Bündel auf und zog sich hinter die Keuschlammbüsche und Binsen neben dem Sumpf zurück; dort wechselte sie die Kleidung, legte anschließend die abgelegten Männersachen zusammen, knüpfte sie fest, kam aus dem Gebüsch und warf den Ballen zum Boot in Giannis' Hände.

Daraufhin nahm sie das Körbchen, wünschte dem Fährmann eine gute Nacht und teilte mit, dass sie nun zur Kapelle am Klostergut gehe, wo sie sich bekreuzigen und eine Kerze entzünden wolle, und »dann sieht man, was kommt oder was nicht kommt«. Vielleicht hatte sie sich auch entschlossen, in dem unvollständigen Verschlag zu schlafen, wie vom Arzt angeboten. Giannis fragte nicht nach, denn er war viel zu müde, sich darum zu scheren, wo jemand anderer wohl seinen Schlafplatz fände, und noch bevor Skevo zu Ende geredet hatte, war er auch schon eingenickt.

Behutsam schritt Skevo von einer Binsenstaude zur nächsten, von einem Quellerstängel zum anderen. Vor nächtlichen Gängen fürchtete sie sich nicht, ganz abgesehen davon, dass die Stelle hier offen war und von allen Seiten Licht herdrang. Auch stand der Mond fast im Zenit, und die Zellen des Klosterguts sowie hunderte Notzelte lagen nur ein paar Schritte von der Küste entfernt. Zum dritten Mal kam sie an der Stelle vorbei, wo die frisch aufgeworfenen Zwillingsgräber lagen, blieb stehen, bekreuzigte sich, kniete nieder und stieß drei aus tiefster Seele steigende Reuegebete hervor, um »vor dem Herrgott nicht nur das Knie, sondern auch das Herz zu beugen«; anschließend sprach sie eine Fürbitte für die glücklose, unschuldige Seele der Verstorbenen, die weit weg von ihrer Heimat in der Fremde dahingeschieden war und nun hier in der Erde mit ihrem unschuldigen Säugling den ewigen Schlaf schlief. Danach entnahm sie ihrem Korb zwei Kerzen, band sie als Kreuz zusammen, heftete es an das andere aus Schilfrohr am Kopfende des Grabs, um schließlich aufzustehen, nach ihrem Korb zu greifen und zu den Zellen zu gehen.

Die Zelle, in der Nikodimos bis dahin gehaust hatte, verfügte über einen schmalen, schlichten Söller ohne Geländer. Skevo saß auf der Türschwelle, und drinnen, ganz hinten in der kleinen Kammer, war ein Krankenbett aufgestellt. Dort lag der Patient ein wenig aufgerichtet, den Kopf auf ein

Kissen gebettet, und sah durch die offene Tür ins Leere. Die Sonne rückte schon gen Westen vor, und der Tag war warm gewesen. Der Kranke hatte einen blonden Schnurrbart und einen kurzen graublonden Bartwuchs; er war leichenblass, und sein durchscheinendes Gesicht zeugte von Auszehrung.

Skevo hatte ihren Blick aufs Wasser und auf die Reihe der großen Schiffe gerichtet, die immer mehr wurden. Seit drei oder vier Tagen war über ein Dutzend dazugekommen, außerdem kleinere Fischerboote zuhauf. Die Alte erschrak beim Anblick dieser Unmenge an Seefahrzeugen und Passagieren. Ihr fiel ein, was der Volksmund über künftige Zeiten sagt, wenn die Welt einmal untergeht und die Lebenden den Leichen in ihrer Grube zurufen: »Heraus mit euch Toten, wir wollen hinein!« Und ihr war angst und bang, dass sich diese Weissagung womöglich zwecks Abschreckung urplötzlich im gegenwärtigen Geschehen bewahrheiten könnte, welches natürlich ein Vorzeichen für das Ende der Welt war. Sie fürchtete sich davor, dass aus so vielen Schiffen plötzlich sämtliche Kranken strömen könnten, deren Zahl nur zu vermuten war, um dann denen, die über Notzelte, halbfertige Baracken und ein paar karge Zellen verfügten, zuzurufen: »Zeit für euch zu gehen, jetzt sind wir dran!«, egal ob es Hilfsbedürftige oder Pflegende, Gesunde oder Leidende, Lebende oder Tote betraf.

Auch bedenke man inmitten dieses wüsten Durcheinanders von Verhängnis und Verblendung, Schmerz und Gerangel das Anrecht, von dem Nikodimos Manassis zurückgetreten war, das vom ihm erbrachte Opfer, als er Skevo aus freien Stücken seine kleine Zelle zur Pflege ihres Sohnes überließ. An jenem Donnerstagmorgen, bevor Skevo mit dem Arzt auf das Schiff ging, dort ihren Sohn zu finden, hatte Nikodimos ihr kundgetan, er wolle sich währenddessen zum kleinen Berg jenseits des Waldes aufmachen und nach seiner Herde aus ein paar Böcken und Zicklein schauen. Die hatte er der Obhut des Ziegenhirten Agortzas, seines Burschen, anvertraut und war selbst seit Tagen nicht zum Pferch gegangen; nur dass Agortzas ihm täglich die Milch brachte, der, wie bereits erwähnt, keine Zeit zur Gerinnung gelassen wurde. Besorgt hatte Nikodimos angemerkt:

»Meinst, dass man mir die Ziegen wegnimmt, wie schon Kotsini?«

Skevo konnte sich das Lachen nicht verkneifen und erwiderte:

»Meinst du etwa, man lässt sie für dich übrig, Nikodimos, Alterchen?«

Der gutherzige Mönch nahm seinen langen Holzstab und machte sich auf den Weg zum Berg. Zuvor sicherte er Skevo jeden ihm möglichen Beistand zu, und Skevo dachte bei sich, die größte Gefälligkeit seinerseits bestünde wohl darin, ihr die Zelle zu überlassen, so dass sie den Sohn vom Schiff aus dorthin bringen könnte. Später, nachdem es Skevo vergönnt war, ihren Sohn anzutreffen, und Herr Wund befand, dass es dem Kranken gut genug gehe für eine Verlegung außerhalb des Schiffs, auf dass er mütterliche Fürsorge erhalte und auch gelegentliche Visiten von ihm, lief sie auf dem Rückweg geradewegs zum Klostergut.

Vater Nikodimos war kurz zuvor von seinem Gang zurückgekehrt und nun eifrig mit Gepäck beschäftigt. Es bestand aus zwei Kutten, die er zum Bündel schnürte, einem großen, härenen Rucksack und seinem langen Stab mit dem gekrümmten Griff.

»Ich gehe … weg …«, sagte er, kaum dass er Skevo erblickt hatte. »Die armen Zicklein, man hat mir schon welche gestohlen … Recht hatte ich, als ich sagte, dass die arme Babi mir den Weg weist, ich hätte ihr gleich folgen sollen …«

»Bleibst du länger dort, Nikodimos, Alterchen?«, fragte Skevo, mit dem Hintergedanken, dass nun die Zelle des

Mönchs leer stünde und er sie ihr ja überantworten könnte, als Unterschlupf für die Pflege ihres Sohnes.

»Die ganze Zeit bleibe ich oben, bis der Zorn des Herrn vorüber ist«, antwortete Nikodimos. »Gott sei mein Zeuge! Nicht dass es mir um die Ziegen und Böcke geht … Sollen sie die doch alle vertilgen, genau wie das arme Kotsini … nur meine Ruhe will ich … Was habe ich denn mit diesen Ziegen und Böcken zu tun? Gottlob gibt es das Kloster. Was habe ich denn mit diesen Leuten zu schaffen? Ich kann mit ihnen nichts anfangen, Tante Skevo … Alles Gute wünsche ich ihnen, habe nichts gegen sie … Nur meine Ruhe will ich … Sollen sie doch alles aufessen, alles.«

Mit großer Geste holte er aus seiner Tasche einen Schlüssel.

»Also, nimm den Schlüssel für die Abstellkammer … Es ist die getrennt stehende Zelle, die du dort drüben siehst … dort liegen ein paar Stück Käse, weiche und harte Sorte … es gibt auch ein wenig Gerste von diesem Jahr und Mais vom letzten … verteile alles, gib den Leuten zu essen, wenn du siehst, dass sie hungern … Dort drinnen habe ich auch Pitsini eingesperrt, das Huhn von Vater Sisois …. Gib auch ihm etwas zu fressen, und wenn du merkst, dass dein Sohn dringend eine Stärkung braucht, schlachte es und verabreiche ihm die Brühe, und mach dasselbe auch mit dem Huhn und zwei Hähnen, die dir mein Bursche Agortzas demnächst bringt. In meinem Auftrag kriegst du auch jeden Tag Milch und Frischkäse von ihm … Was soll ich schon damit? Den Leuten wünsche ich alles Gute … Recht hatte ich, als ich sagte, dass mir meine arme Katze, die Babi, den Weg gewiesen hat …«

Skevo wollte etwas erwidern, doch Vater Nikodimos, ungewöhnlich aufgekratzt, ließ sie nicht zu Wort kommen.

»Die Eremiten in alten Zeiten, weißt du, Tante Skevo? … Woher sollst du's auch wissen … Nie hast du sie die

Heiligenlegenden lesen hören … Hast du je Geschichten aus der Lausiaca gehört? … Du hättest den Lehrer hören sollen, Vater Sisois, wie er vorliest, langsam, deutlich und andächtig, und die Öllampe auf Sparflamme beim Gottesdienst um Mitternacht drüben im Kloster … Ah, ich habe vergessen, Frauen dürfen da nicht hinein … Wenn das ganze Licht aufs Buch, aufs halbe Gesicht und den Bart fällt, auf das mit Kreuzen übersäte Messgewand und den kreuzbestickten Überwurf des Vorlesers. Und am Festtag des heiligen Antonios sind die Eremiten früherer Zeiten noch weiter in die Wüste vorgerückt, und die Mönche haben das Kloster verlassen und zwei Monate als Klausner in der Einöde verbracht, bis zum Palmsonntag … um dann wieder ins Kloster zurückzukehren … Ich Nichtsnutz tauge nicht einmal dazu, ihnen die Füße zu küssen, doch jetzt für den Herbst, wo keine längere Fastenzeit bevorsteht, bin ich fest entschlossen, die Einöde aufzusuchen. Nimm den Schlüssel und gib den Leuten, was in der Zelle ist, damit sie etwas zu essen haben … Alles Gute wünsche ich ihnen! Der heilige Floros wird sich ihrer erbarmen und die Krankheit verscheuchen … Ich will meine Ruhe … nicht, dass mich das Vieh kümmert … Sollen sie doch alles aufessen, wie schon mein armes Kotsini …«

»Und deine Zelle, was machst du damit, Nikodimos, Alterchen?«, konnte Skevo gerade noch fragen.

»Die Zelle? … Ja, sag nur, wie geht es deinem Sohn? Hast du ihn nicht vom Schiff geholt?«

»Der Arzt hat gesagt, das übernimmt er.«

»Und wo schlagt ihr Quartier auf?«

»Ich weiß nicht … In den Baracken, die Meister Stathis baut.«

»So etwas, das habe ich ganz vergessen … Die Zelle brauche ich nicht. Und habe dort außerdem nichts mehr zu melden … Man hat das Anrecht, sie mir wegzunehmen … Ich als Mönch brauche kein eigenes Nest … Besser, ihr nehmt sie, bevor es andere tun … Hol deinen Sohn vom Schiff, und wohnt dann in der Zelle …«

»Ach! Jesus Christus möge dir beistehen … Du gute Seele … Auf dass du einmal in den Himmel kommst, Bruder …«

»Das habe ich nicht verdient … Hol deinen Sohn dort heraus. Da, in der Tür steckt der Schlüssel. Hier gibt es auch ein paar alte Wolldecken … Schließ jetzt ab, geh endlich deinen Sohn holen und kommt hierher in euer Quartier. Ich gehe weg. Bleibt gesund … Recht hatte ich, als ich sagte, dass meine arme Babi mir den Weg gewiesen hat.«

Er griff nach dem Kuttenbündel, steckte es in den härenen Rucksack, hängte diesen um die Achsel, griff nach seinem langen Stab, schlug dreimal das Kreuz und ging los.

Drei Schritte weiter stieß er auf den deutschen Arzt.

»Wohin des Wegs, so Gott will, Vater Nikodimos?«

»Ah! Du bist es, Exzellenz? … Oben in der Zelle ist Tante Skevo … Ich habe ihr den Schlüssel für die Abstellkammer gegeben. Leg dich ins Zeug als guter Patriot, dass ihr Sohn noch einmal davonkommt.«

»Wie ich sehe, bist du vollbeladen unterwegs … Wohin soll's denn gehen?«

»Im Lager gibt es Weichkäse und ein paar Stück Hartkäse … Sie soll den Leuten etwas zu essen geben … Ich trauere ihm nicht nach …. Babi hat mir den Weg gewiesen.«

»Wer ist denn diese Babi?«

»Außerdem gibt es ein wenig Mais und Gerste …«

»Zum Teufel! Du hast sie ja nicht alle!«, sagte Wilhelm Wund und lachte dabei.

»Ich lasse ihr auch zwei Hähne bringen … Damit das Kind wieder gesund wird … Dir schick ich eine Ziege, Herr Doktor, damit auch du etwas davon hast … Und es gibt auch noch das Huhn Pitsini, vom Vater Sisois … Ich habe ihr gesagt, sie soll es schlachten, damit der Kranke zu Kräften kommt … Den Leuten wünsche ich alles Gute! … Sie sollen ruhig alles essen, wie schon mein armes Kotsini …«

»Was für ein Kotsini?«

»Na dieses Kotsini, von dem kaum noch ein Knöchelchen übrig ist … Recht hatte ich, als ich sagte, dass meine arme Babi mir den Weg gewiesen hat! …«

»Wohin willst du jetzt?« fragte der Arzt ungeduldig. »Ist deine Zelle nun frei?«

»Ja, meine Zelle«, gab Nikodimos zurück, als habe er sich jäh gefasst, »meine Zelle, der Kranke soll dort wohnen mit seiner Mutter … Ich als Mönch verkrafte die Sorgen der Leute nicht … Jetzt gehe ich an die frische Luft, hinauf auf den Berg … Von jetzt an schlaf ich auf der Straße wie ein Brigant … Ich schicke euch auch Agortzas mit Milch … Bleib gesund, Herr Doktor … Sie wusste schon, wohin sie mir den Weg weist, die Babi.«

Sprach's und verschwand in seinen leichten Schnabelschuhen hinter den Bäumen.

Der Arzt, stets zu guter Laune bereit, schüttete sich aus vor Lachen, als Skevo ihm erklärte, was es mit Babi und Kotsini auf sich hatte.

Zwei Stunden später holte Skevo ihren Sohn vom Schiff und brachte ihn in der Zelle des weichherzigen Mönchs unter. Dem Kranken ging es viel besser, und Herr Wund wandte sein Augenmerk nun vornehmlich auf Skevos Sohn.

Je näher die Nacht rückte, desto größer wurde Skevos Sorge angesichts der Vielzahl an Schiffen und des Andrangs von Reisenden. So eine Menge Leute und kaum jemand, der einem bekannt vorkam, alles unvertraute Gesichter. Zwei, drei einheimische Schoner waren angelaufen, ein oder zwei Schiffe und ein paar Kaikia von hier, doch kaum eines ließ

Passagiere von Bord, noch ging die Besatzung an Land. Vor dem schmalen Söller kamen Matrosen von auswärtigen Schiffen, sämtlich fremde Leute, den ganzen Tag über an Land und versorgten sich mit Wasser. Die einheimischen Schiffe hatten Mittel und Wege gefunden, sich Wasser von außerhalb zu beschaffen. So oder so war der kleine Brunnen schon fast versiegt. Agortzas, Nikodimos' Bursche, kam jeden Morgen und füllte einen kleinen Bottich mit Wasser ab; den Milchkübel für Skevo verteilte diese an die ihr umständehalber bekannten Frauen in nächster Nähe, die ihre kranken Söhne und Gesponse in den anderen Zellen versorgten, und gab auch an die benachbarten Baracken ab. Agortzas wünschte niemals »Guten Tag!«, sondern entbot ein befremdlich ruppiges Grußwort, wenn er in aller Herrgottsfrühe noch bei Dämmerung den Krug an der ersten Treppenstufe abstellte und sein Gesicht hinter dem Pfeiler versteckte; dabei schaute er in die andere Richtung, stellte sich seitlich hin, damit Skevo ihn möglichst nicht sehen konnte, und rief in dörflicher Mundart: »Grüß' vom Vater Nikod'mos. Er fragt, wie's dei'm Sohn geht, Skevo, du Arme. Und wenn d' was willst, sollst's mir sagen! Und d's Huhn, sagt er, sollst schlachten und er die Brüh' schlürf'n und g'sund werd'n!«

Mittlerweile war es Anfang September. Nach Einbruch der Dunkelheit hörte man neben den Baracken am Sandstrand und unten in der Bucht allseits ungewohnten Tumult und Gelärm. Es war, als habe die Luft vom heißen Schwall und keuchenden Rasseln aus menschlichen Brustkörben ihren Siedepunkt erreicht, so sehr sie sich auch abzukühlen versuchte, doch neue Lebenskraft zu verleihen nicht imstande war. In der Hauptbucht der kleinen Insel, wo der Tür von Skevos Quartier gegenüber zahlreiche Schiffe vor Anker lagen, hatten sich allerlei Barken, Barkassen und Feluken versammelt, zwischen denen erregte Wortwechsel hin- und hergingen. Schwül und schwermütig lud sich die nächtliche Brise mit menschlichen Klagelauten und Seufzern auf, und mit ungewöhnlich wuchtigem Knall prallten die Ruderblätter klatschend aufs Meer. Neben den Schiffen stießen Feluken krachend aneinander, während andere Boote von ihnen abgerückt waren und kreuz und quer auf den Sandstrand zusteuerten. Die auf den Schiffen verbliebene Besatzung wechselte kurze Zurufe, Parolen ähnlich, mit ihren Gefährten, die bereits in den Feluken saßen. Das Meer selbst lag da in tiefstem Frieden, aufgerührt allein vom Gewusel der Boote, dem Aufprall der Ruderblätter im Wasser und den gehetzten Stimmen der Seeleute. Am Sandstrand standen Menschen in Gruppen und warteten. Auch weiter oben bei den Zelten und Baracken hörte man überall Stimmen, Lichter bewegten sich auf und ab, verschwanden und tauchten wieder auf, flackernd wie Sterne am Himmelsgewölbe. Die Nacht war sternhell bei abnehmendem Mond; was man sah, war unerfindlich, was man hörte, schaurig und verstörend.

Gerade hatte Skevo das Türchen zugemacht, denn die nächtliche Brise durfte dem Kranken keinesfalls schaden, da merkte sie, dass ihr Sohn schlief, so dass sie es wieder öffnete, auf den Söller trat, es ganz leise hinter sich zuzog und sich im Schneidersitz auf den Holzbohlen niederließ, wo ihre Gestalt sich kaum von den schwarzen, morschen Türflügeln abhob. Um Himmelswillen, was ging da vor sich? Worauf musste sie sich denn noch gefasst machen? Die letzten Tage war ihr einiges vor Augen gekommen, wovon sie ihrem Sohn jedoch nichts erzählt hatte. Charon, der Engel mit dem siebenschneidigen Flammenschwert, dessen Erscheinen nur den Erben habgieriger Greise Freude bereitet, hatte die kleine Insel wieder und wieder heimgesucht. In dieser kurzen Zeit hatte Skevo mehr Weinen und Wehklagen gehört als je zuvor in ihrem Leben, hatte Seelenqualen und

Gram mitansehen müssen, war Zeuge von Todesangst und Pein geworden, bis sie schließlich innerlich abstumpfte, als sei ihre Brust von Eisen umschlossen. Nur noch die Hälfte empfand sie und auch die wie im Traum, so dass sie nicht allzu sehr unter dem ganzen Elend litt.

In aller Herrgottsfrühe war Agortzas bei Sonnenaufgang mit der Milch gekommen und hatte sie unten auf die erste Treppenstufe gestellt. Als Skevo sie dort abholte, war ihr aufgefallen, wie jenseits der Zelte und Baracken, oberhalb des langen Sandstrands neben der Küste mit den dicken, blinkenden Kieseln, von Menschen Gruben ausgehoben wurden; in diese Gruben legte man die vom Schnitter Tod dahingerafften Körper, wahre Garben und Diemen der Menschenernte. So deutlich die Nichtigkeit vor Augen, war ihr das Herz in der Brust zersprungen, und sie dachte, dass auch ihre Mühen müßig waren und ebenso müßig die zärtliche Mutterliebe. Was bedeutete schon das Leben ihres Sohnes vor dem Unendlichen, vor dem Allzeitlichen? Und was bedeutete ihr eigenes Leben? Doch für den Sohn gäbe sie es hin, und bliebe es übrig, dann gäbe sie es auch für das Leben anderer menschlicher Geschöpfe hin. Erst gestern war ihr Herzerschütterndes widerfahren! Im nächstgelegenen Zelt hatte sich eine Familie häuslich eingerichtet, bestehend aus Mutter und vier Kindern, deren Vater vor ein paar Wochen in Galata an der Krankheit verstorben war. Die unselige Mutter hatte sich und die Kinder, nun ohne väterlichen Schutz, in Begleitung einer ihr bekannten Familie durch Flucht retten wollen. Da aber das Schiff, an dessen Bord sie steigen wollten, zeitgleich mit einem zweiten dieselbe Route aufnahm und die beiden Kapitäne sich untereinander über gemeinsame Interessen abgesprochen hatten, geschah es bei der Einschiffung, dass die Matrosen, dem Zufall und der eigenen Bequemlichkeit folgend, trotz aller Proteste die beiden Familien voneinander trennten, denn, so sagten sie, die Schiffe seien eins wie's andere, und man würde sich gleich nach der Abfahrt darum kümmern, beide wieder zu vereinen. Dafür sei jetzt nicht der richtige Zeitpunkt, denn der Aufbruch erfolge überstürzt. Die Witwe mit den Kindern gab sich damit zufrieden und hoffte, in Bälde die befreundete Familie wiederzutreffen. Doch auf offener See ist es für zwei Segelschiffe alles andere als leicht, nebeneinander Kurs zu halten, denn das eine fährt raumschots, dann wieder bei halbem Wind oder schlingert, während das zweite in starken Wellengang gerät. So kam es, dass eins von beiden bald zurückblieb, ihre Wege sich trennten und jenes mit der Witwe und ihren Kindern zur Entseuchung an den Ort gelangte, von dem hier die Rede ist, während das andere weiter nach Süden fuhr und anderswo in Quarantäne ging. Nach der Ankunft wartete die glücklose Frau also Tag für Tag vergeblich auf ihre Freundin, doch das zweite Schiff zeigte sich nicht.

Die wartende Witwe erkrankte, die Kranke verfiel und liebte wohl den Gatten mehr als ihre Kinder. Sie schied dahin und begegnete ihm dort, wo Voreilige der hintangebliebenen Mitreisenden harren. Nun schlief sie den Schlaf, der aller Sorgen ledig war, einsam, von Freunden unumringt, an unbekanntem Gestade, und ließ ihre heimatlosen Kinder unter fremden Leuten zurück. Jetzt mühte sich die kleine, achtjährige Tochter Olympia ab, ihren Geschwistern Mutter zu sein: dem fünfjährigen Giorgos, der vierjährigen Anna und dem zweijährigen Kostis. Eine Schwalbe, die sich darin übt, die Arbeit eines Storchs zu verrichten. Ein kraftloses, junges Gewächs, das wohl oder übel rasch gedeihen muss, um unter seinen Knospen andere Wesen zu bergen. Ein Küken, das unversehens zur Glucke wird, ohne gebrütet und gegluckt zu haben, und doch andere Küken unter seinen Flügeln behüten muss. Ein Kind, das an seiner Hand zwei weitere Kinder und das dritte auf dem Arm hält. Ein weinendes Mädchen, das drei weinende Kinder eine holprige, gewundene Strecke, den beschwerlichen Weg menschlichen Treibens, bergan führt. Dies war das Letzte, was Skevo am gestrigen Tag gesehen hatte.

Vor der kleinen Tür auf den morschen Bohlen des engen Söllers sitzend, musterte Skevo immer noch das Geschehen und wurde nicht schlau aus dem ungewöhnlichen Lärm. Sie riss ihre Augen auf, so weit es nur ging, spitzte die Ohren, vergeblich. Die Finsternis, an und für sich ein Rätsel, ließ nicht zu, das andere Rätsel zu lösen. Die Luft warf den Lärm als Echo zurück und trug das Geräusch von Stimmen her, ohne dass einzelne Worte an ihr Ohr drangen. Etwas Ungewöhnliches und Schreckliches musste sich da ereignen. Einen Augenblick lang empfand die arme Frau das Bedürfnis, weg vom Haus zum Zelt des Arztes zu laufen und ihn direkt zu fragen, was denn los sei. Doch sie hielt an sich, einmal, weil sie ihren Sohn nicht allein lassen wollte, und dann rechnete sie auch nicht damit, Herrn Wund in seinem Zelt anzutreffen, denn zweifellos wäre er dort, wo der Trubel im Gang war, und dorthin wollte sie nicht gehen.

Nach wenigen Minuten flaute der Lärm ab und legte sich. Ein paar Boote näherten sich dem Festland. Menschen schienen vom Sandstrand aus in die Feluken zu steigen. Andere liefen von den Zelten und Baracken hinunter zur Küste. Daraufhin setzten sich die Boote wieder in Bewegung, und der Aufprall schlagender Riemen wurde allmählich immer schwächer. Seltsam nur, dass die Boote nicht Richtung auf die großen Schiffe nahmen, von denen sie sich gerade entfernt hatten; vielmehr ruderten sie ein wenig westlicher, auf ein anderes unbewohntes Inselchen zu, oder nördlicher, zum Kap bei der Floros-Kapelle. Nach und nach verschwanden die Boote, und jegliches Geräusch verlor sich. Wie durch

Zauberei wurde es mucksmäuschenstill, so dass man sich gleichsam im Traum wähnte.

Noch lange blieb Skevo auf dem Söller sitzen und schaute hinaus. Dann erhob sie sich und öffnete leise die Tür. Deren Flügel knirschten, Bohlen und Dielen knarrten, und dann war die Mutter bei ihrem schlafenden Sohn.

Bis der Hahn krähte, fand sie selbst nicht in den Schlaf, denn sie wartete auf den Tagesanbruch, um mehr zu erfahren. Irgendwann schlief sie dann doch ein und wachte im Morgengrauen auf. Es dauerte nicht lange, und der Arzt kam wie üblich bei ihr vorbei, um sich seinen Frühkaffee von einer tüchtigen, in Kargheit erfahrenen Hausfrau zubereiten zu lassen und dabei genüsslich seine erste vollgestopfte Pfeife zu rauchen. Der Arzt schien ihr ein wenig gereizt und besorgt, ein vorübergehender Missmut, der wohl nur wie eine Frühlingswolke über seinem sonst heiteren Gemüt schwebte.

In den letzten zwei Wochen hatte sich einiges zugetragen. Herr Wilhelm Wund war regelmäßig zwei- bis dreimal am Tag bei Skevos Sohn vorbeigekommen. Stavros befand sich auf dem Weg der Besserung. Soweit es ging, verlor der Arzt bei Skevo kaum ein Wort über die bedrückenden Ereignisse auf der choleraverseuchten Insel. Doch die Alte brachte alles in Erfahrung. Nur gab es hier keine Nachbarin aus dem Städtchen oder dessen Umgebung, der man, da sie von all dem nichts wusste, hätte berichten und dabei Zuspruch erhalten können. Mit ihrem Sohn sprach sie nicht darüber. Obschon Stavros viel erriet, hatte er keine Angst, und das Leben kehrte mit einer Kraft in ihn zurück, die düstere Befürchtungen vertrieb.

Nicht einmal der Rede war, dass der von Agortzas morgendlich gebrachte Milchkübel immer leerer wurde. Schuld daran hatten die Eindringlinge, die, nachdem sie Vater Nikodimos' sämtliche Zicklein und alle Böcke verspeist hatten, nun auch Hand an die Ziegen legten. Die Luft war vom Regen gereinigt, und der üble Dunst der Krankheit hatte sich verflüchtigt.

Da verkündete der Arzt, Ziegenfleisch sei schädlich für Menschen, und konnte auf diese Weise einen kleinen Teil der Herde retten.

Die meisten Zicklein und Böcke, die Nikodimos freiwillig herausgerückt hatte, waren, wie zu erwarten, bereits weg. Nikodimos hatte niemanden mehr, bei dem er sich beklagen konnte, denn auf dem Berg, wo er, in eine Pelerine gewickelt, an wohlriechendem Gebüsch seinen Schlafplatz aufgeschlagen hatte, änderte sich außer dem Bühnenbild auch die Rollenverteilung. Vom Nörgler wurde er zum Tröster. Er war's, der Agortzas aufrichten musste, denn dieser trauerte den Böcken nach, als ginge es um seine Brüder, und beweinte die Zicklein wie seine Kinder. Gut war, dass ihm ein stoffliches Trostmittel zur Verfügung stand: eine Kürbisflasche, die ihm Wund, der Arzt, jeden Abend gefüllt zukommen ließ; die eine oder andere wurde gelegentlich stillschweigend von sonstigen unaufdringlichen Freunden gesandt, als Abgeltung für verspeiste Zicklein. Vater Nikodimos selbst trank ein wenig davon und gab das meiste an seinen Pflegesohn und Burschen weiter, und Agortzas, der davon gute Laune bekam, vergaß seinen Kummer, nahm die Gajda und blies sie, am Boden sitzend, gelehnt an einen Macchienbusch, auf der einen Seite Kürbisflasche und Stock, auf der anderen Umhang und Hirtentasche, während die daneben im Stall lagernden Ziegen die ganze Nacht schnalzend wiederkäuten, als wollten sie beim Rhythmus ihres Ersatzherrn mithalten; so spröde waren die Laute, die er seiner Sackpfeife entlockte, dass die Bergnymphe Echo sie nur mit Ach und Krach in ihre tiefen Höhlungen aufnahm und Vater Nikodimos' Ohr sich nur mit Müh' und Not daran ergötzen konnte. Von dem bisschen Wein war er sowieso beduselt und schlief nicht viel später unter der Pinie ein, zwischen zwei Macchiengewächsen und einem Erdbeerbaum. Dem Gipfel der Anhöhe gegenüber stand unterhalb des kleinen Kiefernwalds neben den Büschen der Niederung jener große Pinienbaum, an dessen Stamm Wilhelm Wunds Zelt aufgebaut war. Davor saß der deutsche Arzt immer nach Einbruch der Dunkelheit und geriet ins Schwitzen von den Jammertönen der Gajda, die durch die Entfernung abgeschwächt und vom Echo aufgefächert waren und ihm gar nicht so unangenehm vorkamen. Grimassen schneidend und schmatzend rauchte er seine lange Pfeife mit dem Mundstück aus Bernstein, stieß üppige Rauchwolken aus, die sich in seinem dichten, braunen Bart verfingen und zu den Zweigen der melodiös im Nachtwind tuschelnden Pinie aufstiegen, spitzte sein Ohr, hörte von weitem die spröden Klänge, schmunzelte und sagte:

»Dieser Agortzas ist's schon wieder … Zum Teufel! … Wie spielt er nur die Gajda … Er trinkt in rauen Mengen und kommt in Stimmung, Teufel! … Jeden Abend, den Gott werden lässt … Dem macht's wirklich Spaß.«

Er lachte aus vollem Hals, sog ungestüm zwei, drei Portionen Rauch ein und stieß sie wieder aus.

»So eine Gaudi! Das nennt man Leben! … Dieses Leben gefällt mir … in der Natur leben … Die Natur … Das Leben … das ist Leben!«

Wäre Skevo noch in ihrem Häuschen auf dem Felsen bei Plakes, oberhalb der dreistöckigen Werft des alten Mathinos, die den Docks des Berg Athos nachempfunden war, würde sie Abendluft atmen, die der Seewind Batis zu ihr trug, frei von üblem Dunst oder Schwaden menschlichen Leids und Elends. Sie wäre in der Lage, mehr über die unerklärlichen Geräusche und die unheimliche Umtriebigkeit der letzten Nacht zu wissen und hätte es nicht nötig, jemanden nach des Rätsels Lösung zu fragen. Noch immer dachte sie an jenen Morgen, als sie gleich beim Aufwachen dieses Schiff gesehen hatte, das seltsamerweise zwischen den beiden Inseln vor Anker lag und sie stutzig machte, ja einen so tiefen Eindruck bei ihr hinterließ, als ginge es eigens sie etwas an. Und als sie nach vielen Rennereien die angeordneten Maßnahmen zur Eindämmung der schrecklichen Epidemie hatte mehr oder weniger in Erfahrung bringen können, war an jenem Abend bei der Rückkehr vom küstennahen Haus der verwandten Gerakina, so entsann sie sich, der Ausruf des frechen Früchtchens von einer Barke aus zu ihr gedrungen: »Tante Skevo, du Fass! Dein Sohn hat Cholera!« ... Was für ein Entsetzen durchfuhr damals ihre Seele, welche Last zermalmte ihr Herz, welch Martyrium durchlitt sie, bis sie innere Ruhe fand, die für sie darin bestand, sich »ins kalte Wasser« zu stürzen und wagemutig die Gefahr in Kauf zu nehmen, also alles auf eine Karte zu setzen. Und das allerseltsamste an diesem Zufall bestand darin, wie ihr nachträglich in den Sinn kam, dass auf jenem auswärtigen Schiff, welches als eines der ersten eintraf, sich tatsächlich Stavros befand. Er war gleich nach dem letzten Brief an die Mutter vom einheimischen Schiff gegangen und hatte auf einem fremden angeheuert, wo er während der Fahrt erkrankte. Also hatte Skevos unentwegtes Augenmerk auf jenes Schiff etwas von einem unergründlichen Gespür dafür, dass er eben dort zugegen war.

Befände sich Skevo noch im besagten Häuschen, das wie ein Möwennest auf dem meerumspülten Felsen lag, würde sie in jener Nacht ebenfalls Getriebe und Getöse wahrnehmen, doch erführe sie unverzüglich von den Nachbarinnen, was sich da zutrug. Zum Glück gab es die behände Vjenio, Maria Peperou und die Bäckerin Zacharou, die nicht nur sahen und hörten, sondern sich an den nächtlichen Ereignissen auch beteiligten. Denn sie erfuhren im Handumdrehen, genau wie die Männer am Marktplatz und das ganze Dorf, dass acht bis zehn Boote mitten in der Nacht in unlauterer Absicht auf Plakes zuruderten.

Die erste Meldung kam von Lazaros Geges, Rathausbote und Kopf der Bürgerwacht auf Lebenszeit. Er nächtigte fast das ganze Jahr über auf der Bank vor dem Kafenion von Anagnostis oder dem Mäuerchen unter dem großen Maulbeerbaum vor Dimitriadis' Ladengeschäft, manchmal auch unter den Arkaden der frei zugänglichen Vorhalle der Drei-Hierarchen-Kirche. Sobald er an jenem Abend die nächtliche Ruhestunde ausgerufen hatte und alle Leute in ihre Häuser zum Schlafen gegangen waren, unternahm er mit drei Kameraden, die heute Nacht den östlichen Teil der Insel im Visier behalten sollten, einen Rundgang. Dort sah Lazaros Geges mit geübtem Auge zwischen den beiden Inseln auf der Höhe der Floros-Küste ein oder zwei schwarze Punkte, die sich von der Dunkelheit abhoben und nordwestlich auf die Stadt zubewegten, und zwar auf die große, südwestlich gelegene Hafenbucht. Alsdann wurden aus den zwei schwarzen Punkten drei, aus dreien vier, und aus den vieren acht oder neun. Und während sie nordwestlich vorrückten, wurden sie immer schwärzer und waren im Abglanz des funkelnden Sternenlichts auf der glatten Leinwand der widerschimmernden See immer deutlicher auszumachen. Augenblicklich ging Lazaros ein Licht auf. Er duckte sich, drehte seinen Schnurrbart nach unten, schob den halbrunden Fez mit der kurzen Quastenkordel zu den Augenbrauen und verlor kein Wort an die Kameraden.

Dann warf er einen weiteren, ausführlichen Blick auf das, was sich seiner argwöhnischen Wahrnehmung darbot und sah, dass die schwarzen Stellen sich vergrößerten, je näher sie kamen, und er sah, dass sie auf die äußerste Westspitze der Stadt, auf die flachen Felsplatten von Plakes zusteuerten.

Daraufhin zögerte er nicht länger und rückte seinen Fez

zurecht, drehte den langen, dichten Schnurrbart wieder nach oben und machte sich, nachdem er einen der Männer in aller Heimlichkeit fortgeschickt hatte, den Bürgermeister aus dem Bett zu holen, auf den Weg zur Drei-Hierarchen-Kirche, wo er sich an das Seil im Turm hängte und die große Glocke in voller Lautstärke lange läuten ließ.

Die Überlegung des so gewissenhaften wie geschickten Amtsdieners war folgende: »Der Bürgermeister kann nicht behaupten, dass ich ihn nicht benachrichtigt habe. Bis der aber aufwacht und den Schlaf abschüttelt, kann alles Mögliche passieren, wenn es denn passieren soll. Einstweilen warne ich mit der großen Glocke, damit die Leute aufhorchen und wissen, was los ist, und sich darauf einstellen, und der Herr Bürgermeister soll sich dann ruhig beim … Bürgermeister beschweren …«

Elf Uhr nachts.

Nachdem minutenlang die Glocke gebimmelt hatte, mit kurzen Pausen, auf die dann immer lärmigeres Scheppern folgte, hörte man allmählich hie und da, wie knarrend und schlagend Fenster aufgingen, aus deren Öffnungen sich Köpfe über weißgewandeten Brustkörben und Schultern reckten.

Dann knirschten Türen in den Angeln, dumpfes Schrittgepolter auf Steinstufen wurde laut, und Menschen, die sich hastig etwas übergeworfen hatten, trafen auf dem Marktplatz ein.

»Was ist los? Was ist los?« Einer der ersten war Lazaros, gerade rechtzeitig, um mit einem stummen Wink auf die schwarzen Punkte zu deuten. Soeben hatte er bemerkt, dass sie mittlerweile größer waren. Auf Kurs zum westlichen Teil des Hafens, machten sie Anstalten, sich hinter dem Zipfel der Stadt zu verstecken, der die Ecke zwischen dem Höhlen-Viertel und der Hafenmole bildet.

Aus der Menge erhoben sich Schreie, die von Angst, Bedrohung und Empörung zeugten und anschwollen, je mehr Bürger aus ihren Häusern kamen. Ein paar hatten, ohne zu wissen, was eigentlich los war, von zu Hause ihre Jagdwaffen mitgebracht, einläufige Gewehre und Doppelflinten bis hin zu alten Pistolen oder großkalibrigen Donnerbüchsen.

Von Lazaros kam kein Rüffel, dass sie sich gewappnet hatten. Weil die meisten keine Waffen besaßen, verteilte er ein paar alte Büchsen, die seit eh und je im Rathaus lagerten und hauptsächlich als Ausrüstung für die Bürgerwacht oder die nächtlichen Rundgänge dienlich waren.

Auf einmal begannen die Menschen zur oberen Pfarrei zu laufen und keuchten auf blinkenden, glatten Pflastersteinen den engen Anstieg hinauf. Schuhe schlugen auf das Pflaster, bis sie vor Papargyros' Haus anhielten, einem wuchtigen Klotz auf einer Anhöhe, an deren Fuß ringsum andere Häuschen standen, gleich Booten neben einer stattlichen, achtunggebietenden Bark. Bei Papargyros' Haus ragte der große Glockenturm der oberen Pfarrkirche empor, wie eine Wache auf ihrem Posten.

Neben diesem mächtigen Bau, der dort seit vierzig Jahren unvollendet und fast ganzjährig unbewohnt dastand – denn nur im Sommer wurde er als örtliche Bleibe für den Bischof auf seiner Rundreise benutzt –, stand das Haus des Bürgermeisters, der gerade aufgewacht war und das Getümmel der vorbeiziehenden Menge hörte, während er sich für seinen Gang nach draußen zurechtmachte. Vor kurzem war der Bote von Geges, dem Amtsdiener des Rathauses, gekommen und hatte ihn geweckt. Der Bürgermeister zog seine Pumphose über, ergriff seinen langen, dicken Stock und nahm die ersten Stufen der inneren Holztreppe, während die Frau Bürgermeisterin, ihrerseits just wach geworden, von der anderen Kammer her fragte:

»Wohin, mein Kapitän, auf gut Gelingen? Wohin soll's denn gehen um diese Zeit?«

»Schlaf weiter, Florou!«, blaffte der Bürgermeister heiser, denn er war, so unsanft aus dem ersten Schlaf gerissen, ausgesprochen missgelaunt.

Dann setzte er tiefsinnig hinzu, als spräche er zu sich:

»Ordnung im Dorf zu schaffen kann einem richtig Kopfzerbrechen machen.«

Als er hinunter in den Innenhof ging, der mit hellen Kieseln ausgelegt, mit Zitronen- und Granatapfelbäumen bewachsen und mit Blumentöpfen geschmückt war, erinnerte er sich an die alten, längst und für immer verstrichenen Zeiten, als er seine einträglichen Fahrten ins Schwarze Meer, ja weiter flussaufwärts unternahm und von seinen Reisen in Russland die Taler buchstäblich in Körben anschleppte. Hätte er nicht eine letzte, waghalsige Ozeanreise unternommen, wo man sich mit starken Tauen an den Schiffsmast binden musste, um bei Unwetter nicht von Bord gefegt zu werden, wäre er nicht von den auf das Deck schwappenden Wellen hin und her geschleudert und vom hintersten Schratsegel an Kopf und Körper böse verletzt worden, dann hätte er sich niemals auf dieses Amt eingelassen, das ihm seine Mitbürger aus freien Stücken angetragen hatten – etwas, das wirklich nicht oft vorkam.

Als die Menge an der Ecke anlangte, wo Papargyros' Haus stand, schied sie sich, und ein Teil ging weiter hinauf zu Agia Triada, einem rundum offenen Gelände, um von dort aus die anfahrenden Boote zu beobachten, während die anderen links abbogen, um so rasch als möglich Plakes zu erreichen, und eben deren Schritte hatte der Bürgermeister vernommen.

Nun waren wirklich so gut wie alle aufgewacht, die bereits geschlafen hatten, und sie hasteten nächst denen, die noch nicht im Bett gelegen hatten, aus ihren Häusern. Vom oberen, ärmeren Viertel hatte sich Dimitris Douskos eingefunden, ein Hirte mit nur wenigen Schafen, der sich tagsüber nie auf dem Marktplatz sehen ließ; nun trat er im Rundmantel mit seinem Stock auf, gerüstet zur Teilnahme am Kampf um die Rettung der Stadt, genau wie Stamatis Blatsinis, Dimitris Stogios und andere Ackersleute, sämtlich willig, bei jeder Unternehmung mitzumachen, wenngleich sie nicht wussten, worum es eigentlich ging; auch Giannis Manikas kam dazu, ebenfalls kriegslustig und schnaubend vor Wut auf die vermeintlichen Feinde. Argyrakis, der Mann der Bäckerin Triantafyllia, war von seiner Frau mühsam aus dem Bett geholt und gebieterisch zum Marktplatz geschickt worden, wo er aufschnappen sollte, was sich da abspielte, um nach der Rückkehr auch sie davon wissen zu lassen. Schlaftrunken rieb Argyrakis seine Augen und machte sich auf den Weg, doch trotz aller Anläufe konnte er so gut wie nichts in Erfahrung bringen, denn auf dem Markplatz standen die Leute grüppchenweise herum, redeten nur untereinander und gaben auf seine Fragen keine Antwort. Schließlich und endlich gelang es ihm, aus allen möglichen Gesprächen annähernd etwas heraushören. Triantafyllias Argyrakis gab die Hoffnung auf, mehr zu erfahren, und lief keuchend zu seinem Eheweib zurück:

»He! Was weißt du, Argyris?«

»Viele Leute, Leute … unten am Platz … bei der Johanneskirche … vor der Säule …

»Und worum ging es da?«

»Also, der Amtsdiener hat die Glocke geläutet.«

»Das haben wir gehört. Weiter?«

»Also, die Leute haben sich versammelt …«

»Das hast du mir schon gesagt … Und?«

»Der Amtsdiener hat Giannis Mastorakis geschickt, den Bürgermeister zu wecken.«

»Wirklich? – Und dann?«

»Alle stehen sie dort … und unterhalten sich.«

»Das hast du mir schon dreimal gesagt. Was ist denn eigentlich los?«

»Die Leute sind dann zum oberen Viertel gelaufen, Richtung Agia Triada.«

»Und du bist nicht mit?«

»Das hast mir du nicht gesagt, Triantafyllia.«

»Und du hast nicht erfahren können, was eigentlich los ist?«

»Also, da war die Rede davon, dass sie zurücklaufen wollen nach Plakes, um ihnen zuvorzukommen und dem Übel den Garaus zu machen.«

»Welchem Übel?«

»Das habe ich nicht verstanden… es muss wohl um Diebe gehen.«

»Sag bloß, die Cholerakranken sind wild entschlossen, von Tsougrias rüberzukommen und sich selbst aus der Quarantäne zu entlassen?«

»Da hast du recht, das muss es sein«, sagte Argyrakis nachdenklich, »und ich bin nicht darauf gekommen.«

»Schnell, lauf zurück, du Tunichtgut«, sagte Triantafyllia, »nimm auch deinen Stock mit… geh endlich, und wenn du etwas weißt, kannst du wiederkommen und es mir berichten.«

Während Argyrakis' Gattin redete, war bis in jenes entfernte Viertel ein Aufschrei zu hören, der seit kurzem andernorts in der Stadt um sich griff:

»Man schleppt uns die Cholera ein! Wacht auf, Leute!«

Dies war der Weckruf auch für die allerletzten, die vom Geläut noch nicht aus dem Schlaf gerissen worden waren.

Als Erste aus dem Viertel oberhalb von Plakes war die behände Vjenio aufgewacht. Knallend sperrte sie das große, breite, blau gestrichene Fenster weit auf und dehnte ihre stämmigen Männerarme, die aus den Ärmeln eines weißen, bis zum Ellbogen reichenden Baumwollunterhemds ragten, während der rote Überwurf unter den Achseln zusammengeknotet war, stützte dann ihre Pranken aufs Gesims und stieß einen Ruf aus, der Maria Peperou wecken sollte.

Von Vjenios Stimme erwachte zuerst Zacharou, die Bäckerin, denn um Maria Peperous Schlaf zu stören, brauchte man eine Kanone, und die Kanone, die seit jeher im Kastell stand, war rostig und schon lange unbrauchbar.

»Was gibt's, Nachbarin?«

»Man schleppt uns die Cholera ein!«

Die behände Vjenio hatte sofort begriffen, worum es ging. Ihr Fenster zeigte zum Meer, und die Boote, die immer näher kamen, waren bereits in ihrem Blickfeld.

»Wer schleppt sie uns ein?«

»Wer? Die Cholerakranken von Tsougrias.«

»Wo sind sie denn?«

»Schau nur! Fünfzig Boote sind unterwegs.«

Gleich ergänzte sie, da ihr diese Zahl zu gering vorkam:

»Fünfzig! Das sind nahezu hundertzwanzig!«

Auf der Stelle bereute sie, von Barken und nicht von Schiffen gesprochen zu haben, und suchte nach einem Begriff, die Sache richtigzustellen:

»Boote! Das sind richtige Barkassen … so groß wie Schoner!«

Die Bäckerin Zacharou sah die schwarzen Flecken sich verlängern, als hafte auf dem Wasser der eine am anderen, und stieß hervor:

»Heilige Muttergottes! Die sind ja so lang wie Fangboote …«

»Fangboote! Von wegen!«, gab Vjenio gereizt zurück, denn sie wusste es besser. »Die sind so hoch wie Gabarren!«

Just in jenem Moment wachte endlich auch Maria Peperou auf und kam augenreibend aus ihrem eingeschossigen

Häuschen, gefolgt vom Töchterchen Despinio in kurzem Kleid, mit bloßen Waden und barfuß.

»Was gibt's? Was ist los?«

Vjenio ließ sich nicht mehr bremsen. Jetzt war der richtige Moment, die Barken zu Schiffen zu befördern.

»Die choleraverseuchten Schiffe kommen von Tsougrias zu uns herüber ... Ganze fünfzig sind es!«

Maria Peperou schaute, konnte aber nichts sehen, da sie immer noch im Halbschlaf war. Despinio, das Töchterchen, hielt sich an ihrem Rock fest, sah die Barken und rief aus:

»Da sind sie, da sind sie! Schau mal, Mami!«

Die drei Frauen schlossen sich der vorüberziehenden Menge nach Plakes an. Alexis und Michalis, die Söhne von Maria Peperou und Vjenio, waren ebenfalls wach geworden und folgten den Männern, um sich selbst ein Bild vom Geschehen zu machen.

Maria Peperou hieß ihre Tochter:

»Geh du schlafen ... bleib im Haus!«

Despinio hielt sich an der Mutter Rock fest und lief neben ihr her.

»Ich hab Angst ... alleine hab ich Angst, Mama!«

Die Menge stand nun auf dem Felsen, vor dem sich, wie eine schmale Zunge im Meer, die Platten von Plakes erstreckten. Droben am Firmament funkelten und flimmerten die Sterne, um ab und an zu verlöschen. Die Milchstraße tauchte die himmlischen Gemächer in zartsilbernes Licht und umband die Mitte des Gewölbes, als streue sie für die geistigen Wesenheiten der Seligen makellose Blüten auf den Weg der Unendlichkeit. Hoch am Himmelszelt prangte wundersam der dreigliedrige Jakobsstab, ein unerforschliches Instrument, das dort postiert war, als solle es für alle Zeiten die Unendlichkeit mittels der Ewigkeit vermessen. Die Bären, der Große und der Kleine, strahlten hold und lächelten den ihnen teuren Meeren zu, und der Polarstern wies seinen lieben Seeleuten den Nordpol, deren einzige Gesellschaft er war, luftiger Leuchtturm und tröstender Beistand auf allen Wegen, einerlei, ob sich die funkelnden Sterne zeitweilig ihren Augen entzogen und Wolken die unergründlichen Lichtquellen verbargen. Das Siebengestirn war drei Speerlängen vom Osten aus zum Zenit gestiegen; es glich einer goldenen Gluckhenne samt Küken, die zu den Sternen geholt und durch göttlichen Wink unvergänglich geworden waren – leuchtendes Beispiel für die elendigen Sterblichen, als Familien in friedlichem Einklang zusammenzustehen; denn alle werden sie geboren, um von Zeit zu Zeit dort hinaufzustarren, auf dass ihnen die Todesnacht den Blick in chtonische Finsternis für immer und ewig verhüllt. In den Vorhöfen und Gärten der Häuser rührte eine leichte Brise an den Zweigen der Bäume, und das blauschwarze Meer unterhalb des Felsens gluckste behutsam gegen Gestein.

Angesichts dessen, was sich im Sternenlicht jener Nacht darbot, wurde die Menge jetzt unruhig und laut. Mittlerweile war der nun hellwache Bürgermeister zum Marktplatz gelaufen und wollte sich dort mit den anderen Amtsträgern verständigen, so dass er bei Plakes, wo sich inzwischen die meisten eingefunden hatten, noch nicht erschienen war. Vergeblich wartete er eine halbe Stunde auf den Hafenmeister, den Sanitätsrat und den Inspektor des Seuchenhauses, die am anderen, östlichen Stadtrand wohnten, so dass die Nachricht sie erst verspätet erreichte und ihr Erscheinen sich folgerichtig verzögerte. So entschloss er sich, allein ins westliche Viertel nach Plakes zu gehen. Dem Amtsboten und der Bürgerwacht hatte er bereits Anweisung gegeben, auf die Leute einzuwirken, dass sie lediglich die für eine Anlandung günstige Stelle im Auge behalten und bloß nicht Gewalt anwenden sollten, es sei denn im äußersten Notfall und beim Versuch, das Ufer zu betreten.

Ein geflügeltes Wort besagt, dass ein Pulk zwei Ohren hat, eines, damit Belehrungen eindringen und ein weiteres, damit sie wieder herausfinden können. Die Menge hörte sich des Bürgermeisters Order an, begriff wohl ihren Sinn und führte genau das Gegenteil dessen aus, wozu sie aufgefordert war. Die im Meer sichtbaren schwarzen Flecken, die sich auf den Felsen am Stadtrand bei Plakes zubewegten, waren nahe genug, dass man schon erkennen konnte, wie schwärzliche stattliche Boote das Wasser unbeirrt beiseite schlugen und vollbeladen mit Menschen aufs Festland zusteuerten. Kaum war das erste Boot bis auf Wurfweite an die äußerste niedrige Felsplatte unterhalb der Mytikas-Klippe vor dem Katergaki-Block herangekommen, wurden große Steine, schwere Kiesel und Erdklumpen von oben ins Meer geschleudert.

Unten an der Küste hatte ein erster Vortrupp des Pulks das salzumspülte Gestein erreicht, und noch verharrte die aufgekratzte Nachhut oben am Steilhang zwischen den letzten, dicht am Fels gebauten Häuschen über der Werft der Mathinos-Familie. Man hörte die Menge toben und johlen; in hitzigem Gegröle kochte ihr Zorn hoch, brodelte wutschnaubend aus hunderten von Mündern, schäumte mitten durch das Gewimmel und türmte sich am Felsen mit Geifer und trüben Schwaden. Aus dem gebrüllten Gebräu von Wut, Hass und Todesangst drangen hie und da die Worte: »Mörder! Ihr bringt uns die Cholera«, oder: »Ihr bringt uns um! …«, gleich einer kurzen, einleuchtenden Marginalie auf einer rabenschwarzen, unverständlichen Buchseite. Bald hagelte es Steine in dichter Folge auf dem Wasser, und ein paar Brocken schlugen krachend an den Rumpf der Boote, während andere keinen ohrenfälligen Aufschlag auslösten, sondern dumpf auf Arme und Schultern der dort zusammengepferchten Menschen prallten. Der Steuermann der ersten Barke begriff, dass er zu schnell an den anderen Booten vorbeigeprescht war, und gab das Kommando

»Rückwärts!« aus. Die Männer an den Riemen ruderten mit wenigen Schlägen zurück, so dass die Feluke, von der äußersten Felsplatte her gesehen, außer Wurfweite geriet.

Ganz offensichtlich hatte dieser Steuermann nicht bemerkt, dass ein paar Leute zum Rand von Plakes hinuntergelaufen waren. Zwar mussten er und die anderen Passagiere die Anwesenheit der Menge oben auf dem Felsen wahrgenommen und den Krawall gehört haben, doch waren die Vorkämpfer des Pulks unterdessen auf einem unauffälligen Serpentinenpfad hinunter zur Küste gelangt und tauchten jetzt unvermutet, fast gespenstisch auf, nur wenige Klafter von der ersten Barke entfernt, so dass sich die Bootsinsassen überrumpelt sahen.

Die erste Barke war also zurückgestoßen und hielt, nachdem sie sich zehn Klafter entfernt hatte, erst einmal an, um auf die anderen zu warten. Die zweite Barke stieß wenig später dazu und hielt sich seitlich der ersten. Das sah nach einer Beratung mitten auf dem Meer aus. Alsbald fuhren die anderen Boote an die beiden heran, so dass der Rat sich erweiterte und den Rang einer Vollversammlung annahm.

Die Waffenruhe unmittelbar nach dem ersten Scharmützel dauerte an. Bei Plakes trugen die Leute einstweilen Steine, Erdklumpen und Sand zusammen, und aus dem Getümmel drangen hin und wieder knackende Geräusche. Es klang, als werde der Abzug von Flinten oder Pistolen entsichert, worauf man vom Meer her mit Knacken aus den Booten antwortete.

Wie nicht anders zu erwarten, schienen sich in diesen Booten zwei Meinungen herauszuschälen. Die eine vertrat den Rückzug. Die andere stand dafür, weiterzumachen und um jeden Preis an Land zu gehen. Da die Verfechter beider Haltungen hartnäckig auf ihren Standpunkt pochten und keiner nachgab, zog sich die Beratung in die Länge.

Am Ende siegte Waghalsigkeit über Vernunft, und alle

Boote setzten sich gemeinsam in Bewegung, frontal aufs Festland zu. Das harte Knacken der Abzüge verdichtete sich, und der Steinhagel ins Meer brach erneut los, noch bevor die Boote überhaupt zu treffen waren.

Da vernahm man eine Stimme:

»Bitte hört auf! Werft nichts mehr runter! Schleudert die Steine nicht ins Meer.«

Der Rufer sollte sich als Wortführer dieser Nacht erweisen. In der Finsternis hatte der von Furor verblendete Pulk einen Großteil der Geschosse durch ziellose Würfe blindlings vergeudet. Bissig ergänzte der Mann, von dem jene spontane Aufforderung ausgegangen war:

»Nicht dass ihr das Meer aufschüttet …«

Die Menge verstand, was er meinte, und hielt inne.

»Keiner wirft, wenn ich nicht werfe!«, fügte der Mann hinzu.

Mehr brauchte es nicht. Damit war der Anführer erkoren. Er hieß Giorgos D. Karagiorgos und stand im Ruf, ein Gefühlsmensch zu sein. Von kleiner Statur, hatte er einen mächtigen Schädel mit struppiger Löwenmähne, eine breite, zottige Brust und bot den Anblick eines rissigen, der Sonne und dem Salz ausgelieferten Felsens.

Die Boote bewegten sich langsam und ohne Elan, was merkwürdig anmutete, nachdem sich die Insassen schon einmal zu Gewalt entschlossen hatten. In Wirklichkeit war es mit der Entschlossenheit nicht weit her, wie sich im Nachhinein erwies. Denn kaum trafen die ersten Steine auf Karagiorgos' Zeichen hin eines der Boote am Bug, als es nahe genug war, da hörte man eine Stimme aus dem, welches anfangs vereinzelt herangefahren war:

»Hört auf!«

Giorgos Karagiorgos drehte sich zur Menge und rief:

»Hört auf zu werfen, Leute! Wir hören erst einmal, was sie zu sagen haben.«

Der Steuermann jenes ersten Boots stand aufgerichtet am Bug und fuhr fort:

»Wieso werft ihr Steine auf uns, Leute? Wir sind nicht hier, um euch die Cholera zu bringen.«

Die Menge gab ein Geheul zurück, das diese Zusicherung hinwegfegte. Nachdem Giorgos Karagiorgos für Ruhe gesorgt hatte, sprach der Fremde weiter:

»Ihr hattet das Recht, uns in Quarantäne zu stecken, aber es geht nicht, dass ihr uns verhungern lasst.«

Erneut antwortete die Meute mit Gebrüll auf diese vehement vorgebrachte Aussage. Der Fremde sah und hörte es und schlug einen verhalteneren Ton an.

»Ich bitte euch, das war kein Vorwurf an euch, sondern an ein paar andere ... Was können die einfachen Leute schon dafür? Wir haben uns genau so wenig wie ihr etwas zuschulden kommen lassen ...«

Der Pulk hörte fast unaufgeregt zu.

»Wenn man uns die Quarantäne verlängern will, bitte schön. Bisher waren es ganze zweiundzwanzig Tage. Jetzt will man noch zehn dazugeben. Wer von uns diese zweiundzwanzig Tage hinter sich hat und sauber ist, dem soll man wieder freies Geleit geben, wenn auch nicht in eure Stadt.«

Die Leute hörten flüsternd und mit gemischten Gefühlen zu.

»Wer die zweiundzwanzig Tage so gut wie durchgestanden hat, soll zumindest aufs Festland ins Seuchenhaus gebracht werden, um leichter Brot kaufen zu können und nicht zu darben. Und wer kein Geld hat für Brot, dem soll die Regierung unter die Arme greifen.«

Giorgos Karagiorgos hörte zu, schwieg und dachte nach. Als der Fremde gesagt zu haben schien, was er zu sagen hatte, rief er ihm zu:

»Bist du fertig?«

Der Mann erwiderte:

»Ja, das war's.«

Giorgos Karagiorgos ergriff das Wort:

»Bruder, wenn eure Absichten tatsächlich so friedfertig sind, wieso habt ihr es nötig, du und die anderen, in diese Boote zu steigen, als ihr gemerkt habt, dass sich der Marineschoner ein wenig entfernt, und dann mitten in der stockdunklen Nacht hierherzufahren, um sich auf Biegen und Brechen in unserem Dorf auszuschiffen? Wem sagst du das eigentlich, denen da oben oder dem Volk? Was können die einfachen Leute schon dafür, hast du das gerade nicht selbst gesagt? Wir haben nichts zu melden und können auch nichts tun. Und wenn die Regierung euch hungern lässt und nicht hilft, ist vielleicht unser Dorf, sind die armen Leute hier daran schuld? Wir alle haben uns dafür eingesetzt, dass die Menschen in der Quarantäne gut behandelt werden müssen, sind aber damit, wie es aussieht, nicht durchgedrungen. Was nicht heißt, dass die da oben es mutwillig tun, aber die griechische Verwaltung ist nun einmal so, hast du etwas anderes erwartet?«

Giorgos Karagiorgos holte tief Atem und sprach dann weiter:

»Und ihr meint, es ist rechtens, nachts unser Dorf zu betreten und uns in Angst und Schrecken zu versetzen, in eine Angst, die so schrecklich ist wie die Cholera selbst? Ob eure Quarantäne nun zu Ende ist oder nicht, ihr müsst euch jedenfalls gedulden, denn das Ja oder Nein ist Sache der Behörde; wie sollen wir Bescheid wissen, wann ihr euch wieder frei bewegen dürft? Fahrt also in aller Ruhe zur Insel zurück, und ich verspreche euch, gleich morgen früh vier Barken mit Brot, Fleisch, Reis, Wasser, Rum und Wein zu beladen, alles unentgeltlich, alles Geschenke armer Leute, die sich's vom Mund absparen …«

Stimmen willigen Beifalls und Einverständnisses erhoben

sich aus den Reihen des Pulks. In der Menge zeigte sich eine Regung von Mitgefühl.

Karagiorgos machte weiter:

»Ich bringe euch das alles morgen früh zum Floros-Kap, als Geschenk armer Leute für arme Leute, damit kommt ihr einen Tag über die Runden, und ich glaube, bis zum nächsten beschließen die Behörden, euch ins Seuchenhaus gegenüber gehen zu lassen oder denen von euch Bewegungsfreiheit zu geben, die schon volle zweiundzwanzig Tage hinter sich haben.«

Wieder erhoben sich Laute der Gemütsbewegung aus der Menge.

Plötzlich hörte man aus der zweiten Barke den Ausruf:

»Wir sind doch keine Bettler, dass du uns Brot bringst und Almosen verteilst!«

Die Anstifter dieser Aktion hatten es nicht versäumt, den Arzt Wilhelm Wund zu Rate zu ziehen. Doch taten sie das nur der Form halber, nicht etwa um wirklich auf ihn hören, nur um später sagen zu können: »Wir haben auch den Arzt gefragt«, wie sich eben eine verlogene Rotte kindisch zu rechtfertigen pflegt. Herr Wund setzte alles daran – wie auch anders? –, ihnen dies tollkühne Unternehmen auszureden, und versprach, seine ganze Autorität für regelmäßigere Verpflegung oder sonstige Hilfestellungen am Quarantäneort aufzubieten. Er selbst habe sich bis jetzt ununterbrochen um andere Leute gekümmert und sei mit allen Inselämtern aneinandergeraten, habe Missstände angeprangert und sei ihnen nachgegangen, doch die Schuld liege eben an der lausigen Verwaltung.

Die Drahtzieher waren zwanzig bis dreißig Leute aus den Reihen der Erstankömmlinge auf der Quarantäneinsel. Hinter ihnen lagen bereits drei Wochen im notdürftigen Seuchenspital auf der Insel. Wahrlich lag vieles im Argen, auch jenseits der Grenze des Erträglichen. Da war die miserable Bauweise der Baracken, die zögerliche Anlieferung, Teuerung und mindere Qualität der Lebensmittel, aber auch Angst, Gedränge und Beklemmung, der Wucher von Schenkwirten und Kleinhändlern, all das zusammen und überdies, um das Maß vollzumachen, auch noch die einsetzenden herbstlichen Regenstürme sowie im Anschluss die ersten kalten Tage mit Nordwind. Die Menschen in der Quarantäne waren also an Körper und Seele schwer geplagt und standen mit dem Rücken zur Wand. Gar nicht wenige hatte Charon mit Hilfe der Krankheit oder durch Angst, Entbehrungen, Strapazen und weitere Handlanger des Todes zu sich geholt.

Der ersten verschworenen Schar gesellten sich weitere Leute dazu, die behaupteten, sie hätten einundzwanzig Tage in Quarantäne verbracht, in Wirklichkeit jedoch nicht mehr als sechzehn bis achtzehn. Daraufhin kamen noch welche, die sich offenkundig nur zwei Wochen dort aufgehalten hatten. Eine hinlängliche Aufsicht gab es nicht, die rekrutierten Wächter waren alt und nachlässig, sahen nicht mehr richtig oder drückten die Augen zu, so dass insgeheim oder offenkundig die verschiedenen Entseuchungsstufen miteinander verkehrten.

Alle wollten sie sich frei bewegen oder ins Seuchenhaus gegenüber verlegt werden, alle verlangten preiswerte oder kostenlose Lebensmittel und was das Herz sonst noch begehrt. Der Versuch des Arztes, sie von ihrem Unterfangen abzubringen, nahm ihnen zunächst den Wind aus den Segeln. Man befand, es sei noch zu früh für den Plan, und legte sich getrost eine Nacht lang aufs Ohr. Am Abend darauf schien er dann plötzlich ausgereift, denn früh am Tag war man Zeuge geworden, wie der vor Anker liegende Schoner der Königlichen Marine den Hafen verlassen hatte, einem umlaufenden Gerücht über Piraterie und Baratterie bei den nördlichen unbewohnten Inseln auf der Spur, und ging nun davon aus, dass jetzt der richtige Zeitpunkt gekommen sei. Am selben Abend schnappten sich die Verschwörer neun oder zehn Boote, in die ungefähr hundertzwanzig Männer passten. Sie ließen die Riemen aufs Wasser knallen und übertönten den Aufprall mit Geschrei, ruderten aufs Meer Richtung Westen, um aus dem Schussfeld des bei der Floros-Kapelle stationierten Militärpostens zu kommen, und nahmen Kurs auf Plakes am westlichen Stadtrand.

Um ganz genau zu sein, muss ergänzt werden, dass die zuständige Behörde anfangs verkündet hatte, nach drei Wochen, also einundzwanzig Tagen, dürften sich die Leute frei bewegen. Doch als die besagte Tageszahl von den ersten Ankömmlingen erreicht worden war, zögerte man, diese Anordnung in Kraft zu setzen, und überlegte vielmehr, ob man die Betreffenden nicht eher ins Seuchenhaus verbringen solle. Die Kühneren unter denen, die den Plan zur Überfahrt ausheckten, hatten sich wohl diese Unstimmigkeit und Säumigkeit zunutze gemacht und andere Leichtgläubige aus der Menge beschwatzt, das Sanitätsamt habe bereits eine einschlägige Anordnung erlassen, deren Bekanntgabe jedoch widerrechtlich aufgeschoben sei. In diesem irrigen Glauben hatte sich die Mehrheit der Leute in den Booten zu den Anstiftern gesellt.

Als Skevo am Tag darauf den Doktor Wund nach dem Grund des nächtlichen Aufruhrs fragte, wusste jener auch schon, wie die Sache verlaufen war.

»Das ist gerade noch einmal glimpflich ausgegangen, Teufel noch mal!«, gab Wund zurück. »Die wollten zu deinem Viertel, nach Plakes unterm Felsen, und sich nicht länger alles bieten lassen.«

»Ach du liebe Güte! Heilige Muttergottes! Und dann, Herr Doktor?«

»Deine Leute, diese Dickschädel, wollten sie erschießen.«

»Jesus Maria! Ich glaube es nicht, Herr Doktor! …«

»Dann gab sich einer von euren Leuten namens Karagiorgos Mühe, dass man sich wieder verträgt, und sagte zu, Boote mit Brotlaiben zu schicken, damit alle genügend zu essen haben.«

»Sag bloß! Das war gut von ihm. Und wieso hat er nichts gebracht?«

»Weil einer von denen im Boot aufsprang und ihm sagte: ›Wir sind doch keine Bettler, dass du uns Brot bringst und Almosen verteilst!‹«

»So ein dummes Zeug!«

»Da wurden eure Leute noch wütender, denn es sah ganz danach aus, dass die anderen mit roher Gewalt an Land gehen und unweigerlich die Cholera einschleppen würden …«

»Gott steh uns bei!«

»Und dann hagelte es Steine auf die Barken und Köpfe der Leute …«

»Herr errette uns!«

»Dazwischen fielen auch einige Schüsse …«

»Ach du meine Güte! Ist jemand tot?«

»Glimpflich ist es verlaufen, Teufel noch mal! Es waren nur ein paar Schüsse.«

»Und keiner ist zu Schaden gekommen? Dem Herrn sei Dank!«

»Das erste Geschoss knallte und landete, paff!, im Meer und soff dann ab.«

»Besser so … Kein Christenmensch soll zu Schaden kommen!«

»Der zweite Schuss war ohne Kugel!«

»Besser so …«

»Und der dritte … Der ging erst gar nicht los, meine ich, die Flinte hat nicht gezündet.«

»Hoffen wir mal! Gott schütze alle Welt vor Missgeschick!«

Der Arzt setzte die Schilderung fort, und als er zu der Stelle kam, wo sich die Frauen in den Kampf stürzten und wie sich die behände Vjenio, die Bäckerin Zacharou und Maria Peperou dabei hervortaten, musste er schallend lachen. Ganz am Ende sei der Bürgermeister eingetroffen, der auf die Menschen einzuwirken, sie zu beschwichtigen und die Wogen zu glätten wusste. Ihm sei es gelungen, die Barken mit Versprechungen auf baldige Bewegungsfreiheit und insgesamt auf bessere Verhältnisse zur Rückkehr zu bewegen.

Später entzündete Herr Wund die Pfeife, schlürfte an seinem Kaffee, sog in langen Zügen an der Bernsteinspitze und entließ seinem Mund zahllose Rauchspiralen.

»Jetzt sind sie wieder hier, die Boote, heiliger Strohsack!«, wiederholte er. »Ich glaube, denen mit vollen einundzwanzig Tagen gibt man heute freies Geleit an Land.«

»Sag bloß? Und was ist mit uns?«

»Du brauchst noch zwei Tage. Ich hätte schon vorgestern gehen können, aber ich bleibe erst einmal und schaue mir an, was zum Teufel jetzt passiert … Übermorgen gehen wir vielleicht zusammen zurück in die Stadt.«

»Herr Doktor, lange sollst du leben!«

Am folgenden Tag erteilte der Arzt Skevos Sohn, der einigermaßen zu Kräften gekommen war, die Erlaubnis aufzustehen. Einen Tag danach stieg dieser mit seiner Mutter auf die Anhöhe zu Vater Nikodimos, um ihm Lebwohl zu sagen, da sie sich nun anschickten, wieder unter die Leute zu gehen oder hinüber ins Seuchenhaus verlegt zu werden. Wie man endgültig darüber entschieden hatte, war noch unklar. Unter der Pinie hatte sich zwischen dichtem Gesträuch auf einer Liegestatt aus Farnpflanzen Vater Nikodimos ausgestreckt und fächelte sich Luft zu. Auf seiner Stirn stand Schweiß. Er trug einen alten Kittel, zusammengehalten von einem Ledergürtel, aber ohne Kutte darüber, und aus dem Gürtel ragte eine Astschere. Da ihm nicht genügend Ziegen verblieben waren, die zu weiden und melken ihn leidlich in Anspruch genommen hätten, hielt er sich damit beschäftigt, das Dickicht zu lichten und die wilden Ölbäume zu pfropfen, um es in einen Olivenhain und Acker zu verwandeln.

Es war zehn Uhr vormittags. Die Sonne stand schon hoch am Himmel, und es wurde immer wärmer, doch zwischen all dem grünen Gesträuch war es kühl und wohlriechend, und der Herbst, ein zweiter Frühling, schmückte die grünen Polster unter den Macchienbüschen bereits mit weißen Blümchen.

Sobald Nikodimos Skevo und ihren Sohn erblickte, stand er auf und begrüßte sie. Mit seinen zwei alten Kutten, der dicken Wolldecke und einem Überwurf hatte er ein notdürftiges Zelt aufgebaut und die Tuchzipfel an den untersten Pinienästen festgeknüpft; nun breitete er eine dritte Kutte am Boden aus und hieß Stavros, der auf dem Weg der Genesung war, sich dort hinsetzen, denn der kühle, feuchte Luftzug unter den Bäumen sollte ihm keinesfalls abträglich sein. Dann rief er nach Agortzas und wies ihn an, das letzte verbliebene Kitz zu schlachten und die Besucher damit zu bewirten.

Dies kam Agortzas überhaupt nicht ungelegen. Nachdem all die fremden Leute so viele seiner Tiere verputzt hatten, war es ein Trost, dass auch er einen saftig knusprigen, durch eigenen Schweiß und eigener Hände Arbeit zustande gekommenen Schlegel abknabbern durfte.

Kurz darauf tauchte auch der Arzt Wilhelm Wund auf, genau in dem Moment, als der Spieß mit dem Kokoretsi fertig war. Denn Agortzas hatte nicht lange gebraucht, um das Zicklein zu opfern, zu häuten und auszuweiden, es aufzuspießen und Feuer zu entfachen.

Als das Kokoretsi gereicht wurde, holte der Arzt aus seiner Jackentasche eine Feldflasche mit Rum und gab sie Vater

Nikodimos, auf dass er sie segne und sich auch ein wenig genehmige; einen kleinen Schluck nahmen sogar Skevo und ihr Sohn, der Rest ging an Agortzas.

»Heute spielst du uns etwas auf der Gajda vor«, sagte der Arzt, »ich bin eigens dafür hergekommen.«

Die ganze Zeit hielt Agorztas sein Gesicht hinter dem dicken Pinienstamm verborgen und genierte sich, den Mund aufzumachen. An seiner Stelle erwiderte Vater Nikodimos, so etwas gehe nicht auf Bestellung, dafür müsse man vielmehr in Stimmung sein.

Gleich darauf wurde auf der Matte aus Farnwedeln mit dem gerösteten Kitz aufgewartet. Der Mönch, der Arzt und Skevo nebst Sohn – alle setzten sie sich an den Pinienstamm vor dem von Nikodimos zusammengestückelten Zelt. Agortzas, das Gesicht hinterm Stamm versteckt, saß so, dass nur sein rechtes Knie mit Unterschenkel und der linke Teil des Oberkörpers bis zur Schulter zu sehen waren. Nachdem die Feldflasche dreimal die Runde gemacht hatte, wobei zuerst ein Drittel ihres Inhalts in eine große Pulle für Agortzas abgefüllt worden war, kam bei diesem schließlich Stimmung auf. Er rang sich dazu durch, den Arzt anzusprechen, das Gesicht stets hinterm Stamm versteckt.

»Herr Doktor, dir z' Gefall'n mach ich all's … Ich geh jetzt runter zum Stall und dann kannst mich hör'n …«

Er stand auf, tollte wie ein Wildtier von Ast zu Ast und war schon nach wenigen Sprüngen ein ganzes Stück entfernt, nämlich weiter unten an der windgeschützten Stelle hinter hohen Büschen, wo der Stall lag.

Es dauerte nicht lange, und herzzerreißend stiegen die spröden Jammertöne der Gajda auf; sie droschen auf friedliche Laute ein, würgten das melodische Säuseln der Brise ab und brachten die wispernden Zweige des großen Pinienbaums zum Schweigen.

»Hörst du's, Herr Doktor?«, fragte Nikodimos.

»Ich hör's, heiliger Strohsack! Und du warst der Meinung, es dauert, bis Agortzas in Stimmung kommt … So will ich die Menschen haben, gutgelaunt.«

Er entzündete seine Pfeife, lehnte sich, schmatzend und riesige Rauchknäuel ausstoßend, an den Buckel beim Baumstamm und hörte den Tönen des urtümlichen Instruments zu. Dann lächelte er, hob den Blick und versenkte ihn träumerisch ins dunkle Grün der im Wind knisternden Piniennadeln.

In diesem Augenblick drang ein langgezogenes »Miau« aus dem Gebüsch. Nikodimos erkannte die Stimme wieder, fuhr auf, wandte sich um und sah seine schwarze Katze, dick geworden von den Feldmäusen, die sie täglich in Hülle und Fülle erwischte.

»Babi! Babi!«, rief Nikodimos, »komm her! Psi, psi, psi!«

»Was? Wie ich sehe, hast du sie also wieder, deine Katze, seit du hier auf dem Berg bist, Nikodimos, Alterchen!«, sagte Skevo.

»Zum ersten Mal, die Gute … Gerade ist sie wieder aufgetaucht«, gab Nikodimos zurück.

Babi fegte her, warf argwöhnische Blicke auf die Fremden und lief zu ihrem Herrn. Nikodimos wiederum warf ihr reichlich Knochen mit Fleischresten zu. Babi stürzte sich darauf, schnappte zu und zog sich ein Stück zurück.

»Die Arme hat es satt, ständig rohes Fleisch zu fressen«, sagte Nikodimos, »und als sie unser gebratenes Zicklein roch, wollte sie ihren Anteil davon.«

Auf die Bemerkung des Mönchs hin meldete sich die Stimme seines Pflegesohns, der kurz die Musik unterbrochen und die Szene mitverfolgt hatte.

»Nicht weg'n d'r Ziege, Vater Nikodimos!«, schrie Agortzas, »'s hat Wind d'von bekomm', dass das G'socks endlich v'rschwind' und wir wieder unter uns sind, und jetzt macht 's uns G'sellschaft.«

Am nächsten Tag verließen der Arzt Wilhelm Wund, Skevo und ihr Sohn die kleine Insel. Eine Woche später lichteten die letzten dort in Quarantäne liegenden Schiffe den Anker, und Vater Nikodimos fand zu seiner geliebten Einsamkeit zurück.

(1893)

DIE HEIMWEHKRANKE

An der Bergspitze erschien der Mond, der drei Nächte nach seiner Fülle schon wieder schrumpfte, und sie, die Weißgekleidete, rief nach vielen Seufzern und hingebungsvoll gesungenen Liedern nun lauthals aus:

»Könnte ich nur in ein Boot steigen, jetzt gleich ... Nur so eine Idee ... Und kämen wir dort drüben an!«

Sie deutete über den Hafen hinaus.

Mathios mochte entgangen sein, dass sie ihren Wunsch in der Mehrzahl abschloss. Doch unwillkürlich erwiderte er, ohne lange zu überlegen:

»Ich kann dieses Boot hier zu Wasser lassen ... Was meinst du, probieren wir es aus?«

Auch er sprach am Ende in der Mehrzahl. Kurzerhand schob er die Barke an, wie um seine Muskelkraft zu erproben.

Der junge Mann stand am Meer, wo Wellen sanft plätschernd heranschwappten und vom Sand verschluckt wurden, ohne dass jene sich im ewig eintönigen Spiel erschöpften, ohne dass dieser es leid war, unentwegt von Salzwasser durchtränkt zu werden. Die junge Frau stand auf dem Söller des Hauses, das ihr Gatte, ein älterer Mann von dreiundfünfzig Jahren, als eheliche Wohnstätte angemietet hatte. Das Haus lag so nah am Meer, dass es mitunter bei südlichem Wind von Wellen umspült war, die der Nordwind wiederum von ihm wegtrieb. Der Bug der Barke steckte im Sand, ihr Heck schaukelte im Wasser. Es war ein leichtes, schlankes Seefahrzeug mit spitzem Bug, in dem vier bis fünf Leute Platz fanden.

Ein großer Schoner aus dem Ort hatte drei Tage zuvor mit Fracht im Hafen angelegt und wartete nun auf günstigen Wind, wieder Fahrt aufzunehmen; hocherfreut machte der Kapitän nun schon die dritte Nacht Rast im eigenen Heim bei Frau und Kindern; seine Mannschaft, sämtlich Einheimische, trieb sich derweil in den Schenken herum und hielt sich drei Nächte lang für wochen- und monatelang gebotene Mäßigung schadlos; zur Bewachung von Takelage und Fracht war an Bord nur der Schiffsjunge verblieben, der nicht von hier stammte, sowie der Bordhund als einziger Wächter des Schiffsjungen. Doch an jenem Abend hatte sich der hochgewachsene Achtzehnjährige, der außer bei der Heuer als gelernter Seemann zählte, in einer abseits gelegenen Schenke hinter dem Markt an der Küste vertrödelt, wo er sich als jemand, der nicht hierhergehörte, am fremden Ort ein wenig Aufmunterung versprach … Den Bug des Beiboots hatte er auf den Sandboden gezogen und das Heck im Wasser liegen lassen, wo es hin und her schaukelte. Im Heck lagen die beiden Ruder, zwei leichte Riemen. Mit dem größten Vergnügen hätte sogar ein Kind sie bedienen und stolz auf seine Kraft sein können, welche freilich durch die geschmeidige Willfährigkeit des Wassers um ein Vielfaches gesteigert wird. Darin gleicht es der einlenkenden Schwäche einer Mutter für ihren verzärtelten Säugling, wenn sie dessen Greinen und Drängen nachgibt. Es waren Riemen wie zwei Möwenflügel, die den weißflaumigen Vogelkörper übers Meer in die wellengepeitschte Felsgrotte und das Beiboot in die Umarmung der Küste tragen.

Mathios, beide Hände auf den Bug gestützt, stemmte sich hinten mit den Füßen ab, nahm alle Kraft zusammen und schob, bis die Barke nachgab und ins Meer plumpste. Schier wäre sie ihm wegen des heftigen Stoßes entglitten, denn er hatte nicht daran gedacht, die Bugleine festzuhalten. Doch sofort streifte er seine leichten Sandalen ab, ging, ohne noch die Hosenbeine hochkrempeln zu können, bis zu den Knien ins Wasser, packte die Barke am Bug und zog sie zu einer notdürftigen kleinen Mole.

Mittlerweile war die junge Frau vom Söller verschwunden und tauchte kurz darauf an der nördlichen Hausecke wieder auf, von wo aus sie in einem weißen, kurzärmligen Kleid zum Meer lief. Im Mondlicht schimmerte es auf.

Der junge Mann sah sie und empfand eine Mischung aus Freude und Furcht. Er war sich seines Tuns kaum bewusst und hegte keinerlei Hoffnung, dass sie zu so etwas imstande wäre.

Sie aber, die nichts dafür übrighatte, ihre innersten Gedanken nach außen zu tragen, sagte zu ihm:

»Meinetwegen; lass uns eine Runde im Hafen drehen, jetzt im Mondschein.«

Und fügte gleich hinzu:

»Um auszuprobieren, wie es sich anfühlt, wenn man ins Boot steigt, um rüberzufahren …«

Ständig sprach sie von drüben und meinte damit ihren Heimatort. Hinter der ersten grünbewachsenen Anhöhe, an der der Mond aufgegangen war, einer nachts schwarzen und nun im Silberlicht dunkelgrauen Erhebung, reckte sich ein hoher, heller Berggipfel empor; teils war er schneebedeckt, teils trat kahles Felsgestein hervor. Dort war die Heimat, der Ort, an dem sie geboren war. Seinetwegen jammerte und stöhnte sie, als läge ein ganzer Ozean dazwischen, während er doch kaum einmal zwölf Meilen entfernt war und der Rücken des grünen Hügels tagsüber den hohen Kamm des weißen Bergs nicht zu verdecken vermochte. So sehr verlangte ihr danach, als entbehrte sie ihn seit Jahren, wo sie sich doch gerade ein paar Wochen auf der Nachbarinsel aufhielt.

Unbefangen legte sie sodann ihre weiße und überaus zarte Hand auf die Schulter des jungen Mannes, der unter der Berührung erschauerte, und bestieg das Boot.

Er folgte ihr, griff nach den Riemen und machte sich linkisch ans Rudern. Doch statt sich an der Mole abzustoßen, traf er links auf Grund, so dass die Barke zurückprallte und leicht an einen Stein der Mole stieß.

»Was machst du denn da? Nicht dass wir das Boot anderer Leute ruinieren.«

Der Vorfall brachte sie dazu, die Sache etwas nüchterner zu betrachten und zu bemerken:

»Und wenn man nach dem Boot sucht? Es wird doch sicher gebraucht! … Wem gehört es eigentlich?«

Der junge Mann erwiderte betreten:

»Wir machen doch nur eine Spazierfahrt im Hafen und kommen zurück … Ich glaube nicht, dass man vorher nachschaut, wem auch immer es gehört.«

Er setzte sich auf die Ruderbank und legte sich in die Riemen. Sie saß im Heck. Fahles Mondlicht, das die feinen Züge ihres schönen Antlitzes silbern überstäubte, fiel auf ihr Gesicht. Der junge Mann betrachtete sie schüchtern.

Zwar war er kein Seemann, verstand aber etwas vom Rudern, denn er war am Meer aufgewachsen. Mitten im Schuljahr war er aus der Hauptstadt der Präfektur zurückgekehrt, wo er das Gymnasium besucht und es vorzeitig abgebrochen hatte. Er wollte sich die Strafe nicht bieten lassen, die ihm wegen eines Wortgefechts mit einem in seinen Augen äußerst ungebildeten Lehrer auferlegt worden war. Gerade mal achtzehn, sah er aus wie neunzehn oder zwanzig, so dicht wuchs bereits der braune Bartflaum.

Kaum hatte sich die junge Frau gesetzt, sprach sie, anknüpfend an ihre zuletzt geäußerte Sorge, der Bootsherr suche womöglich sein Fahrzeug, beschwingt den folgenden Gedanken aus:

»Der Besitzer sucht nach seinem Boot und Onkel Monachakis nach seiner Lialio.«

Der junge Mann schmunzelte. Onkel Monachakis, das war ihr Ehemann. Lialio war sie selbst.

Just in jenem Moment war Gebell vom Bord eines Schiffs zu hören. Es kam vom Hund des beladenen Schoners, zu dem das Beiboot gehörte. Er war auf die Bugspitze oberhalb einer kunstlosen Figur gesprungen, die den Makedonen mit flatterndem Helmbusch darstellte. Erst knurrte er und wedelte, als er die Barke wahrnahm, mit dem Schwanz. Doch als sie näherkam und er in den darin befindlichen Personen weder den Schiffsjungen noch sonst jemanden von der Mannschaft erkannte, begann er zu kläffen und ein wütendes Gebell anzustimmen.

Der junge Gymnasiast lenkte ein wenig am Schoner vorbei in den Wind, doch das Hundegebell wurde immer wütender, je mehr sich das Boot entfernte.

»Wieso kann er sich nicht beruhigen?«, fragte Lialio besorgt.

»Er scheint das Boot zu kennen.«

»Gehört es etwa zum Schoner?«

»Danach sieht es aus.«

Diese Vermutung äußerte der Jüngling bedrückt, denn es zeichnete sich ab, dass eben jener Umstand zwangsläufig den für ihn traumhaften Ausflug abkürzen würde; doch wider Erwarten klatschte Lialio in die Hände, wie ein ungezogenes Kind, dem höchstes Vergnügen bereitet, was ihm verboten wird.

»Da bin ich aber froh«, sagte sie, »der Hund soll ruhig seinem Boot nachbellen, und mich können sie zu Hause suchen …«

Der Jüngling traute sich zu fragen:

»Wo war Herr Monachakis, als du aus dem Haus gegangen bist?«

Lialio gab zur Antwort:

»Der sitzt die ganze Zeit im Kafenion … Vor Mitternacht kommt er da nicht weg … Immer lässt er mich allein …«

Und es war, als sollten gleich Tränen rollen, doch riss sie sich mächtig zusammen und weinte nicht.

Der junge Mann ruderte weiter. Bald befanden sie sich unweit der östlichen Hafeneinfahrt, der gegenüber die langgestreckte Insel mit ihrem weißen – mal verschneiten, mal kahlen – Gipfel den Horizont versperrte. Als sie beim Kap und damit am einen Ende der kieferförmigen Hafenbucht anlangten, an der sich südöstlicher ein paar Inselchen reihten, heftete die junge Frau ihren Blick auf den Horizont, als wolle sie weiter und deutlicher sehen, soweit das fahle Mondlicht dies zuließ.

»Wenn nur mein Blick bis drüben reichte, und dann kehren wir um«, sagte sie aufseufzend.

Der Jüngling fasste sich ein Herz und richtete an sie die Bitte:

»Wie war noch das Lied, das du manchmal singst?«

»Welches Lied?«

»Das Lied … mit Segel und Steuerstange … und über Berge dahinten«, stammelte der Jüngling.

»Ach so, das!«

Und wisperte gleich mit zarter, innig raunender Stimme:

»Wenn wir die Segel setzen, ich nach der Pinne greife/Vor mir die fernen Berge, endlich den Schmerz abstreife!«

Zweimal wiederholte sie den Zweizeiler in der ihr vertrauten alten Weise.

»Schau mal, jetzt siehst du sie, die Berge dort«, sagte Mathios, »nur dass wir statt Segel Riemen haben; nicht mal eine Pinne.«

Die junge Frau seufzte wieder auf.

»Ist es an der Zeit umzukehren?«, fragte der Jüngling.

Das klang so bekümmert, als kämen die Worte wie Steine aus seinen Mund.

»Nur noch ein bisschen«, sagte Lialio. »In diesem Inselschatten kann man, was da drüben ist, nicht besonders gut erkennen … Ich sehe nur den Derfi.«

»Der Derfi liegt dort«, sagte der Jüngling und zeigte auf Euböa im Süden.

»Wir sagen Derfi zu dem hohen Berg in meiner Heimat«, gab Lialio zurück und wies nach Osten.

Noch einmal sang sie ihr Lied, mit einer kleinen Änderung:

»Wenn wir die Segel setzen, ich nach der Pinne greife/Vor mir des Derfis Höhen, endlich den Schmerz abstreife!«

Dem Jüngling entwich ein tiefer Atemzug, fast ein Seufzer.

»Ach, wo habe ich nur meinen Kopf, du ruderst dich ja für mich fast krumm und bucklig«, sagte Lialio … »Ich bin wirklich nicht ganz bei Trost … Deine empfindlichen Hände sind nicht fürs Ruder geschaffen, Herr Mathios.«

Der Jüngling protestierte:

»Nein, nein, das schaffe ich schon …. Die Riemen sind ziemlich leicht … Mich machen die nicht müde!«

Lialio bestand darauf, eines der Ruder zu packen, beugte sich ein wenig nach vorn und machte sich daran, mit ihren weißen Händen an der Dolle zu rütteln, um sie näher zu sich ans Heck zu ziehen. Doch der Jüngling trat dem entgegen, und ihre Hände fanden sich in einer warmen Berührung.

»Also meine Hände sollen empfindlich sein?«, rügte Mathios verhalten.

»Dann aber los, bist du so weit, Segel zu setzen, wie im Lied?«, schlug die junge Frau neckisch vor.

»Womit?«

Unwillkürlich blickte er auf ihr weißes Kleid.

Lialio lachte und lehnte sich wieder ins Heck.

Nun waren sie an der Hafenmündung, zwischen dem steilen Felsvorsprung, unverkennbar eine Folge von Erdbeben oder

Erdrutsch. Er unterbrach die grün überwucherte Ebenmäßigkeit des Bergs und der Inselgruppe, die den Hafen südöstlich absteckte. Der Mond erklomm das Firmament und ließ in dessen Schwärze selbst die letzten noch leuchtenden Sternchen verschwinden, die nun unscheinbar an den Himmelsrändern flimmerten. Gelassen kräuselte sich das Meer unter der sanften Brise; sie war wie ein Überbleibsel des Windes, der seit den Morgenstunden das nasse Element durchfurcht hatte. In dieser warmen Mainacht war die Brise etwas frischer, da sie vom offenen Meer in die Hafenbucht wehte. Zwei große, dunkle Umrisse im fahlen Silberlicht des wehmütigen Mondschimmers zeichneten sich ab, der eine östlich, der andere westlich, ohne dass man, da Licht und Schatten wegfielen, das Terrain im Einzelnen unterscheiden konnte. Es waren die beiden nebeneinanderliegenden Inseln. Eine unergründliche Verlockung ging von dieser mondbeleuchteten Nacht aus. Das Boot fuhr dicht an einer der Inseln vorbei, auf der abwechselnd helle und dunkle Flecken zu sehen waren, glänzende Felsen im Mondlicht, dunkles, im nächtlichen Lufthauch sanft säuselndes Gebüsch und von aufgerautem Wasser bedrängte Höhlen, in denen man Meeresvögel wähnte und das ungestüme Geflatter von Wildtauben vernahm, als die Ruder aufschlugen und das Boot näherkam. Weiter drüben im Nordosten waren an einem Berghang flackernde Lichter zu sehen; sie zeigten die Stelle an, wo am Tag weit oberhalb des Meers die weißen Dorfhäuser sichtbar waren. Wellen rollten rauschend und brausend zu einem kleinen, ausgehöhlten Felsen neben der Insel und prallten dort klatschend auf, und in der allseitigen Harmonie des mondbeschienenen Meers trat ein ganzes Orchester hervor, welches lauter oder mindestens genauso laut war wie sämtliche Wellen, die sich an Buchten und Ankerplätzen, an Sandstränden, Küsten und Klippen brachen. Unwillkürlich hob Mathios die Riemen, legte sie eine Weile auf dem Bootsrand ab und hielt still inne, wie es der weiße Meeresvogel tut, der sich anmutig dem Wasser zuwendet und ein paar Augenblicke reglos verharrt, den einen Flügel nach unten, den anderen nach oben gerichtet, bevor er herabstürzt, den schwimmenden Fisch packt und das zuckende, zappelnde Tier in die Lüfte holt. Mathios empfand einen unsäglichen Zauber. Auch Lialio war wie nie zuvor gefesselt, und ihre Blicke kreuzten sich.

»Setzen wir Segel?«, wiederholte die junge Frau.

Offenbar hatte sie nie aufgehört, daran zu denken, nachdem es erstmals ausgesprochen war; indes kam es so arglos und natürlich aus ihrem Mund, als gebe sie lediglich wieder, was beide sowieso dachten.

»Wir setzen«, erwiderte Mathios aus dem Bauch heraus.

Und weil es ihm blindlings herausrutschte, fragte er diesmal nicht: womit.

Doch Lialio entband ihn davon, lange auf Abhilfe zu sinnen. Sie stellte sich hin, bückte sich anmutig, streifte mit einer flinken Geste das weiße, gefältelte Kleid ab und streckte es Mathios hin.

»Stell du den Mast auf«, sagte sie.

Mit einem Auflachen holte sich der Jüngling verblüfft und verzaubert den einen Riemen, stellte ihn senkrecht auf die Ruderbank, wo er saß, griff nach einem Tauende und befestigte ihn damit an der Bank. Dann holte er sich den zweiten Riemen, löste das andere Ende der Leine von der Halterung am Bug und band den zweiten zu einem Kreuz waagrecht an den ersten, so dass eine Rahe am Mast hing. Darauf griff er nach dem strahlend weißen Kleid der jungen Frau, das von der Berührung mit ihrer Haut noch warm war, und brachte es am zweiten Riemen als Segel an.

Lialio stand nun im Unterrock da, der bis zum Knie reichte und so weiß wie das Kleid war. Unter den weißen Kniestrümpfen erriet man noch blinkendere, schön geformte und schlanke Waden. Ein Miederjäckchen aus roter Seide bedeckte ihren liliengleichen Hals nur unvollständig. Befangen setzte sie sich ins Heck, und ihre mittelgroße, liebreizende Gestalt wirkte plötzlich schmäler.

Auf einmal wurde die Brise steifer, das notdürftig gesetzte Segel blähte sich, und im Nu schoss die Barke vorwärts.

Von einer Rückkehr in den Hafen war nun keine Rede mehr. Wozu auch? Klar und deutlich ging es von jetzt an »zu den fernen Bergen«.

In einigem Abstand setzte Mathios sich schüchtern an die andere Heckseite und sah aufs Meer, um seine Begleiterin nicht allzu oft anzuschauen und sie dadurch in Verlegenheit zu bringen.

Da kam ihm das Lied eines Dichters von den Ionischen Inseln in den Sinn, das in alten Zeiten bei Romanzen überall gesungen wurde: »Wach auf, mein süß Liebchen …«, und er erinnerte sich an die Worte: »Allein der bleiche Mond …« und an den Zweizeiler: *»Lebt wohl, ihr Schluchten und der Frühe Schimmer, / Ihr Vögel und der Quelle Wasser, lebt wohl für immer!«*

Er dachte an diese Verse, wollte sie aber nicht singen, denn sie schienen ihm nicht mehr angemessen. Im Gegenteil fand er, Lialios Lieblingslied passe besser zu dieser Nacht.

»Wenn wir die Segel setzen, ich nach der Pinne greife / Vor mir die fernen Berge, endlich den Schmerz abstreife!«

Er hatte sich unweit von ihr hingesetzt, nahe genug, um sie nicht mehr ohne weiteres betrachten zu können, aber doch weit genug weg, um die Nähe der warmen Haut und ihres Atems nicht an seine Sinne dringen zu lassen. Und doch sehnte er sich danach, sie anzusehen, bis er es irgendwann leid war, auf Wasser zu blicken.

Der Jüngling zog seinen leichten, kurzen Überwurf aus

und bat sie, ihn umzulegen, damit sie sich nicht erkälte, denn von den Bergen wehte nun, je dunkler es wurde, ein Landwind. Sie schlug das Kleidungsstück aus und erklärte, ihr sei keineswegs kalt, im Gegenteil sogar sehr warm.

Mathios beharrte nicht länger und überdachte, was ihm von ihrem Schicksal und Leben bekannt war. Die junge Frau hatte Umgang mit seiner Familie, auch wenn sie nicht sehr lange auf der Insel war. Lialio stand nicht mehr in der ersten Blüte ihrer Jugend, doch hatte sie kaum etwas von der jungfräulichen Frische verloren. Auch war sie nicht erst seit kurzem mit Herrn Monachakis verheiratet, nein, schon vor fünf Jahren hatte sie ihn geehelicht und war jetzt fünfundzwanzig Jahre alt. Für Herrn Monachakis war es die zweite Ehe, nachdem er seine erste Frau unter die Erde und seine Tochter, ein Jahr älter als Lialio, unter die Haube gebracht hatte. Er fühlte sich um zwanzig Jahre jünger neben diesem Mädchen in den Zwanzigern ... Doch da er nicht lebte, wo er geboren war, vielmehr als Finanzbeamter von der Regierung nach Gutdünken versetzt werden konnte, waren Lialio die ehelichen Mühen erspart geblieben. Sie verweilte nach wie vor bei ihren Eltern, denn das Zigeunerleben von Herrn Monachakis, den man, wie er selbst sagte, in ganz Griechenland »wie ein Bootswrack mal da, mal dort abstellte«, konnte sie nicht auf sich nehmen.

Ach! Da oder dort war die Luft nicht förderlich für zarte Blüten, und sollten ruchlose Hände die junge Frau umzutopfen wagen, würde sie innerhalb eines Monats dahinwelken. Das Gefäß war aus Alabaster, die Pflanze fragil, und der Blüte entströmte ein feiner Duft, der nicht für derbe Nasenlöcher bestimmt war. Doch als nach langem Bemühen Herr Monachakis jüngst auf die Nachbarinsel versetzt worden war, überredete er seinen Schwiegervater, bei dem er in hohem Ansehen stand, Lialio zu ihm zu schicken, auf dass er unter einem Dach mit ihr leben könne. Lialio verabschiedete sich weinend von ihrer Stieftochter, der sie sich schwesterlich verbunden fühlte. Diese lag im Kindbett und musste nun nicht mehr in Sorge sein, unter Umständen mit einem Halbbruder und Onkel ihres Säuglings bedacht zu werden. Lialio bestieg das Schiff zur Nachbarinsel und fuhr oder eher: wurde dorthin befördert.

Am Tag ihres wohlbehaltenen Eintreffens lud Herr Monachakis seine Freunde zu einem großen Fest, doch von da an ließ er zu Hause niemanden mehr vor. Verwunderlich war dies nicht, denn ihn selbst konnte man so gut wie nie in seinem Heim antreffen. Entweder hielt er sich in der Amtsstube oder in seinem angestammten Kafenion auf. Dort zündete er seine ellenlange Pfeife an, fast so lang wie seine blauen Pumphosen, rauchte ununterbrochen, war gut gelaunt, stets redselig und bereit zu ohrenbetäubendem Gelächter, wobei die Wangen fast die Farbe seines hohen, karminroten Fez annahmen. Der saß leicht seitlich über dem rechten Ohr, und die lange, gewundene Quaste hing ihm auf dem Rücken.

Ab der zweiten Woche verlangte Lialio, die um Mitternacht, wenn der Mann nach Hause kam, noch wach war und ununterbrochen nörgelte, er möge sie zurück in ihr Heimatdorf schicken. Sie könne nicht fern der Eltern leben. Und in der Tat schmerzte ihr Herz von den ersten Tagen am fremden Ort an, sie verlor an Appetit und Gesichtsfarbe. Doch Monachakis gab ihr in strengem Ton zu verstehen, es gehöre sich nicht, da sie nun einmal gekommen sei, ihn so rasch wieder zu verlassen. Lang und breit legte er seine Ansicht dar, der zufolge die Frau stets dort sein müsse, wo ihr Ehemann sich aufhalte, andernfalls sei die christliche Ehe zum Scheitern verurteilt, deren Zweck und Ziel orthodoxen Quellen zufolge nicht in der Fortpflanzung der Art bestehe, sondern in der Tugendhaftigkeit von Mann und Frau, da andernfalls, wie er ausführte, bei Kinderlosigkeit natürlich die

Scheidung verfügt würde; zur bloßen Vermehrung genüge außerdem die natürliche Vereinigung, die etwas anderes sei als die durch Kirche und Ehevertrag geschlossene, und er reihte aus dem Alten und Neuen Testament einen Spruch an den anderen, etwa: »Das endlich ist Bein von meinem Bein, und Fleisch von meinem Fleisch«, und »Was aber Gott verbunden hat, das darf der Mensch nicht trennen«, oder: »… denn der Mann ist das Haupt der Frau«, und so weiter. Sie aber erstickte ihre Schluchzer zwischen Handflächen und Zöpfen und wischte mit zwei Zipfeln ihres weißen Kopftuchs die Tränenspuren weg.

Als Nachbar hatte der Jüngling diese Begebenheiten mitbekommen und verliebte sich insgeheim in sie. Die Anmut ihrer biegsamen Gestalt war durch das gürtellose Kleid, das sie trug, nicht einfach getilgt, und die Locken auf ihrer betörenden Stirn waren echt, nicht eigens gedreht. Unter schön gewölbten Brauen brach aus ihren schwarzen Augen ein dunkler, feuriger Glanz, und ihre purpurfarbenen Lippen erblühten auf dem blassen, durchscheinenden Teint ihrer Wangen, die sich bei der winzigsten Anstrengung oder geringsten Gemütsbewegung röteten. Es war jedoch das sanfte, stille Feuer ihrer Augen, woran das Herz des Jünglings sich entflammt hatte.

Er war in Liebe für sie entbrannt. Wenn sie, was öfters geschah, auf den Söller trat, schaute sie einen Moment schwärmerisch und entrückt zu ihm herüber. Dann lenkte sie ihren Blick zu einem östlichen Punkt am Horizont, zu »den fernen Bergen« dort drüben, bis jener Abend kam, an dem sie, während ihr Gatte abwesend war, bei Mondaufgang den jungen Burschen am Strand bemerkte, der nach dem Mahl nach draußen gegangen war, um sich Salzluft um die Nase wehen zu lassen. Mathios nahm wahr, wie sie da auf dem Söller stand, wünschte ihr einen guten Abend, und nachdem man ein paar Worte gewechselt hatte, machte sie, aufs Geratewohl und ohne langes Überlegen, ziemlich unversehens den Vorschlag einer Spazierfahrt auf dem Meer, aus dem sich diese sonderbare Reise ergeben sollte. Die junge Frau schien sich Wunschbildern hinzugeben und der Welt abhandengekommen zu sein. Gelegentlich erwachte sie jäh aus ihrem langen Traum, und dann kam ihr zu Bewusstsein, was Wirklichkeit war, doch diese kurzen Momente verstrichen, und wieder dämmerte sie vor sich hin, ja tauchte noch tiefer ab in ihren Lieblingstraum.

Schon war es Mitternacht, und die Meeresströmung oder der Landwind hatte die beiden, da ihnen keine Pinne zur Verfügung stand, nach und nach nördlich abgetrieben, zu den flackernden Lichtern des hoch gelegenen Dorfs, die jetzt näher waren, und zu einer felsigen Masse vor der Nordostküste, Gefängnis einiger von den Inselbewohnern ausgesetzter Kaninchen und Palast der Möwen sowie anderer Seevögel. Diese Örtlichkeit wurde »Weißinsel« genannt.

Schließlich holte Mathios das selbstgemachte Segel ein und gab Lialio ihr Kleid zurück, denn sie fröstelte inzwischen, auch wenn sie es nicht zugeben wollte; er nahm Mast und Rahe auseinander, griff nach dem einen Riemen, den er als Steuerruder benutzte, und versuchte, den Bug rechterhand Richtung Trachili, also zur östlichsten Stelle der gegenüberliegenden Küste, zu wenden. Doch er merkte, dass er mit diesem Ersatzsteuer nichts ausrichtete, da ihm keine günstige Strömung zu Hilfe kam, und legte sich notgedrungen wieder in die Riemen.

Doch die Nymphen der nächtlichen Brisen vom Festland oder die Nereiden der Meeresströmungen, die die nasse Straße zwischen beiden Inseln durchpflügen, mussten Lialio gleichwohl gewogen sein. Kaum hatten sie sich ein paar Klafter von der Weißinsel entfernt, da tauchte neben den drei Inselchen südöstlich der Hafeneinfahrt eine große

Barkasse auf. Mit hoher Geschwindigkeit steuerte sie auf das Kap Trachili zu, schlug sich mit sechs Rudern durch die Gewässer und fegte auf des Meeres Rücken dahin wie eine Stute, die von der Rennbahn auf die Weide durchbrennt.

Lialio erschrak. Der Jüngling wandte seinen Kopf, hielt unwillkürlich mit dem Rudern inne und wartete unschlüssig ab.

»Schnell, schnell«, flüsterte Lialio, als fürchte sie, der Klang ihrer Stimme könne gehört werden, »hinter die Weißinsel, dahinter!« …

Der Jüngling drehte sofort um. Sie befanden sich genau im Schatten der Küste, der den Mond verdeckte, fuhren um einen Felsvorsprung und versteckten sich auf der Rückseite des Inselchens.

»Was glaubst du, mag das sein?«, fragte Lialio beklommen.

»Bestimmt gilt das uns«, erwiderte der Jüngling.

»Sind die uns hinterher?«

»Die suchen uns, auf jeden Fall.«

»Und was ist das für ein großes Boot?«

»Eine Barkasse mit vielen Rudern, die kommt flott voran.«

»Also würde man uns schnappen, wenn wir da vorne wären?«

»Die steuern Trachili an und hätten uns bald eingeholt, wären wir auch dorthin gefahren.«

»Dann war es also gut, dass wir es bis hierher geschafft haben?«

»Absichtlich jedenfalls nicht, es waren die Strömungen.«

»Die Strömungen wissen schon, was sie tun!«, sagte Lialio im Verkündungston, wie es Leute tun, die kluge Träume haben und sich daraus frei erfundene Sinnsprüche zusammenreimen. In jenem Moment glaubte sie an ihre Worte und fest daran, dass in der unbelebten Welt Bewusstsein stecke und sowieso alles göttlicher Aufsicht unterstellt sei.

Tatsächlich sah es so aus, als habe die Nereide der Meeresströmungen oder auch die Nymphe der Landwinde die Barke samt ihrer anmutigen Fracht mit Bedacht und Vorsatz an jene Stelle gelenkt.

»Und was machen wir jetzt?«, fragte Mathios, der sich ohne den Beistand einer gutwilligen Nymphe insgeheim ziemlich machtlos fühlte. Und dann begriff er, wieso Frauen seit eh und je die Oberhand behalten.

»Jetzt«, sagte Lialio in mustergültigem Kalkül, als habe sie so etwas schon vorausgesehen, »warten wir eine halbe Stunde ab, und falls ihnen auf der Strecke nach Trachili nicht einfällt, uns hier zu vermuten und sie anschließend umkehren, legen wir drüben bei der Nikolauskapelle an, die kennst du doch. Von dort aus laufen wir eine halbe Stunde zu Fuß den Berg hoch nach Platana, dem Dorf da oben, und von dort aus, wenn Gott es Tag werden lässt, wieder zu Fuß drei Stunden lang in die große Ortschaft, wo ich herkomme. Noch ein einziges Mal möchte ich meinen Fuß auf diese heilige Erde setzen! Doch wenn sie vermuten, wo wir sind, und sich auf den Weg hierher machen, dann nichts wie hin zu eurer Xanemo-Küste, so heißt sie doch, nach Kefala; dort ziehen wir das Boot an Land und gehen zu Fuß zurück in euer Dorf. ›Wo warst du, Lialio?‹ ›Bin spazieren gegangen, Onkel Monachakis, und jetzt wieder zurück.‹«

Dabei musste sie selbst lachen. Und setzte hinzu, weil ihr der Jüngling immer noch bange vorkam:

»Hauptsache, dass man uns nicht erwischt! Was die Leute sagen, lässt mich kalt, ja, ist mir vollkommen einerlei! Wir haben uns nichts vorzuwerfen, da können uns die Trottel noch so viel nachsagen wollen!«

Der Jüngling beugte sich inbrünstig über ihre Hand, küsste die Fingerspitzen und dachte, dass er sich nichts vorzuwerfen habe, schon richtig, dass aber viele Leute, wie uns die Geschichte lehrt, schuldlos zum langsamen Tod auf dem Scheiterhaufen verurteilt worden waren. Sie jedoch setzte schroff hinzu:

»Wollte ich eine Liebschaft, wäre das in der Nähe von Onkel Monachakis am sichersten zu machen. Dass mich so etwas nicht interessiert, folgt schon daraus, dass ich mich zu meinen Eltern aufgemacht habe. Meine Eltern könnten sich nicht vor mich stellen, wenn ich so etwas täte, während Onkel Monachakis nicht das Geringste auf mich kommen ließe.«

Scharfe Messer zerfetzten das Herz des jungen Mannes. Er malte sich aus, dass am heimatlichen Ort ganz bestimmt ein Liebhaber auf die junge Frau wartete. Seinetwegen tat sie das alles, ihm galt dies Unterfangen einer sonderbaren Seefahrt! Was hatte er also mit der Sache zu tun? Welche Rolle spielte er? Eine Brücke war er, auf der sich zwei Liebende treffen, ein Charon untergründiger Liebeleien!...

Oh! Was für eine Flamme loderte da in ihm! Wie schäumten in seinem Innern auf einmal sämtliche Wallungen eines tragischen Helden auf, brüllten und tobten! (Und wie leicht hätte dies Idyll hier in eine Tragödie verwandelt werden können, gäbe nur das schriftstellerische Gewissen sein Plazet! Stelle man sich die Barkasse vor, wie sie den beiden Flüchtenden in dem leichten Boot nachsetzt, während Mathios durch Plackerei am Ruder den Verfolgern entwischt und im letzten Moment entdeckt, dass die heimwehkranke Lialio dort drüben einen Liebhaber hat, ihr daraufhin einen Dolch in die Brust stößt oder das Boot auf Grund setzt, die Frau ertrinken lässt und anschließend selbst in den Wellen versinkt! Und am Ende sucht die Barkasse im Meer bei Mondschein nach den beiden Leibern! Was für ein Wunderwerk an Romantik, ganz zu schweigen von den Tränen der Empfindsamkeit!...)

Gleichwohl hielt er sich krampfhaft im Zaum, blickte zur jungen Frau und stellte ihr einfach nur die Frage:

»Dort drüben hat sich keiner gefunden, der dich liebt, bevor Herrn Monachakis aufgetaucht ist?«

»Mehr als einer, was glaubst du denn!«, versicherte Lialio munter. »Nur, was heißt das schon? Die Mädchen, die nichts mitbringen, liebt man nur wie Blumen, an denen man riecht und sie anschließend verwelken lässt oder gar ausrupft; bei mir war für Liebe nicht die große Mitgift zu erwarten, um mich mit Prunk und Pomp hochoffiziell vor den Traualtar zu führen oder sich mit mir davonzustehlen und sich dann klammheimlich vom Popen mit Hochzeitskränzen ausstatten zu lassen, wohl wissend, dass im Nachhinein die mürrischen Eltern keine andere Wahl haben, als mit der Mitgift herauszurücken … Daher hat sich für mich keiner als nur Onkel Monachakis gefunden. Noch einmal Glück gehabt!«

Dann raunte sie die Volksweise:

»Von den Eltern einen Mann ich nehmen sollte, / Ohne dass man lange fragte, ob ich wollte …«

»Und wieso läufst du dann dem Herrn Monachakis davon?«, fragte der Jüngling, um an ihre letzten Worte anzuknüpfen.

»Ich laufe ihm nicht davon, sondern gehe nur zurück in meine Heimat, zu den Eltern …. Für den Fall, dass Onkel Monachakis mich dort aufsucht, ist er willkommen! Er weiß sehr wohl, dass ich nicht fähig bin, ihn in seiner Ehre zu verletzen. Aber er weiß auch, dass ich nicht an Orten leben kann, die mir nicht vertraut sind.«

Der junge Mann gab sich damit nicht zufrieden. Er argwöhnte, dass die Frau ein übles Spiel mit ihm als Opfer trieb, und fragte sie barsch:

»Wie ist es möglich, dass dich von allen keiner geliebt hat, den du auch haben wolltest … vor der Heirat … oder nachdem du geheiratet hast?«

Lialio seufzte tief auf und erwiderte:

»Ach! Ja … ich will ganz ehrlich zu dir sein … Der mich haben wollte und ich ihn … liegt jetzt seit sechs Jahren im Schwarzen Meer auf Grund … Das Schiff ist mit Mann und Maus untergegangen … Aber bitte verschone mich doch damit, wieso bohrst du eigentlich so? …«

Indes war die Barkasse, von den beiden Flüchtenden unentwegt beobachtet, eine beträchtliche Strecke nach Osten vorgeprescht und am letzten Zipfel des dritten, östlichsten Inselchens angekommen, als sie dort jäh ein paar Minuten verharrte. Mathios machte seine Reisegefährtin darauf aufmerksam.

»Ich weiß, was das bedeutet«, sagte sie.

»Was denn?«

»Du siehst es gleich.«

Der Jüngling starrte sie an.

»Warte nur ein wenig, und du wirst schon sehen. Gleich geht's weiter Richtung Trachili.«

»Woher weißt du das? Kannst du etwa zaubern?«

»Ja, ich kann … kann zaubern!«, gab sie im Brustton der Überzeugung zurück.

Irgendwie fürchtete sich Mathios vor ihrem funkensprühenden Blick.

In diesem Moment drehte die Barkasse endgültig ostwärts ab und nahm beschleunigt Fahrt auf.

Mathios entfuhr ein Ausruf der Verwunderung.

»Siehst du jetzt«, kam Lialio darauf zurück. »Ich wette zu fünfundneunzig Prozent, dass Onkel Monachakis auf der Barkasse ist.«

»Und nun?«

»Die Ruderer wollten bestimmt die Inseln ringsum absuchen, um uns womöglich dort aufzustöbern, denn das erscheint ihnen am naheliegendsten und würde ihnen außerdem die Schinderei einer langen Route ersparen. Doch Onkel Monachakis weiß, dass ich auf den Inseln nichts verloren habe und nur heimwill; er ist sich sicher, dass ich mich schleunigst auf dem Weg nach Trachili gemacht habe, und jetzt erhofft er sich, falls er mich einholt, bevor ich meinen Fuß auf unseren kleinen Inselhafen Agnontas setze, mich breitzuschlagen und in euer Dorf zurückzubringen. Mit der Sucherei auf allen möglichen Inseln wollte er daher keine Zeit verlieren, denn wenn ich einmal drüben ankäme, würde ich ihm durch die Lappen gehen. Daher hat er auf die Leute eingeredet, und jetzt rudern sie weiter, wenn auch insgeheim schimpfend und fluchend. Wir müssen uns etwas überlegen!«

»Was denn?«

»Wenn die jetzt ein Stück weiter sind, dann fahren wir hinüber. Gibt mir das eine Ruder!«

Der Jüngling begehrte nicht mehr auf und schob einen Riemen zum Heck.

Kurz darauf hatte sich die Barkasse so weit entfernt, dass sie gerade noch als dunkler, unsteter Punkt fern am Horizont und als schwarzer Fleck auf dem silbrigen Meer zu erkennen war.

»Jetzt aber nichts wie gerudert!«, rief Lialio mit heiterer Anmut aus.

In der Tat befand sich Herr Monachakis auf der Barkasse, darin hatte sich die heimwehkranke Frau nicht getäuscht. Die beiden Flüchtenden waren gerade einmal eine halbe Stunde im Boot, als er zu seinem Missvergnügen die Nachricht entgegennehmen musste, dass »seine Lialio« nicht mehr zu Hause war. Im angestammten Kafenion, wo er sich lebhaft am Wortwechsel über Politik beteiligte und dabei unermüdlich an seiner langen, über die weite Pumphose hinausragenden Pfeife zog, kam barfuß in gestreiftem Hemd und Hose ein zehnjähriger Junge und verkündete ihm:

»Onkel, dei’ Frau ’s weg.«

»Weg? Wohin?«, fragte der biedere Mann verblüfft.

»Weiß net.«

»Du weißt es nicht? Und wer hat es dir gesagt?

»D’ Vassilis von d’ Markina war am Strand und hat sie g’seh’.«

»Und wer ist dieser Vassilis von der Markina?«

Der Junge zeigte zur Tür:

»Der da drauß’ an d’r Tür steht.«

Herr Monachakis und die Männer, die gerade noch mit ihm parliert hatten und nun mächtig neugierig geworden waren, drehten den Kopf zur Tür.

Davor stand ein zweiter, achtjähriger Junge, auch er ohne Schuhe und Mütze, das eine Hosenbein bis zur Wade hochgekrempelt, die Füße nass von Salzwasser. Er verbarg sein halbes Gesicht hinter dem Pfeiler, den halben Körper hinter der Wand und schaute mit einem Auge ins Kafenion.

»He, hast du meine Frau weggehen sehen?«, rief Herr Monachakis ihm zu.

»Hab’ sie g’seh’, Onkel«, antwortete der Junge.

»Und wohin ist sie gegangen?«

»Weiß net!«

Beklommen erhob sich Herr Monachakis und klopfte mit einer aufgebrachten Bewegung seine Pfeife am Boden aus.

Der eine Junge, fünf Schritte von ihm entfernt, zuckte zurück vor Angst, ihm würde mit der Pfeife eins übergebraten, und rannte weg.

Der andere vor der Tür verschwand hinter der Mauer.

»Nur keine Angst«, sagte Herr Monachakis, »wenn du die Wahrheit sagst, wirst du nicht versohlt; also komm schon her … sag, was du weißt … weil …«

Einzig das letzte Wort sprach er in einer Weise aus, die Schmerz, Zorn und Scham erahnen ließ.

»Also, Onkel«, wagte sich das Kind ermutigt vor, blieb aber in Türnähe. »Vassilis hat's Boot g'seh', wo dei' Frau und der Sohn von Kalioras eing'stieg' und dann nach Daskalio spazieren g'fahr' sin'. Da hat er mich herg'holt und mir das Boot weiter drauß' g'zeigt, aber wer drin g'sess' is', das hab' ich net mehr g'seh'. Wir hab'n g'dacht, die komm' gleich z'rück; dann hab'n wir sie hinter Punta g'seh', und dann war'n s' scho' aus'm Hafen. Wir hab'n g'wart', dass sie zurückkomm', aber nix.«

»Und wie lange ist das her, dass ihr sie gesehen habt.«

»Na, fast zwei Stund', vielleicht mehr ... is' net so lang her.«

»Und wieso habt mir das nicht früher gesagt?«

»Aber 's is' doch net lang her ... eine Stund', ein Stündchen ... wen'ger ... g'rad' eb'n.«

Herr Monachakis machte erneut eine aufgebrachte Geste, um seine Pfeife in einer Ecke abzustellen. Hals über Kopf suchte der Junge das Weite.

Mit der Bereitwilligkeit von Kindern, die gute oder auch schlechte Nachrichten überbringen, einmal, um den »Botenlohn« einzustreichen, aber auch, um sich an der Beklommenheit des Betroffenen zu weiden, flitzte derweil Markinas Vassilis, ohnehin um die dreihundert Schritte vorneweg, zum Haus des Kapitäns, dem der Schoner gehörte; dort angekommen, blieb er keuchend unter dem Söller stehen, wo er eine offene Tür und ein hell erleuchtetes Zimmer sah, und fing aus voller Kehle zu schreien an:

»Onkel! 's Boot is' weg!«

Vassilis hatte nicht den Mut aufgebracht, ins Kafenion zu gehen und Herrn Monachakis die Kunde zu überbringen. Doch nun, wo sein Kamerad, ohne Prügel zu beziehen, die Nachricht zugestellt und er sich außerdem ein Herz gefasst hatte, denn er wusste, der Knüppel des Kapitäns reichte keinesfalls unter den Söller, jetzt also beeilte er sich, den Vorsprung des Kameraden einzuholen, um auch auf seine Kosten zu kommen.

Käpt'n Kyriakos saß noch bei Tisch und konnte beim Schnabulieren und Süffeln nicht genug kriegen, wie jeder Seemann, der sich für ein paar Tage am heimischen Herd aufhält und diese so rare Wonne in allen Feinheiten uferlos ausschöpft; nun stand er auf und trat hinaus auf den Söller.

»Was gibt's, he du?«

»Ha, jemand hat sich dei' Boot g'holt.«

»Wer?«

»Mathios, Malamos Sohn.«

»Wer ist Mathios, wer ist Malamo?«

»Ha, der Sohn von Kalioras' Frau, oder wie der heißt.«

»Und wohin ist er gefahren?«

»Ha, raus aus 'm Hafen!«

»Allein?«

»Mit 'ner Frau.«

»Mit einer Frau!«, wiederholte Käpt'n Kyriakos verblüfft. »Was für eine Frau denn?«

Der Junge hielt seinen Mund und sich unter dem Söller in Deckung, für alle Fälle.

»Wieso gibst du mir erst jetzt Bescheid?«, erhob Käpt'n Kyriakos seine Stimme.

Doch der Junge hatte sich bereits um die Mauerecke verdrückt, und man hörte nur seine hastigen Schritte auf den Pflastersteinen.

»Der Schiffsjunge, dieser Spitzbube, lässt sich sicher irgendwo volllaufen«, brummte Käpt'n Kyriakos vor sich hin, »er hat das Boot einfach seinem Schicksal überlassen.«

Gleich ließ er in den Spelunken am Marktplatz nach dem Schiffsjungen suchen, den man nach längerer erfolgloser Nachforschung endlich in der entlegenen Taverne einer Nebenstraße aufspürte.

Zweien aus seiner Mannschaft, die sich zu Hause Ruhe gönnten, ließ der Kapitän ausrichten, sie mögen irgendein Boot leihen, damit zum Schoner fahren und dort die große, sechsrudrige Barkasse zu Wasser lassen. Ihm ging es weder um die offenbar entführte Frau noch um den jungen Mann, der das Glück ihrer Begleitung hatte, als vielmehr um sein funkelnagelneues, schnittiges und robustes Beiboot. Zugleich beauftragte er sie, am Kai zwei oder drei Fährleute als Ruderer anzuheuern und unverzüglich die Verfolgung der Barke aufzunehmen.

Inzwischen hatte Herr Monachakis in Erfahrung gebracht, wem das gestohlene Boot gehörte, und fand sich zutiefst betrübt im Haus des Kapitäns ein.

»Meinetwegen kannst du ruhig mit auf die Barkasse gehen«, sagte ihm Käpt'n Kyriakos, der endlich erfahren hatte, zu wem die »gestohlene« Frau gehörte, wobei er bei der Auslegung dieses Akzidens natürlich der Allgemeinheit folgte.

Mit auf die Barkasse zu gehen: Genau das war's, was Herr Monachakis sich wünschte. Er fürchtete sich davor, voll banger Erwartung im Städtchen sitzen zu bleiben, und erhoffte sich Ablenkung, wenn er an der Verfolgung teilnahm, um den Schmerz nicht mehr so arg zu spüren. Er war überzeugt, dass Lialio nicht imstande war, seine Ehre zu verletzen, wie sie es auch selbst gesagt hatte, doch wer legt dafür die Hand ins Feuer? Wer ist schon in der Lage, den Mysterien weiblicher Eigenheiten auf die Spur zu kommen? Er kannte ihre anfällige, traumverlorene Veranlagung, auch das übermächtige, tiefsitzende Heimweh. Doch wie ist so etwas den meisten Leuten zu erklären? Weh dem, der in ein Wasserloch fällt, sei das Wasser noch so sauber. Wahrscheinlich findet sich eine helfende Hand, doch wird man zum Dauergespött. Er selbst war sich Lialios sicher, soweit sich ein Mann einer Frau sicher sein kann. Seit der Zeit, als er, ein enger Freund der Familie, mit der Dreijährigen auf dem

Schoß gespielt und sie liebkost hatte, er, der dreißigjährige Mann, seit damals, als er der Fünfjährigen Konfekt mitbrachte, ganz ohne Hintergedanken oder vorausschauende Zukunftsideen, seit sie ihn stammelnd »Olkel Monachakis« rief, bis zu dem Tag, an dem sie, bereits seine Ehefrau, ihn immer noch »Onkel Monachakis« nannte – all diese Jahre hatte er sie als Kind, Heranwachsende und Frau erlebt und sie immer im Blick behalten, und er wusste, dass sie mehr als jede andere nach dem eigenen Kopf und ihren Launen lebte.

Eine halbe Stunde verstrich, bis die zwei Seeleute von Käpt'n Kyriakos beschwatzt waren und sich von Heim und Hof losrissen, noch eine halbe Stunde, bis man ein Boot fand, damit zum Schoner fuhr und die Barkasse zu Wasser ließ. Eine weitere halbe Stunde dauerte es, bis Fährmänner oder Fischer, deren schwerfällige, mit zwei oder vier Riemen ausgestatteten Boote man als ungeeignet für die Verfolgung erachtete, am Kai als Ruderer angeheuert waren und bis sich alle untereinander über die Abfahrt verständigt und geeinigt hatten. Endlich bestieg man die Barkasse mit Herrn Monachakis als siebten Mann an der Steuerstange und legte ab.

Zügig rudernd ließ man den Hafen hinter sich. Aber wo nach der Barke suchen? Die See, redselig wie eine Frau und ebenso verschwiegen, gibt ihr Geheimnis nicht preis. So wenig man anderer Münder Kussspuren auf Frauenlippen entdecken kann, so unmöglich ist's, auf der endlosen blauen Meeresfläche ein kleines Boot auszumachen. Wer weiß, ging es Herrn Monachakis durch den Kopf; sie ist und bleibt eine Frau. Der Eros lockt, und die Jugend ist leicht zu blenden. Konnte man vielleicht sicher sein, dass sie nicht bereits gefehlt hatte? Oh, es galt, was er ihr sagte: Bei ihm war sie sicher aufgehoben, denn ein älterer Ehemann übernimmt einer jungen Frau gegenüber zu allem anderen auch die Vaterrolle. Auch traf zu, dass sie sich bei ihm aufgehoben wähnen durfte, selbst wenn sie sich einmal vertäte.

Nun aber würden die Leute den Stab über sie brechen, sei sie auch tausendmal unbescholten. Doch selbst wenn sie tausendmal gefehlt hätte: Unter seinen Fittichen bliebe sie in den Augen der Leute eine *ehrbare* Frau.

Oje! Wo im Märchen sich das Königskind ins göttliche Urteil schwirrender Pfeile schickt, da würde im Falle Lialios ein Geschoss nur die zarten Fingerspitzen der einen Hand streifen.

Derweil trieb die Barke auf dem Wasser zwischen den beiden Inseln dahin. Die zuvorkommende Nereide der Meeresströme schuf eine günstige Strömung unterm Kiel, und die wohlwollende Nymphe der Landwinde sandte dem Heck einen leichten Stoß. Der frische Luftzug kräftigte Arme und Schultern des Jünglings und straffte die zarten Muskeln der Frau. Wie geübte Ruderer legten sie sich in die Riemen, die so leicht zu handhaben waren, dass keine Erschöpfung aufkam, und bereits war die Hälfte des nassen Wegs zurückgelegt.

Erst als die Barkasse, die wie eine losgelassene Stute voranpreschte, sich dem Kap Trachili näherte, nahmen die Seeleute die kleine Barke wahr.

»Was gibt's dort?«

»Das Boot!«

Herr Monachakis wandte den Kopf nach links.

»Ah! Das ist es!«

»Mag sein! Ich glaube es eher nicht«, sagte einer der Seeleute, den Wunsch als Gedanken äußernd, weil er sich eine weitere, recht eintönige Mühe ersparen wollte.

»Das ist es ganz bestimmt«, sagte ein anderer, der es unbedingt so haben wollte, denn jene merkwürdige Szenerie mitten auf dem Meer weckte in ihm die Wissbegierde, ob es gelingen könnte, die Barke mit der Frau und ihrem Liebhaber aufzugreifen.

»Es ist's!«, ließ Herr Monachakis verlauten, »wir müssen in diese Richtung fahren; ich drehe nach Luv! …«

»Wohin fährt es wohl von dort aus?«, fragte einer der Ruderer.

»Zur Nikolauskapelle; den schnellsten Weg haben sie sich ausgesucht, während wir uns so lange für nichts und wieder nichts abgerackert haben.«

»Also sofort umkehren, Leute!«, rief Herr Monachakis aus. »Bitte schnell, nichts wie umgekehrt; einer soll den Riemen wenden, damit ich nach Luv drehen kann!«

Die sechs Ruderer hatten ihre Tätigkeit eingestellt, und immer noch bewegte sich die Barkasse mit der erreichten Geschwindigkeit weiter. Doch Herr Monachakis, der mit der verrinnenden Zeit knauserte, brüllte los:

»Wenden, Leute, wenden. Dreht in diese Richtung! In den Wind die Barkasse!«

Doch niemand schenkte ihm Beachtung. Mitten auf dem Meer hielt man Rat. Die einen waren dafür, die eingeschlagene Richtung beizubehalten, die anderen, Kurs nördlich auf das Boot zu nehmen. Am Ende setzte sich die Mehrheit durch, bei der angesichts des zu erwartenden, ergötzlichen Spektakels Hochspannung herrschte.

Man drehte also nach Backbord und legte sich in die Riemen mit der frischen Kraft, wie sie auf Menschen durch den natürlichen Ehrgeiz überspringt, Sieger zu sein und Aussicht auf einen köstlichen Fang zu haben. Doch mittlerweile war die Barkasse von der Bucht, auf die sie zusteuerte, dreimal so weit entfernt wie das kleine Boot. Sie mochte über die dreifache Ruderkraft verfügen, wies indes die fünffache Masse und den dreifachen Tiefgang auf.

Mathios bemerkte rechtzeitig die plötzliche Richtungsänderung der Barkasse und machte seine Gefährtin darauf aufmerksam.

»Schau mal«, sagte er, »die sind uns hinterher.«

»Die kriegen uns nie!«, rief Lialio vergnügt aus. »So weit, wie sie von uns entfernt sind.«

»O ja! Ziemlich weit. Aber sie haben viele Riemen.«

»Und wir haben viel Kraft!«

Mit doppeltem Eifer ruderten sie weiter.

Während im Westen der Mond still und bleich abstieg und der Hahn an Hängen und Tälern über die ausgesäten Felder eines Gehöfts hinweg zum zweiten Mal krähte, vollzog sich längs der ganzen Küste über eine Stunde lang ein Spiel, bei dem der schauerliche, mit großen Tentakeln bestückte Krake den Stint verfolgte und der Delfin den Hornhecht im Tauchgang ausgelassen vor sich herjagte. In majestätischer Monotonie rauschte die Barkasse mit der Wucht eines scheußlichen Haifischs voran, und in den gegabelten Dolleneisen knarzten die Riemen im Takt. Glucksend und schmatzend schnellte die Barke auf den Wellen dahin, leicht wie Kork, und ihre kleinen, spielzeugartigen Riemen drängten das Wasser beiseite, das sie indes liebkoste und ihr Geleit gab, als sei es eine Eskorte vor und hinter der königlichen Kutsche, und fast war es, als hielten unsichtbare Tritonen den Kiel über Wasser, damit die Wogen sein Tempo nicht drosseln konnten.

Unübersehbar holte die Barkasse allmählich auf. Die beiden im Boot waren schnell, sehr schnell, dennoch holte die Barkasse stetig auf, kam sichtlich näher, bis nur noch ein geringer, ja winziger Abstand die Barke vom Strand trennte. Doch wie zügig die Barkasse auch herbeischoss, Mathios kam ihr zuvor und landete mit einem heftigen Ruck am Strand.

»Auf künftig gute Fahrt!«, rief Lialio freudig aus.

Sie kam auf die Beine, sah die weiße Wand der Nikolauskapelle im Mondlicht aufschimmern, bekreuzigte sich und sprang als erste mit nassen Fersen an Land.

Mathios stieg nach ihr aus und versuchte, die Barke aus dem Wasser zu ziehen.

Nun war die Barkasse nicht einmal zwanzig Klafter von der Bucht entfernt.

Der Jüngling gab sich alle Mühe, das Boot über den Sand zu schleifen, denn er wollte Lialio unbedingt bis zum Dorf begleiten. Er befürchtete, dass die Besatzung der Barkasse sie auch auf dem Festland hetzen würde, und war, ohne es sich einzugestehen, darüber sogar glücklich. Was ihm Lialio zuletzt über ihren im Schwarzen Meer ertrunkenen Verlobten anvertraut hatte, ließ ihm keine Ruhe, und die Anfechtung flößte ihm den Gedanken ein, dass eine Frau, die jenen glücklosen Burschen vergaß, um einen alten Mann zu heiraten, auch imstande war, den Alten zu verlassen eines Dritten wegen, der auf ihrer Heimatinsel ansässig war. Doch sollten beide auf dem Festland verfolgt werden, während sie unter seiner Obhut stand und anschließend zusammen mit ihm in ihr Dorf kam, oh!, dann wäre seine Liebe zu Land und zu Wasser abgesegnet.

Plötzlich hörte man in der nächtlichen Stille die Stimme von Herrn Monachakis, der im Mondlicht am Barkassenheck stand:

»Lialio! He! Lialio!«

Lialio blieb stehen, besann sich und gab dann lauthals zurück:

»Ja bitte, Onkel Monachakis?«

»Willst du zu deinen Eltern gehen, mein Herzchen? Das ist schon recht! Warte ein wenig, dass ich mitkomme und dich bis dorthin begleite, damit dir allein unterwegs nichts zustößt, mein Liebes!«

»Gut, dass du kommst, Onkel Monachakis!«, erwiderte Lialio, ohne mit der Wimper zu zucken.

Verstört stand der Jüngling neben ihr, sah sie entgeistert an und begriff nichts mehr.

»Mach's gut, fahr mit der Barkasse zurück, mein lieber kleiner Mathios«, sagte Lialio im Ton wahrhafter Rührung, »schade, dass ich so viel älter bin als du; würde Onkel Monachakis sterben, wärst du etwas für mich.«

(1894)

HELDISCHE HINGABE

Das Boot steckte im Sand, die Leine festgezurrt an einem Felsen neben dem Strand von Chimadio unterhalb der Steilklippe von Panomachalas, jenseits des kleinen Kais von Piatsa.

Und ausgestreckt im Heck lag Giorgis Bourbas da, ein junger Seemann, in eine Wolldecke gewickelt, stumm und reglos, den funkensprühenden Blick ins Dunkel gerichtet, wie der Drache im Märchen, der offenen Auges schläft.

Seinem Mund entwich weder ein Seufzer noch ein Atemzug. Die Brust hob sich nicht, so dass man hätte meinen können, er atme nur nach innen und führe einzig ein innerliches Leben.

Mitternacht war längst vorbei. Aus den Lichtluken der Häuser ringsum am Strand drang ein schwacher Schein. In tiefem Frieden schlief die See; einzig am Ufer gurgelte und gluckerte das trübselig glimmernde Wasser, als schnarchte es, und sanft schaukelte das Boot, wie auf das Behutsamste liebkost von einer Mutter. Der Schimmer auf dem Wasser fand sich im funkelnden Blick des Seemanns wieder. Seine Augen richteten sich unverwandt starr auf eine Stelle oberhalb des Felsens, auf ein Haus nicht weit von hier, dessen Läden offenstanden, dessen Scheiben, durch die helles Licht fiel, aber geschlossen waren. In jenem Licht konnte man immer wieder flüchtige Schatten und Umrisse, Gesichter und Chimären ausmachen. Begehrlich schaute der junge Seemann dorthin, ohne zu atmen oder etwas von sich zu geben.

Irgendwann vernahm er zuhauf Getöse und Getön, dann übermannte ihn Schläfrigkeit mit Träumen und fiebrigen Zuckungen. Bisweilen hörte er in der Ferne Geigen- und

Lautenklänge, die auf- und abschwollen. In sein Ohr drang rhythmisches Tanzgeräusch; Lieder, die Freude und Fröhlichkeit verrieten, hallten in ihm nach. All dies kam ihm verworren, ja unerfindlich vor und brummte wüst in seinen Ohren. Doch für ihn gab es kein Lied mehr, keinen Laut oder Ton, der sein Leid auszudrücken vermochte.

Am Abend zuvor hatte ihm Käpt'n Konstantis Sigourantzas, Schiffsführer des Boots, mitgeteilt:

»Morgen ganz in der Früh machen wir uns, gottlob!, auf Fahrt, wir setzen von dort ein paar Leute über«, er wies auf den Ortsteil oberhalb des Felsens und machte eine geschlängelte Geste in westliche Richtung. »Halt dich bereit!«

»Was für Leute denn?«, fragte der junge Seemann.

»Wann genau die endlich so weit sind, kann ich nicht sagen«, bemerkte der Schiffsführer und wies nachdrücklich noch einmal auf das Viertel. »Kann sein, dass man uns mir nichts, dir nichts holt, noch bevor es Tag wird. Halt dich bereit!«

»Was für Leute sind das, die uns holen?«, fragte Giorgis erneut.

»Bleib du im Boot und leg dich dort hin! Wenn du unbedingt zu Hause bei deiner Alten schlafen willst, sei auf den Beinen, wenn der Morgenstern erscheint, noch bevor es Tag wird. Der Braut könnte es peinlich sein, du verstehst schon, dass sie womöglich aufgehalten wird, wenn sie am helllichten Tag das Dorf verlässt. Halt dich bereit!«

»Welche Braut?«, fragte Giorgis, und der Mund blieb ihm offenstehen.

Doch Sigourantzas verzog sich, ohne zu antworten.

Der junge Seemann war nicht auf dem Laufenden über alle Neuigkeiten und Vorgänge im Dorf. Zweimal wöchentlich war er auf kurzen Strecken unterwegs, gelegentlich auch für eine längere Fahrt zwei Monate; Käpt'n Konstantis, sein Schiffsherr, beschrieb diese Reisen stets mit einem Umstandswort wie etwa: drüben, gegenüber, dahinten, drinnen, droben und dann wieder drunten. Irgendwann geruhte er einer Landratte zu erklären, was dies alles zu bedeuten hatte: Drüben – bei den Dörfern; gegenüber – Griponisi; dahinten – Kechria; drinnen – Stylida; droben – Thessaloniki; drunten – Piräus.

Sigourantzas war weitgereist, bevor er sich als Kapitän auf dieser Feluke verpflichten ließ. Salzwasser hatte er reichlich geschluckt und drei Zweimaster sein Eigen genannt, bei denen er sich sämtlich verschätzt oder Schiffbruch erlitten hatte, so dass er jetzt lediglich auf dem Papier Kapitän war. Das Boot hier, es hieß Eleoussa, gehörte eigentlich Giorgis Bourbas. Durch seiner Hände Arbeit hatte er es erworben, nicht etwa geerbt, und war auch nicht auf die krumme Tour oder für einen Schleuderpreis dazu gekommen. Als kleiner Junge trieb er sich barfuß herum, allweil in bis zu den Knien umgeschlagenen Hosen und einem bis zu den Ellbogen hochgekrempelten Hemd, in der Hand einen kleinen Haken mit Angelschnur. Fast hätte er die Zigeunertechnik zu dessen Herstellung selbst erlernen müssen, denn wochen- und monatelang hatte er bei Gialandritsas, dem Zigeuner der Werft, bitten und betteln müssen, ihm doch einen zu machen, und sogar das Eisenstück herbeigebracht, das er aus dem gestrandeten Rumpf eines Schoners hatte mitgehen lassen. Doch fand er kein Gehör. Endlich traf er ihn eines Sonntags in nüchternem Zustand an und brachte ihn dazu, das Eisen zu schmieden, wobei er selbst den Blasebalg antrieb. So war er zu seinem Haken gekommen. Seit damals, als er mit diesem Haken von einem Küstenstreifen zum anderen lief, bis zu Oberschenkeln und Leisten im Meer auf der Jagd nach Oktopoden, bei der er auch Muscheln und Würmer als Köder fing, und auf allen Barken und Fangbooten als

Schiffsjunge zugange war, seit damals verdiente er sich sein eigenes Geld. Jetzt zwanzigjährig, hatte er das Boot, von dem hier die Rede ist, im Schweiße seines Angesichts erarbeitet.

Der Hafenamtsverwalter des dritten Küstenabschnitts wollte ihm aber weder die Fahrterlaubnis erteilen noch das Kapitänspatent ausstellen, mit dem Hinweis, er sei viel zu jung, um ein Schiff zu führen; vielleicht ging ihm auch durch den Kopf, dass alles, was Giorgis besaß, an die Werft gegangen sein musste und ein paar Reisen unter einem anderen Schiffsherrn vonnöten wären, damit er nicht ganz ohne Mittel dastünde.

Indes war Sigourantzas ans Befehlen gewohnt und behandelte Giorgis als Schiffsjungen oder wie Nachwuchs, also jemanden, der Schutz und Ratschläge brauchte. Der junge Mann ließ es vorerst über sich ergehen, im Hinblick darauf, so schnell wie möglich »die erforderlichen Kenntnisse der Schifffahrt« zu erwerben und zu seinem Schein zu kommen.

Erst gestern, samstags, waren sie von der letzten Reise zurückgekehrt, und am heutigen Sonntagabend hatte der Kapitän Giorgis jene lückenhaften Auskünfte und schwammigen Anweisungen erteilt, besser im Boot zu übernachten angesichts der bevorstehenden Fahrt, die sie vermutlich ziemlich früh antreten müssten, weil »es der Braut peinlich war, am helllichten Tag das Dorf zu verlassen«. Was für eine Braut denn?

Er wusste nicht Bescheid, was sich alles im Dorf zutrug, denn er war ein Mann der See und nicht des Festlands. Doch besaß er Pflichtgefühl.

Als es dunkelte, teilte er sich ein kärgliches Mahl mit seiner Mutter, der Witwe des alten Bourbas, und den beiden kleinen Kindern seiner verheirateten Schwester, stand dann auf, zog seine Seemannskluft über, zündete die Leuchte an, wünschte seiner alten Mutter eine gute Nacht und erhielt, als er ihr sagte, dass er im Boot schlafen werde, da morgen früh eine Reise bevorstehe, den mütterlichen Segenswunsch.

Die Alte hatte erst ein paar Bemerkungen fallenlassen, wieso er eigentlich im Boot und nicht zu Hause schlafen wolle, doch da er nicht wusste, aus welchem Anlass sie das tat, scherte er sich nicht darum und schöpfte keinen Verdacht, blieb vielmehr dabei, dass er sich lieber im Boot hinlege, und machte sich davon.

Er lief zum Steilhang von Panomachalas, stieg dort sicheren Schritts hinab und erreichte das Ufer, zog die Leine heran und sprang ins Boot. Die Lampe hängte er an einer Dolle im Bootsinneren auf, wühlte im Bug nach einem Umhang, einer Wolldecke und einem Kissen, streifte seine wollene Joppe ab, legte Kissen und Decke am Heck aus, bekreuzigte sich dreimal nach Osten und ließ sich auf dem notdürftigen Lager nieder.

Während die rätselhaften Worte von Käpt'n Konstantis, dem Schiffsherrn, in ihm nachhallten, schlief er ein. Nach einiger Zeit wurde er von einem heftigen Knall hochgerüttelt und erwachte. Was war los?

Gewehr- und Pistolenschüsse. In der Nähe Lichter und Gejubel. Dann wieder schlafen, träumen, erwachen, nach Luft schnappen, ein garstiger Alptraum. Alsdann melodischer Gesang mit Geigen- und Lautenklängen. Wo nur? Ihm gegenüber, vom Steilhang her, oberhalb des abschüssigen Felsens, aus einem kleinen Haus und dessen hell erleuchteten Fenstern. Dort unterbrach rührige Lebhaftigkeit die übliche Ruhe und legte sich über das eintönige Säuseln und Rascheln der Nacht. Was ging da vor?

Nach einem freudigen Familienfest sah es aus. Etwa einer Hochzeit.

Als der junge Mann das Haus ins Auge fasste und es erkannte, empfand er tief in seinem Innern einen Schmerz, der ihn zerriss.

Sollte etwa Archonto verheiratet werden? Sollte sie es sein, von der Sigourantzas geredet hatte? Sie die Braut?

Vor Tagen war ihm zugetragen worden, dass ihre Mutter über eine Heirat mit einem tüchtigen Mann verhandelte, der vom Festland kam, aus einem Dorf auf dem Pilion. Wo hatte sie den nur aufgetrieben?

Gab es nicht genügend Männer in der Heimat, in dem schönen Dorf am Meer, die als Bräutigam taugten? Und war er unter all denen etwa kein anständiger Bräutigam? Wieso hatte es ihre Mutter so eilig? Aber weshalb den Verdacht hegen, dass sie es sei, von der Sigourantzas geredet hatte, sie, das hübsche Mädchen? Wieso eigentlich? Gibt es nicht auch andere im heiratsfähigen Alter? Wieso sollte ausgerechnet sie es sein? Wieso? Denn, bitte schön, es schaute ganz danach aus, als würde dort eine Hochzeit gefeiert.

Möglich, dass eine Hochzeit stattfindet. Irgendeine arme Base von ihr heiratet im Haus von Archontos Mutter, das man ihr dafür überlassen hatte. Nein, er konnte nicht glauben, dass es um sie ging.

Archonto hatte noch Zeit. Sie war fast so alt wie er, ein Jahr jünger. Also neunzehn. Er kannte sie schon als kleines Mädchen. Man hatte nebeneinander gespielt, sie mit Puppen und Püppchen, mit Linnen und Stickereien aus ihrer Mitgift, er mit Schiffchen, Angeln und Schnüren.

Mit ein paar anderen Mädchen spielte sie »Schwiegereltern«; da verheiratete man die Puppen untereinander und plapperte zwitschernd wie Schwalben:

»Ach, Schwägerin, sollen wir das Baklavas bringen, so stolz ist die Braut, du Schwägerin. Hier auch der Aussteuerstapel, Braut, Braut und Bräutigam, meine liebe Schwägerin.«

Er wiederum vernahm jenseits der kleinen Hofmauer das Gewisper und Geziere nach Mädchenart und drückte sein

Auge an den Türspalt, um zu sehen, wo man sie eingeschlossen und ihn draußen gelassen hatte, diese hartherzigen, zärtlichen, selbstgefälligen Frauenzimmer. Gelegentlich spielte Archonto vor ihm »Hoch der Apfel – runter die Quitte«, und er gaffte sie an und brannte darauf, mit seinen Zähnen die Apfelsine zu packen, während diese hochflog und wieder zurück zum weißen Händchen der verspielten Kleinen fiel.

Ein andermal machten beide zusammen ein Fadenspiel, bei dem sich in den Händen des Mädchens ein rotes Garn kunstvoll in eine Säge verwandeln ließ, oder in ein Schiff, einen Tisch, eine Haspel und einen Webstuhl. Auch gab es das Spiel »Ein Lichtlein gibst du mir – komm etwas höher hier«, für sie mit beiden Händen, für ihn mit einem Finger. Mit dem stieg er hoch zur letzten Stufe, so dass der Hund, der zwischen ihren Handflächen, welche das Haus, und den zusammengelegten Fingern, welche die Treppe darstellten, im Hinterhalt lag, nach ihm schnappte, ihn biss und ihm nachsetzte, wau! wau! Oh, arglose Kinderspiele, ein Jammer, dass man kein Kind mehr ist und sich ihnen hingeben kann!

Und nun vermittelte ihre Mutter eine Heirat, suchte nach einem Ehemann, wollte sie zur vermählten Hausfrau machen. Vor einigen Tagen ging es in der Nachbarschaft hinter vorgehaltener Hand herum und war auch zu ihm gedrungen. Doch ihre Mutter war eine Frau, die sich jedes Wort verbiss; soviel die Nachbarinnen sie auch aushorchten, ihr Geheimnis gäbe sie nie preis.

»Alles nur Gerede, Nachbarin. Dafür ist Zeit genug! Meine Tochter ist noch jung, sie hat es nicht eilig, heiraten sollen die, die älter sind! Barbagiannis' Katerinió etwa, oder Kallinas Marió und die Vásso von der Hatzigiorgina, die sind doch Jahre voraus! Meine Archonto hat gerade angefangen, ihre Aussteuer zu besticken.«

Diesen Einspruch nahmen ihr viele ab, allein die Nachbarinnen blieben bei ihrem Argwohn und Misstrauen, doch ohne Beleg oder Gewissheit. Einzig Daldogiannis, nach außen hin ein schlichtes Gemüt, der in sämtlichen Vierteln herumkam und gegen einen Zehner pro Stück Wasserkrüge in die Häuser schleppte, fand Worte, aller Leute Verdacht wiederzugeben:

»Hört nicht auf sie, alles nur Humbug. Ihr Dünkel ist's, denn sie hat es auf eine gute Partie abgesehen, einen Bräutigam aus Promyri. Und ihr Geschwätz soll nur die anderen ledigen Mädchen auf Abstand halten. Schaut bloß, wie sie die Lippen vor lauter Freude gar nicht mehr zusammenkriegt!«

Nur geschah's, dass Daldogiannis' Folgerungen Giorgis nicht zu Ohren kamen, denn er gehörte dem Meer an und nicht zu den Leuten, die am liebsten neben der Küste am Markt herumhockten und schwafelten. Und dann ging es einem von denen vor ein paar Tagen nicht schnell genug, ihm die frohe Botschaft zu übermitteln, dass Archonto im Begriff war zu heiraten, sonst wäre er vollkommen ahnungslos geblieben. Andererseits gab es da seine Mutter, ebenfalls eine unzugängliche Frau, wenn auch auf andere Art und Weise; sie war nicht darauf aus, ihren Sohn so schnell verheiratet zu sehen, und war insgeheim froh, dass Archonto den Hafen der Ehe ansteuerte.

Vergangenen Donnerstag war der junge Mann zum letzten Mal in See gestochen. Am Freitag bestätigte man der Alten, die Verlobung sei stillschweigend vollzogen worden, und gleichermaßen werde auch die Hochzeit verlaufen, wenn irgend möglich, am bevorstehenden Sonntag. Bourbas' Mutter freute sich und machte sich Hoffnungen, dass ihr Sohn aller Voraussicht nach nicht vor Montag zurückkehrte und daher bei der Hochzeit nicht vor Ort wäre. Denn sie vermutete, wusste und spürte, dass Giorgis von Kindesbeinen an ein Auge auf Archonto geworfen hatte.

Doch wider Erwarten hatte sich die Angelegenheit, derentwegen die Reise stattfand, rasch erledigt, oder das Wetter war recht günstig, jedenfalls kehrte das Boot schon am Samstag spät nachts zurück. Das traf die Alte mitten ins Herz, und ihr wurde angst und bange. Giorgis hatte noch nichts erfahren als nur, dass eine Verlobung bevorstand. Die Heiratserlaubnis sollte erst am Sonntag nach Einbruch der Dunkelheit ausgehändigt und das Sakrament der Eheschließung zu unüblicher Uhrzeit, nämlich mitternächtlich vollzogen werden. Giorgis hatte von all dem nicht die geringste Ahnung.

Als der junge Mann ankündigte, dass am frühen Montagmorgen eine Fahrt vorgesehen sei, fragte die Alte, wohin es denn gehe und wen man befördere. Giorgis erwiderte, das wisse der Kapitän, und der habe es nicht weiter erläutert, was ihm letzten Endes ziemlich egal sei. Nichts ließ bei der Alten den Verdacht aufkommen, dass diese Reise mit der Hochzeit irgendetwas zu tun hatte.

Es war die Rede davon, dass die Braut ins Dorf ihres Mannes übersiedeln würde, an seinen Sitz, in seinen Hausstand, doch man glaubte, dass es bis zu diesem Umzug noch mehrere Tage dauern würde. Aber der alten Marouditsa, Archontos Mutter, konnte es offenbar nicht schnell genug gehen, ihre Tochter fortzuschaffen, wie sie es auch eilig gehabt hatte, das Mädchen vor der Zeit an den Mann zu bringen.

Wie auch immer, wen meinte der Schiffer Sigourantzas, wenn er von jemandem redete, dem »es peinlich ist, sich am helllichten Tag ins Boot setzen zu lassen«? Welche Braut denn?

Die Alte wirkte auf ihn ein, doch hier zu Hause zu schlafen. Sie überlegte, dass, auch wenn Archontos Mutter in der Nachbarschaft wohnte, auch wenn Giorgis im Schlaf Tumult und Freudenausbrüche hören sollte, sie ihn doch beschwichtigen oder nach Kräften ablenken könnte; und letztlich wäre er in ihrer Nähe, sie hätte ein Auge auf ihn.

Doch Giorgis wollte zum Boot, nicht etwa, weil der Kapitän ihn so geheißen hatte, sondern weil er es mochte und stets vorzog, im Boot zu schlafen. Seine Mutter war jetzt eine alte Frau, und er konnte sich unmöglich von ihr in den Schlaf schaukeln lassen, weder in der Wiege noch in ihren Armen. Seine andere Mutter, die See, ja, in ihren Wellen schwang er noch hin und her, sie hatte eine Schaukel und umfing ihn an vielen Buchten wie in einer Umarmung. Für die erste Mutter war er inzwischen der erwachsene Sohn. Für die zweite, große Mutter, die teure, feuchte, treulose, war er noch klein, war ihr liebes Kindlein.

Die Alte beharrte nicht länger darauf, ihn abzuhalten. Nur tat sie so, als verstünde sie etwas vom Meer (dabei kannte sie sich nur im Gram aus, der damit einhergeht) und meinte, der Ankerplatz am Fels sei nicht sehr sicher, so dass sie ihm riete, das Boot jenseits der Felsen, weiter südlich in Richtung Höhle oder Plakes festzumachen. Dabei lag ihr am Herzen, dass sich der Sohn weiter weg von diesem Viertel aufhielt, an einer Stelle, von der aus das Hochzeitshaus nur von fern zu sehen war. Doch er hieß sie, sich ihre Sorgen zu sparen, und ließ sie einfach stehen.

All dies ging der besorgten Mutter durch den Sinn, während bei der alten Marouditsa, Archontos Mutter, weder eine Ahnung noch der Verdacht oder die Vorstellung aufkam, dass Giorgis Bourbas womöglich in ihre Tochter Archonto verliebt sein könnte. Selbst wenn sie auf eine derartige Idee gekommen wäre, hätte sie ihr keinerlei Bedeutung beigemessen. Und wäre ihr bekannt gewesen, dass die Tochter diese Gefühle erwiderte, hätte auch das sie nicht aus der Ruhe gebracht. Die Mädchen sollen ihre Finger von der Liebe lassen, das wäre ja noch schöner!

Ihre einzige Aufgabe ist es, sich den Eltern zu fügen. »Für

meine Hochzeit wird mein Vater Sorge tragen, darüber steht ein Urteil mir nicht zu.« Wie alle Frauen ihres Alters war sich Marouditsa darin vollkommen einig mit Euripides, ohne die Ehre seiner Bekanntschaft gemacht zu haben.

Die Mädchen sollen die Finger von der Liebe lassen. Bei allem, was recht ist! Doch als Giorgis im Schlaf den Doppelknall, vermutlich Pistolenschüsse hörte, zuckte er vor Schreck zusammen und erwachte aus einem, wie ihm anmutete, bösen Traum. – Hier muss erwähnt werden, dass bei Hochzeiten Schüsse in eben dem Augenblick abgefeuert werden, wenn die Kränze endlich auf den Köpfen des Brautpaars sitzen, denn dann war Geheimniskrämerei nicht mehr nötig und die Gefahr überstanden, dass man der Braut nichts als nur Töchter an den Hals wünscht. Wie allgemein bekannt, werden der Braut bei der Verlobung von ihren Feinden ausschließlich Töchter gewünscht. Auf Verlangen schlauer Greisinnen findet sie daher in aller Heimlichkeit statt, ohne dass von außen jemand etwas mitbekommt; obendrein hatte Marouditsa Vorsorge getroffen und mittels zweier kleiner, schön golden gebundener Evangelienbücher einen Schutzschirm über Braut und Bräutigam gespannt. – Ein richtiges Erwachen war es nicht.

Der junge Mann befand sich eher in einem Dämmerzustand und bekam nichts mit. Wie im Traum dünkte ihm, oben auf dem Felsen direkt am Hang ein ungewöhnlich erleuchtetes Haus zu sehen. Dann schlief er wieder für länger ein. Doch in diesem Schlaf ergriff ihn gleichsam ein Klangtraum, und er wurde von dessen musikalischen Flügeln getragen, wie vom Gefieder eines betörend harmonischen Hauchs. Lange währte es, bis er zu sich kam.

Nun vernahm er klar und deutlich Geigen- und Lautenklänge. Was war das? Er richtete den Blick zum Felsen. Tatsächlich stand da unübersehbar ein prächtig erleuchtetes Haus, und es gehörte Marouditsa. Sollte also Archonto sich vermählen? Von ihr hatte Sigourantzas geredet, als dieser ihm sagte, es könne »der Braut peinlich« sein, und er sich fragte, welche Braut wohl gemeint war?

Dass jemand auf Freiersfüßen ging, war zu ihm gedrungen. Womöglich bahnte sich eine Vermählung an, so dass gerade der »Antrittsbesuch« bei der Familie der Braut im Gange war. Denn üblicherweise hieß man den Bräutigam unmittelbar nach der einfachen, formlosen Werbung »antreten«, das heißt: Man empfing ihn offiziell im Elternhaus der Braut. Da nun der Freier, aus dem Pilion kommend, ein gestandener Mann war, wollte man ihm feierlich Spalier stehen, weil er morgen in sein Heimatdorf zurückkehrte und die Hochzeit dann monatelang verschoben würde. Das wird's wohl sein.

Er suchte nach einem kleinen Trost, versuchte, sich an eine winzige, trügerische Hoffnung zu klammern, wollte unbedingt daran glauben, dass es nur darum ging. Mit der Hochzeit würde es noch dauern. Unterdessen hatte er Zeit für Mittel und Wege, das Verlöbnis aus der Welt zu schaffen. Er war sogar imstande, Archonto zu entführen, ohne dass man ihm deshalb einen Vorwurf machen konnte. Denn er war überzeugt, dass man ihr wider Willen einen betuchten, ortsfremden Mann aufdrängte.

Waren aber tatsächlich so viel Licht, Freude und Lärm nur für den Antrittsbesuch bestimmt? Konnte er wirklich an so etwas glauben?

Und dann kamen ihm auch diese Sätze von Sigourantzas in den Sinn: »Kann sein, dass man uns schon in aller Herrgottsfrühe holt. Die Braut wird ins Boot gebracht. Halt dich bereit!«

Sollte es also wahr sein? Fand dort oben eine Hochzeit statt? Feierte Archonto Hochzeit?

O Schicksal und Vorsehung! O von Menschen eingeflüsterter Ratschluss, ein Ratschluss wie der Ahitofels!

Was jetzt denken? Was sagen? Wie ein Wort finden? Ihm war danach, »sein Leid als Lied zu singen«. »Sag deiner Mutter, noch eine and're Tochter auf die Welt zu bringen.« Nein, nicht so! Verflucht sei ihre Mutter! …

Warum schläft er? Weshalb liegt er wach? Wieso bleibt er liegen? Ist er, ohne jeglichen Atemzug oder Seufzer aus seinem Mund, den Blick unverwandt auf jene Stelle geheftet, vielleicht tot, oder lebt er noch, im Innern? Was denkt er? Ist Denken nötig? Nein, Handeln! Aufstehen … Hochfahren … Laufen … Fliegen … Den Felsen hochklettern, Tritt für Tritt, weiter auf engen Sträßchen, steingepflasterten Gassen … Bis er oben ankommt … Losstürmen, vorpreschen … Dazwischenfunken. Ihnen in die Quere kommen … Nach der Braut greifen, die, herausgeputzt wie sie ist, vor Stolz fast platzt. »Komm her, du!« … Sie über die Treppe hinunterholen … Und dann verschwänden sie … Ließen alle versteinert zurück … Man würde ihn für verrückt erklären … Und sich wieder fassen … Ihm hinterherlaufen … Die Alte würde sich die Haare raufen, sich auf ihn stürzen, ihm die Nägel ins Fleisch krallen, die schwarzen … Die anderen Geladenen, der Gevatter, die Verwandtschaft, würden über ihn herfallen, mit Fäusten und Ruten, leeren und halbvollen Flaschen … Mit dem Besen … Womit auch immer. Er selbst würde mit der einen Hand die Braut vorwärtsschubsen und sich der anderen bedienen, um mit allen fertigzuwerden! … Und der Bräutigam, der betuchte, in Filzhose und glänzendem Fes, in samtenem Wams mit seidener Leibbinde, würde ihm hinterherlaufen und versuchen, sie voneinander zu trennen … Nein, er verlöre die Besinnung und bräche hinter der Tür zusammen … Und dann würden die Frauen mit dem Geschrei anfangen und sich alle Mühe geben, den Bräutigam aus der Ohnmacht zurückzuholen … So wäre man ein wenig abgelenkt … Und er würde die Braut zum Boot unten am Fels schieben und gäbe, am ganzen Körper verletzt, schäumend, schnaubend und blutüberströmt, mit Fäusten und Ellbogen die Schläge der wütenden Menge zurück.

Los! Nur Mut, gib dir einen Ruck. Steh auf! Wird's bald?

Sigourantzas, der Schiffsherr, hatte sich gestern Abend hingelegt. Um zwei Uhr nachts wachte er auf. Es war genug geschlafen.

Nachdem er sich die Augen gerieben und geräuspert, die Wimpern ein wenig befeuchtet und seinen kurzen Umhang übergezogen hatte, machte er sich auf den Weg.

Und zwar ins frohlockende Haus der Hochzeitsfeier.

Zwar war er nicht eingeladen, nein, doch er war der Käpt'n des Boots … von Giorgis, und er hatte den Auftrag übernommen, das frischvermählte Paar hinüber aufs Festland zu bringen. Der Braut war kein Haus als Mitgift überlassen worden. Die Alte gab ihr zwei, drei seidene und ein paar Baumwollkleider, zwei Teile Kupfergeschirr, ein halbes Dutzend kleine Löffel, zwei Kissen, drei Betttücher, einen Waschtrog und eine Haspel mit; in der schriftlichen Vereinbarung zur Aussteuer waren auch fünfhundert Drachmen auf die Hand vermerkt, wobei offenblieb, ob sie beabsichtigte, je damit herauszurücken. Auf diese Weise hatte sie die wohl oder übel geschlossene Ehe unter Dach und Fach gebracht.

Dass die Braut nicht mit einem Haus ausgesteuert war, hieß, sie würde nicht länger in ihrer Heimat bleiben. Dem Bräutigam wurde nachgesagt, er habe in der Gegend, aus der er kam, einen Wohnsitz und außerdem noch viele andere Häuser, darüber hinaus auch einiges an Grund und Boden. Also ein gut dastehender Mann.

Beschlossene Sache war, dass der Bräutigam mit der Braut in Begleitung der Alten gleich nach der Hochzeit noch im Morgengrauen mit dem Boot auf die andere Seite nach Platanias bei Sipiada übersetzen würde, dorthin, wo sein Besitz und sein Hausstand waren.

Darauf hatte man sich in aller Heimlichkeit schon am frühen Sonntagabend geeinigt. Die Alte bestand darauf, über alles strengstes Stillschweigen zu bewahren, um sich vor den bösen Zungen im Dorf zu schützen. Der Leute Neugier sollte nicht geweckt werden, denn sie mochte keine Bemerkungen hören, weshalb und wie die alte Marouditsa ihre Tochter verheiratet und in die Fremde schickt, weg aus der heimatlichen Gegend, und sie mitten am helllichten Tag ins Boot bringt; und überdies, ob die Braut auch eine stattliche Mitgift erhalten und sich auf dem Weg zum Boot damit gebrüstet habe und so weiter. Sie und Käpt'n Sigourantzas waren also übereingekommen, dass er die drei in aller Herrgottsfrühe mit dem Boot übersetzte, und zwar dem von Giorgis. So erlaubte sich Sigourantzas, ohne Einladung um zwei Uhr nachts bei der Hochzeit aufzutauchen. Er hatte sich überlegt, wegen der Reise früh genug zu schlafen, dann mitten in der Nacht, beim zweiten Krähen des Hahns, aufzustehen und ungeladen ins feiernde Haus zu gehen.

Es reichte, einmal zu sagen:

»Na! Wie geht's? Und auch viel Glück! Auf guten Bestand! Bald wird es hell. Der Morgenstern zeigt sich. Die Plejaden stehen schon hoch am Himmel. Und gleich dämmert es! Ich meine, wir sollten uns nach und nach aufmachen. Jetzt morgens, wo es ablandig weht, wird es leicht mit der Überfahrt, bis die Sonne auf Masthöhe steigt … Auf guten Bestand, viel Glück! Und viele Söhne! Wohlsein! Auf langen Bestand, Eheleute! Gesundheit! Viel Glück!«

Und anschließend würde er drei, vier Stunden lang bewirtet werden und gemütlich trinken, als Gast unter Gästen, und nur von Zeit zu Zeit mahnen:

»Bald wird's hell … Wir sollten uns allmählich aufmachen. Wohlsein! Viel Glück! Auf guten Bestand!«

»Soll es doch hell werden!«, würden dann der Gevatter und die Geladenen jedes Mal erwidern.

Und so geschah es auch. Mittlerweile war es schon vier Uhr früh. Sanft zog die Dämmerung an einem Apriltag nach Ostern herauf. In den Bäumen längs der Küste zwitscherten Vögel. Hoch an der Bergspitze gegenüber rekelte der Morgen seine rosigen Finger, und rundum drang die Luft mit dem Duft von Rosen, die der Schöpfer dornenfrei erschaffen hatte, durch die Gärten; doch wollte man jetzt eine pflücken, musste man sich die Finger blutig stechen … Und ist sie auch noch hoch angebracht, reicht man nicht einmal heran, wie sehr man sich auch reckt und streckt, die Finger bluten umsonst … Mitunter fällt man sogar hin und bricht sich ein Bein.

Vier Uhr morgens war es im ersten Frühlicht, und niemand hatte sich vom Haus entfernt. Schließlich griff die alte Marouditsa, die es darauf absah, dass man so früh wie möglich ins Boot stieg, zwei von ihr gepackte Bündel mit Kleidern und beauftragte nach Absprache mit Sigourantzas zwei Burschen, Neffen von ihr, sie hinunter zur Küste zu tragen.

»Dort liegt das Boot«, der Schiffer wies durchs Fenster. »Da schläft Giorgis. Wenn sie nach ihm rufen, steht er auf, und sie können die Sachen dort verstauen. Wenn es noch etwas gibt, lasst es dorthin bringen. Ich kann auch etwas mitnehmen, wenn ich jetzt hinuntergehe. Auf guten Bestand! Viel Glück! Und euch insgesamt allweil! Der Ehe langen Bestand!«

Aufstehen … Hinrennen … Sie deren Händen entreißen … Die Alte wird ihre Klauen in ihn schlagen … Er wird sie am Hals packen und ihn zudrücken … Die Gäste werden sich mit Flaschen, Fäusten und Knüppeln auf ihn stürzen, er wird ihnen mit einem Dollen hinterher sein, mit einem

Schemel, einer Lederschlaufe, die er aus der Feluke an sich nehmen kann … Die Frauen werden ein Geschrei anstimmen … Der Bräutigam wird sie beschwichtigen. »Seid still! Hört auf!« Ein friedfertiger Mensch, ein rechtschaffener und verständiger Mann.

Er stand nicht auf … Lief nicht hin. Vorbei der richtige Zeitpunkt. Der lange Alptraum, dieser Verräter, hatte ihn davon abgehalten.

Die beiden Burschen gingen mit den zwei Kleiderbündeln hinunter zum Fuß des Felsens. Zwei Laternen waren auf dem Balkon des Hauses angebracht. Jetzt kam eine dritte vor der Hoftür dazu, denen den Weg zu leuchten, die nun nach und nach das Gepäck wegschleppten. Längst war in schimmerndem Weiß die Mondsichel emporgeglitten und jetzt durch den rötlich blauen Aufschein des Zwielichts erbleicht, und hoch oben erröteten die Rosen der Morgendämmerung – unangetastete, unerreichbare Rosen … Wie ein Flammenschwert am Tor des Lichts!

Die beiden Burschen riefen nach Giorgis. Doch der junge Mann war ihrem Ruf zuvorgekommen und schon aufgestanden.

»Du da, der Käpt'n hat gesagt, du sollst die Kleider im Boot verstauen.«

»Und Tante Marouditsa hat gesagt, du sollst sie dorthin legen, wo sie nicht nass werden.«

»Und zwar, sagt sie, schön ordentlich unters Bootsheck.«

»Und auch gut achtgeben darauf!«

In diesem Moment hörte man oben vom Fels Sigourantzas' durchdringende Stimme:

»Hopphopp, Giorgis! Hast du alles untergebracht?«

Er war aus der Hoftür getreten, löste sich mit Geleit langsam und gemächlich von Ort und Stelle und ließ sich dabei weiterhin das Glas vollschenken.

»Auf euer Wohl! Guten Bestand den Eheleuten! Viel Glück! Und für uns gute Fahrt!«

Nach ein paar Minuten stieg er in aller Ruhe den felsigen Hang hinunter und rief unterwegs immer wieder:

»Alles klar, Giorgis! Auf gute Fahrt!«

Die Wahrheit, sie war nicht mehr von der Hand zu weisen! Giorgis auf Fahrt mit seinem Boot und Sigourantzas. Bei Sonnenaufgang setzte er Archonto, deren Mutter und den Bräutigam über. Er brachte sie zur Küste bei Sipiada, zu den Dörfern, aus denen der Bräutigam kam, zu dessen Hab und Gut, in dessen Hausstand.

Und doch konnte es Lug und Trug sein, wer vermochte das schon wirklich zu wissen? Es war ein verhexter Traum, widerlich und grässlich, ein Traum, den er offenen Auges hatte. Sogar mit geschlossenen Augen sah er ihn, ununterbrochen.

Am dämmernden Himmel färbten die fallenden Rosenblätter Archontos Wangen rötlich, oder röteten sie sich gar bei Giorgis' Anblick von alleine? Er selbst war bleich, abgezehrt, teilnahmslos.

Das Rosenrot der Morgendämmerung reichte nicht hin, auch ihn erröten zu lassen. Steif bewegten seine Hände mechanisch die Riemen, wie Holz, das auf Holz lag.

Ein einziges Mal nur schaute er Archonto an. Dieser Blick war der letzte geballte Strahl seiner Seele. Darauf schlug jene die Augen nieder, und sein Blick schweifte ins Weite.

»Gute Fahrt für euch!«

»Die Muttergottes sei bei euch!«

»Setz die Segel vor dem Wind, Käpt'n.«

»Setz sie! Setz sie!«

Man entfernte sich von der Küste und gelangte aufs offene Meer, weiter und immer weiter.

Er war nicht mehr imstande, irgendeinen Gedanken zu

fassen. Gab es wirklich keinen günstigen Augenblick mehr für unerschrockenen Schneid? Die Gelegenheit, sich oben ins Haus zu stürzen und vor allen Anwesenden ihrer mit Fäusten habhaft zu werden, sie mit Hauern und Klauen zu packen, war freilich verstrichen.

Die Alte würde ihm nicht mehr ihre schwarzen Krallen ins Fleisch schlagen … Er könnte ihr immer noch an den Hals gehen … ihn zudrücken … Die ganze Zeit sah er den Bräutigam vor sich. Er kam ihm wie ein Raubvogel vor, der von irgendwo hergeflogen war, ihm die Taube zu entreißen, sein Turteltäubchen.

Es überkam ihn, die Brust zu entblößen, in die Hände zu spucken und ihm zu sagen:

»Wie wär's mit einer Runde, Onkel?«

Es überkam ihn, der Alten zu ihrem Bräutigam zu gratulieren – und so zu tun, als hielte er sie für die Braut … Denn so alt, wie der Bräutigam war, sah er fast wie der Vater der Braut aus.

Und die junge Frau zu beglückwünschen, dass sie nach so vielen Jahren als Halbwaise nun endlich zu einem zweiten Vater gekommen war.

Dann verfiel er darauf, dem Bräutigam mit einem Wink aufs Meer vorzuschlagen:

»Schwimmen wir um die Wette?«

Der würde sich über die Narretei des jungen Mannes vor Lachen ausschütten. Auf ein Bad im Meer war er nicht erpicht. Als Mensch des Festlands, als ordentlicher Mann mit seinen Äckern, Häusern und der ganzen Habe ginge er auf Grund wie ein Senkblei.

Der Wind wehte vom Land her. Er sollte stärker werden und weiter zulegen. Inzwischen war es taghell, bald stiege die Sonne in blutigen Feuerflammen empor. Doch das Rosenrot würde sich nicht aus den Wangen der Braut verziehen, während in Giorgis' Gesicht Blässe die ihm von Kind an eigene Sonnenbräune niederzwang.

Der Wind wehte stärker und stärker. Ballast war nicht geladen. Wer hätte auch an so etwas denken sollen? Ihm war es einerlei. Sigourantzas hatte »einen sitzen«, und der Bräutigam vom Festland mit seinem Haus und Hof kannte sich in solchen Dingen nicht aus.

Und weiter legte der Wind zu. Könnte er nicht noch ein wenig stärker wehen und mit einer Böe das ballastlose Boot kentern lassen?

Mit einer einzigen Böe. Mit einer kleinen Ungeschicklichkeit von Sigourantzas am Steuer, einer winzigen Unachtsamkeit von Giorgis am Segel.

Dann würde alles im Meer landen … alle fielen sie ins Wasser. Der Bräutigam, diese Landratte, mit der See nicht vertraut, ginge unter wie Blei. Die alte Marouditsa sollte ruhig Sigourantzas bergen, wenn er denn wollte. Giorgis würde schwimmend Archonto in Sicherheit bringen, »um dich, den wunderschönen Leib, zu retten«.

Eine Böe, nur eine einzige schwache Böe. Doch war sie nötig? Ein Patzer am Steuer von Sigourantzas, genügte der nicht? Doch war er überhaupt nötig? Ein gespanntes Segelseil reichte etwa nicht? Und lag dies nicht ausschließlich in Giorgis' Händen?

Mit seiner Hand konnte er das Segel kräftig straffen und mit dem Fuß den Bootsstopfen entfernen. Am Kiel des Boots gab es ein Loch, in dem der Stopfen steckte. Das also war Giorgis' Absicht, der sich eine kindliche Vorliebe beim Baden im Meer erhalten hatte und oft, wie im Wasser tollende Kinder eben ihre kleinen Barken untertauchen, auch seine wässerte, damit sie reichlich mit salzigem Naß durchtränkt wurde und er währenddessen nach Lust und Laune schwimmen konnte.

Mit einem Tritt, ja mit weniger: einer zustoßenden Fußzehe konnte er drei Seelen auf einmal in die Unterwelt schicken, den Bräutigam, die Schwiegermutter und die Braut … Wenn er nicht Letztere davonkommen lassen wollte.

Der Schiffsführer würde sich, auch wenn er voll war, schwimmend irgendwie ans Ufer retten, das kaum eine halbe Meile entfernt war. Der Bräutigam versänke wie ein Lot bis zum Grund mit seinem ganzen Hab und Gut … oder vielmehr ohne die Häuser, ohne die Felder und den ganzen Besitz. Die alte Marouditsa … hatte ihr Leben zur Genüge gelebt, ihre Tochter unter Dach und Fach gebracht und sie als Hausfrau ausgestattet. Persönlich würde er sich um Kollyva für sie kümmern – zusammen mit Archonto.

Vorwärts! Fass dir ein Herz! Nur Mut!

Nein, er durfte das Boot nicht durch ein geöffnetes Loch versenken. Dies Vorgehen hatte nichts mit Schneid zu tun, es war verabscheuenswert und außerdem der Abgang ins Jenseits nicht unbedingt sicher.

Aus einem versenkten Boot sind schon viele gerettet worden, die nicht schwimmen konnten. In einem gekenterten Boot jedoch sind schon viele umgekommen, die gewandte Schwimmer waren.

Nein, er würde das Boot nicht versenken; er würde es zum Kentern bringen!

Was für ein erbaulicher Anblick: Sigourantzas, der sich wie eine Robbe schwimmend von ihm entfernte. Um ins Meer zu springen, hätte er sich den Bräutigam vom Hals geschafft und sich der Schwiegermutter entledigt. Die Alte könnte gerade noch einmal ein letztes Kreuz schlagen, bis ihr Aufschrei von der Tiefe verschluckt würde.

Am nächsten Tag im Dorf würden die Geistlichen sie mit liturgischen Gesängen aussegnen und die Anwesenden auffordern, für das Seelenheil der Entschlafenen Kniefälle zu tun. Die nächsten vierzig Tage würden alle frommen Greisinnen des Dorfs auf Fische als Speise verzichten, da sich diese möglicherweise an der Ertrunkenen zu schaffen gemacht hatten.

Er würde Archonto am Arm packen … Oder ihr unter die Achsel greifen … Nein, sie um die Taille fassen. Und da triebe er schon im Wasser, triebe dahin, schwömme mit ihr. Nur ein einziges Mal sollte das bittersalzige Element süß schmecken!

Immer weiter würde er schwimmen, schwimmen wie ein Delfin, wie ein Wal das Wasser herausblasen, hervorstoßen, den Arm ausstrecken wie ein Schwertfisch seine scharfe Schnauze. Mit dem rechten Arm kraulen und mit dem linken die junge Frau fest an sich drücken. Deren Kopf über Wasser, ja darüber. Damit ihr kleiner, runder Mund auch atmete … »Hab keine Angst, mein Liebes!« Langsam, aber sicher würde er Klafter um Klafter beiseitedrängen … voranrücken, sich dem Festland nähern. »Gleich, gleich sind wir da, mein Herzblatt.« Kein Unglück würde geschehen. Alle wären gerettet. »Ist dir schwindlig, mein Herzblatt? Alles gut jetzt. Ist jemand ertrunken? Nein, du bist ja davongekommen.« Oh, wie würden sie wohl am Strand hinsinken, zerschlagen, würgend und spuckend, klatschnass von Meerwasser. Neu erschaffen und getauft. Ein neuer Adam und eine neue Eva, in der salzgetränkten, fest an der Haut haftenden Kleidung, mehr als nur nackt.

»Dort beim Felsen gibt es eine Höhle. Geh ruhig hinein, Liebste, zieh dich um.« Hätte sie die Kraft zu hören, was er sagte, würde sie ihn verblüfft ansehen. Was sollte sie denn anderes überziehen? »Nur dass du trocken wirst. Ich bringe dir Blätter von allen Bäumen des Waldes, mein Liebes, mit denen kannst du dich bedecken.«

Hat er am Ende das Boot zum Kentern gebracht? Die Passagiere ertrinken lassen? Und allein sie gerettet?

Weder kommt Einfühlungsvermögen noch Gedankenübertragung in Frage, um auf der Stelle im Geist die Leser nach ihrer Meinung zu fragen, noch ist der Tempel des Volkswillens für uns ein Heiligtum, vielmehr eine Weihestätte der Wohlberatenheit. Jeder Schriftsteller, so ist wenigstens anzunehmen, trägt im Durchschnitt die Meinung und das Empfinden seiner Leser nach außen.

Er hat es nicht kentern und niemanden ertrinken lassen. Schier hätte er es getan, aber nur beinahe.

Plötzlich erschien ihm die Gestalt seiner Mutter, der Witwe von Bourbas, schwebend und bebend. Sie raufte sich weinend die Haare und sagte ihm: »Ach! Mein Sohn! Mein Sohn! Was willst du da nur tun?«

Verstohlen bekreuzigte er sich unter dem Hemd auf seinem Herzen. Ihm fiel das Jesusgebet wieder ein, das er als kleines Kind von seiner Mutter gelernt und seitdem vergessen hatte. Dreimal stieß er es aus und sagte sich: »Soll sie doch, die arme Frau, mit ihrem Mann gehen und leben! Und dabei glücklich und zufrieden sein!«

Er meisterte die Leidenschaft, beschwichtigte sich bußfertig, vergoss eine Träne und wuchs heldisch über seine Hingabe hinaus – in eine lautere, christliche Hingabe an duldsame Nächstenliebe.

(1897)

WUNSCHTRAUM IN DEN WELLEN

Ein armer Hirtenbub in den Bergen war ich, mit achtzehn noch gänzlich unbedarft, aber froh und zufrieden, ohne mir dessen bewusst zu sein. Zum letzten Mal kostete ich von diesem Glücksgefühl im Sommer des Jahres 1876 … Ich war ein junger und schmucker Bursch; mein frühzeitig sprödes, sonnengegerbtes Gesicht glänzte mir in Wasserläufen und Quellen entgegen, und meine stattliche, gelenkige Gestalt schulte ich auf Felsen und Anhöhen.

Im Winter darauf nahm mich der alte Pope Sisois, von unseren Dörflern auch Sisonis genannt, an die Hand und brachte mir Lesen und Schreiben bei. Früher hatte er einmal unterrichtet, und als »Lehrer« wurde er auch bis zuletzt von aller Welt angeredet. Zu Zeiten des Freiheitskampfes ab 1821 war er Mönch und Diakon. Angeblich verliebte er sich irgendwann in eine junge Türkin, entführte sie aus einem Harem in Smyrna, ließ sie taufen und machte sie zu seiner Frau.

Sobald unter dem Regenten Kapodistrias geordnete Verhältnisse eingekehrt waren, unterrichtete er an verschiedenen Schulen in ganz Griechenland und genoss als »Lehrer Sotirakis« weithin einen guten Ruf. Später, als er seine Familie versorgt wusste, erinnerte er sich an sein einstiges Gelübde und zog erneut die Kutte an, diesmal als einfacher Mönch, ohne mehr geistliche Ämter auszuüben, und lebte von da an reumütig im Verkündigungkloster. Hier tat er Buße für seinen Fehltritt, so dass ihm, dessen emsig wohltätiges Wirken als trefflich mildernder Umstand galt, dem Vernehmen nach verziehen wurde.

Nachdem ich mir beim alten Sisois das Wichtigste angeeignet hatte, schickte man mich mit einem Stipendium des Klosters in eine Kirchenschule der Provinz, und zwar direkt in die Oberklasse. Danach ging es weiter ins Athener Rizarios-Priesterseminar. Mit fast zwanzig begann ich mein Studium, dreißigjährig verließ ich die Universität als Advokat mit Lehrerlaubnis für Universitäten …

Selbstverständlich ist nichts Besonderes aus mir geworden. Derzeit arbeite ich immer noch als Hilfskraft in der Kanzlei eines bekannten Anwalts, der auch in der Politik mitmischt. Ohne mir über den obskuren Beweggrund dafür im Klaren zu sein, hasse ich ihn, vermutlich, weil er mein Patron und Gönner ist. Ich bin eingeengt, stelle mich ungeschickt an und vermag nicht einmal Vorteile aus meiner Stellung als Lakai dieses Anwalts zu ziehen.

Wie der Hund, der im Hof seines Herrn an einer sehr kurzen Leine liegt, außerhalb deren Radius und Reichweite er weder bellen noch beißen kann, so bin auch ich nicht fähig, mehr zu sagen und zu tun, als mir im Rahmen eines beschränkten Aufgabenbereichs im Büro meines Vorgesetzten gestattet ist.

Jener Sommer 1876 fiel in das letzte Jahr, das ich als Mensch im Einklang mit der Natur verbrachte. Ich war ein junger, schmucker Hirtenbub mit braunem Schopf und hütete die Ziegen des Verkündigungklosters in den Bergen, die sich aus dem steilen Küstengefälle über dem Reich des Nordwinds und der offenen See erhoben. Das gesamte Weiderevier, als Reff bezeichnet, da dort vom Seegang hergetriebene Schiffe mit gerafftem Segel einliefen, war mein Gebiet.

Meine felsige Steilküste in der Gegend von Platana, Megas Gialos und Klima sah dem Nordostwind »Kaikias« entgegen und breitete sich vor dem »Boreas« aus, der von Norden her blies. Ich schien eng mit diesen beiden Winden verwandt zu sein, denn sie brausten durch mein Haar, bis es so kraus war, dass es den Büschen und wilden Ölbäumen glich, die sich den endlosen Peitschenstößen des unermüdlichen Luftstroms beugten.

All dies war meins: Gehölz, Schluchten, Täler, die gesamte Küste und die Berge. Dem Bauern gehörte der Acker dort nur an den Tagen, an denen er sich zum Pflügen oder zur Aussaat einfand. Jedes Mal bekreuzigte er sich dreifach und sagte: »Im Namen des Vaters, des Sohnes und des Heiligen Geistes, ich bestelle diesen Acker, um den Fremden, den Wanderern und den Vögeln am Himmel etwas zu essen zu geben und auch für meine Mühe belohnt zu werden!«

Ohne je zu pflügen oder zu säen, brachte ich also einen Teil der Ernte ein. Auf diese Weise tat ich es den hungrigen Jüngern des Heilands gleich und befolgte die Gebote des Deuteronomium, obschon ich sie nicht kannte.

Das Rebenfeld bei Klima wiederum war Eigentum der armen Witwe nur, wenn sie die Weinstöcke schwefelte, von überschüssigen Trieben befreite, einen Korb mit Trauben füllte oder herbstete, falls dafür etwas übrigblieb. Den Rest der Zeit war es mein Grund und Boden.

Meine einzigen Widersacher bei diesem Besitz und Nießbrauch waren die amtlich beauftragten Flurhüter, die unter dem Vorwand, angebaute Feldflächen zu überwachen, es gut verstanden, sich von allem das Beste herauszupicken. Die hatten nichts Gutes im Sinne mit mir und waren wirklich widerwärtige Rivalen!

Mein eigentliches Revier lag höher, jenseits der Reichweite von Ölbaumwäldern und Rebenfeldern, über dessen Grenzen ich aber oft hinausging. Weiter oben, zwischen zwei Schluchten und drei Gipfeln, wo es überall Buschwerk, Wildkräuter und jede Menge Gestrüpp gab, weidete ich die Ziegen des Klosters, von dem ich als Knecht mit fünf Drachmen im Monat entlohnt wurde, später sogar mit sechs. Außer diesem Lohn gab mir das Kloster auch noch Tuchstreifen für meine Schnabelschuhe und reichlich Schwarzbrot, von den Mönchen auch Fladen genannt.

Der einzige ständige Nachbar am Rand meines Gebiets, den ich antraf, wenn ich hinunterstieg, war Herr Moshos, ein ziemlich schrulliger Grundbesitzer. Er wohnte fern der Ortschaft in einem hübschen kleinen, turmartigen Haus zusammen mit seiner Nichte Moshoula. Da er verwitwet und ohne Nachkommen war, hatte er das geschwister- und mutterlose Mädchen gleich nach der Geburt an Kindes Statt angenommen und liebte es wie eine leibliche Tochter.

Durch Geschäfte und Handelsreisen war Herr Moshos zu Vermögen gekommen. Ihm gehörte bereits ein weitläufiges Anwesen an jenem Ort, als er ein paar arme Nachbarn dazu überredete, ihm ihre Äcker zu verkaufen; auf diese Weise erwarb er acht bis zehn zusammenhängende Felder, um die er eine Mauer zog, so dass er eine für hiesige Verhältnisse beträchtliche Fläche von vielen tausend Ar sein Eigen nannte. Der Bau der Umfriedung verschlang eine Menge Geld, womöglich genauso viel oder gar mehr, als das gesamte Grundstück wert war; doch dem Herrn Moshos war das egal, denn ihm lag an einem abgetrennten Reich für sich und seine Nichte, über das er allein verfügte.

So ließ er denn am Rand ein zweistöckiges Gebäude errichten, reinigte und führte die einzelnen Quellfassungen zusammen und hob auch einen Ziehbrunnen zur Bewässerung aus. Das Anwesen selbst teilte er auf in einen Rebenacker, einen Ölbaumwald, ein Feld mit zahlreichen Obstbäumen und ein Gartengelände mit Windschutzmauern und Gemüsebeeten.

Hier auf dem Land also ließ er sich häuslich nieder und unternahm nur selten einen Gang ins Städtchen. Das Anwesen lag direkt am Meer. Während die obere Einfriedung sich bis zum Gipfel des kleinen Bergs hinzog, reichten bei stürmischem Nordwind dic Wellen beinahe an die untere.

Herr Moshos verbrachte seine Tage in Gesellschaft der Pfeife, des Komboloi, der Hacke und mit Moshoula, seiner Nichte. Sie muss fast zwei Jahre jünger als ich gewesen sein. In ihrer Kindheit hüpfte sie von Fels zu Fels, lief unten an der Küste von einer Bucht zur anderen, sammelte Muscheln und fing Krebse. Sie war unbändig und flattrig wie ein Strandvogel. Angesichts ihrer brünetten Schönheit kam einem die sonnengebräunte Braut des Hohelieds in den Sinn, die von der Mutter Söhne den Weinberg zu hüten angewiesen war: »Schön bist du, meine Freundin, ja, du bist schön; deine Augen wie Tauben …« Der Hals, unendlich heller als ihre Gesichtshaut, lugte sanft schimmernd aus dem Miederjäckchen hervor.

Sie war bleich, rosig und golden wie der heraufdämmernde Morgen und hatte für mich eine Ähnlichkeit mit dem jungfräulichen Zicklein, einem zierlichen, graziösen mit weißlich glänzendem Fell, dem ich den Namen Moshoula gegeben hatte. Vom westlichen Fenster des Turmhauses sah man aufs Dickicht, dessen Gestrüpp und würzig duftendes Buschwerk auf dem harten Lehmboden jenseits des Berggipfels immer dichter wurde. Von da an war es mein Bezirk, dorthin zog ich öfters mit der Ziegenherde meiner geistlichen Väter, der Mönche.

Als ich eines Tages wie üblich die Tiere zählte – in jenem Jahr insgesamt sechsundfünfzig, meist zwischen fünfundvierzig und sechzig –, war mein Lieblingsgeißlein Moshoula abgeblieben, ohne dass ich es bemerkt hatte, und fiel daher bei der Zählung aus, die fünfundfünfzig ergab. Bei jeder anderen Ziege wäre mir nicht gleich aufgefallen, dass ausgerechnet sie nicht dabei war, und ich hätte es nur an der Stückzahl festgestellt. Doch wenn Moshoula fehlte, war das unübersehbar. Ich erschrak. Hatte womöglich ein Adler sie erwischt?

Doch Adler ließen sich in den etwas tiefer gelegenen

Gegenden nicht häufig blicken. Ihr hauptsächlicher Horst befand sich weiter westlich hoch oben auf der weißen Felsspitze, die daher auch »Adlernest« hieß. Dennoch wäre es in meinen Augen keineswegs absonderlich oder unglaublich gewesen, wenn ein Adler, hingerissen von Moshoulas, meines Zickleins Reizen, sich hierher verirrt hätte.

Verstört schrie ich auf:

»Moshoula! … Wo ist Moshoula?«

Indes hatte ich ganz übersehen, dass Moshoula, Herrn Moshos' Nichte, in der Nähe zugegen war. Zufällig stand deren Fenster offen. Die Umfriedung des Grundstücks und das direkt dort angebaute Haus lagen ungefähr fünfhundert Schritt von der Stelle entfernt, wo ich mich mit den Ziegen aufhielt. Als das Mädchen meine Stimme hörte, kam es ans Fenster, beugte sich hinaus und rief:

»Was schreist du so herum?«

Ich wusste nicht recht, was antworten, gab aber gleichwohl zurück:

»Ich rufe Moshoula, meine Ziege! … Mit dir hat das nichts zu tun.«

Sobald sie meine Stimme hörte, schloss sie das Fenster und verschwand.

Ein andermal sah sie mich wieder an derselben Stelle von ihrem Fenster aus. Ich lag im Schatten, während meine Ziegen weideten, und pfiff die Melodie eines Hirtenlieds.

Irgendetwas veranlasste sie, mir zuzurufen:

»Du singst ja die ganze Zeit! … Wieso höre ich nie eine Flöte? … Ein Hirt ohne Flöte, wirklich sonderbar! …«

Ich hatte zwar eine Flöte, getraute mich aber nicht recht, darauf zu spielen, im Wissen darum, dass sie zuhörte … Diesmal aber ließ ich es mir nicht nehmen, ihr zuliebe; wie meine Flötenkunst bei ihr ankam, weiß ich nicht, nur, dass sie mir zur Belohnung ein paar getrocknete Feigen und einen Becher Traubensirup bringen ließ.

Eines Abends hatte ich meine Ziegen zum Strand zwischen Gestein getrieben, wo aus dem Meer manch herzerfrischende kleine Bucht und traute Gestaden erwuchsen, wo sich der Fels zu Pieren wölbte oder zu Höhlen beulte, wo Wasser, das murmelnd eindrang, zwischen unzähligen Windungen und Wendungen mit dem Geplätscher und der Gischt tanzte – wie ein Säugling, der sich greinend in der Wiege aufbäumt, weil er unbedingt herausgehoben und auf dem besänftigenden Arm einer Mutter geschaukelt werden will –, ich hatte also wie üblich die Ziegen dorthin gebracht, wo sie Meersalz lecken konnten, und als ich den Strand vor mir sah, war ich entzückt und verzaubert und spürte die Versuchung und die Lust, mich ins Wasser zu werfen und zu schwimmen. Es war August.

Ich führte die Herde an eine Stelle oberhalb der Felsmasse, zwischen zwei Klippen und einem Fußpfad, der sich am Kamm entlangschlängelte. Von dort war ich herabgestiegen, auf ihm würde ich für die Nacht wieder zum Gehege am Berg zurückkehren. Hier konnten die Tiere Meerfenchel und Queller grasen, obschon sie nicht mehr hungrig sein konnten. Durch leise Pfiffe gab ich ihnen zu verstehen, sich niederzulegen, stillzuhalten und auf mich zu warten. Sie hörten auf mich und hockten sich hin. An sieben oder acht Böcken hing eine Schelle, deren Ton man weithin hören würde, sollte Unruhe unter ihnen aufkommen.

Nun stieg ich die Klippe wieder hinunter zum Meer. Gerade zog sich die Sonne in ganzer Pracht zurück, und nur zwei Fingerbreit über den Bergen der Insel gegenüber leuchtete in nahezu voller Rundung der Mond auf. Die Felsmasse, an deren Fuß ich stand, war nach Norden ausgerichtet, und jenseits des anderen Kaps westlich davon konnte ich linkerhand einen Purpurstreifen der Sonne sehen, die just in jenem Moment majestätisch verschwand.

Er war die Schleppe ihres prächtigen roten Umhangs

oder auch der gewebte, von ihrer Mutter ausgelegte Teppich, auf dem sie sich nun niederließ und speiste.

Rechterhand des mächtigen Felsbuckels bildete das Gestein eine kleine Meereshöhle, über und über gefüllt mit weißen, kristallinen Muscheln und herrlichen Kieseln in allen Schattierungen, als hätten Meernymphen den Ort eingerichtet und geschmückt. An dieser Höhle begann ein Fußpfad, von dem aus man quer über den Hang hinauflief und die untere Pforte von Herrn Moshos' Umfriedung erreichte, deren Mauerwerk sich mehrere hundert Meter die Küste entlangzog.

Schnurstracks legte ich mein Hemd und die lange Unterhose ab und stürzte mich ins Wasser, wo ich mir den Körper sauberrieb, die Haare wusch und ein paar Minuten schwamm. Es fühlte sich berückend, ja bezaubernd an, und ich stellte mir vor, eins mit den Fluten des Meers zu sein und teilzuhaben an seiner feuchten, salzigen, wohltuend kühlen Beschaffenheit. Nichts hätte mich aus dem Nass herausholen können, nie und nimmer wäre ich des Schwimmens müde geworden, dächte ich nicht die ganze Zeit an meine Herde. So folgsam die Tiere auch waren und sich meiner Stimme fügten, die Ruhe befahl, es waren Böcklein und Zicklein, ungezogen und sprunghaft wie kleine Kinder. Ich befürchtete, dass sich womöglich ein paar davonmachten und entwischten, so dass ich nachts im bergigen Gehölz nach ihnen suchen müsste, geführt allein vom Klang der Glocken, die an den Böcken hingen! Was Moshoula anging, so hatte ich sie vorsorglich oberhalb des Felsens an einen Busch geseilt – um sicher zu sein, dass sie mir nicht davonlief, wie schon ein andermal, als ein unbekannter Dieb (der könnte was von mir erleben, dieser Lump!) ihr das vergoldete Glöckchen mit dem roten Halsband stahl; dort hatte ich auch meine übrigen Kleidungsstücke liegenlassen, bevor ich mich ins Meer warf.

Ich fand also rasch wieder zum Ufer, zog Hemd und Unterhose an und machte mich an den Aufstieg. Oben auf dem Felsen, dessen Fundament vom Meer umspült war, würde ich mein Zicklein Moshoula losbinden und dann nach ungefähr zweihundert Schritt auf meine Herde stoßen. Für mich war dieser kurze Weg nach oben auf der glatten Klippe eine Spielerei, genau wie für Kinder aus der Nachbarschaft, wenn sie, um einander auszustechen, die Stufen einer Marmortreppe immer wieder hinauf- und hinunterspringen.

Schon beim ersten Schritt hörte ich, dass etwas heftig im Meer aufprallte, als fiele ein Körper ins Wasser. Das Geräusch kam von rechts, von der mit Muscheln ausgelegten und von Nymphen verzierten Höhle, wo meines Wissens Herrn Moshos' Nichte Moshoula gelegentlich im Meer badete. Nie und nimmer hätte ich, der junge Satyr der Berge, mich erdreistet, ihren Grenzen so nahe zu kommen und dort zu baden, hätte ich gewusst, dass sie auch abends bei Mondschein ins Meer ging. Bisher war mir nur aufgefallen, dass sie ihr Bad für gewöhnlich bei Sonnenaufgang nahm.

Ich machte zwei, drei geräuschlose Schritte, kletterte nach oben, bückte mich, versteckt hinter Macchiengebüsch und von der Felskuppe verdeckt, ganz behutsam dorthin, wo die Höhle lag, und sah vor meinen Augen, dass Moshoula soeben nackt ins Meer gesprungen war und sich im Wasser tummelte …

Im betörenden Mondschein, dessen Abglanz das weithin ausgespannte Tuch der stillen See mit tanzenden Schlieren versilberte, erkannte ich sie sofort. Kaum ins Meer getaucht, war ihr nasser Schopf, aus dessen Locken das flüssige Element wie ein Perlenstrom floss, gleich wieder an der Oberfläche; ab und an geschah es, dass sie zu mir herüberschaute, während sie sich munter in den Wellen regte. Schwimmen konnte sie wirklich gut.

Um mich davonzustehlen, hätte ich in jedem Fall einen Moment lang an der Felskuppe aufrecht gehen, mich dann hinters Gebüsch ducken, meine Ziege losbinden und mit angehaltenem Atem verschwinden müssen, ohne das geringste Geräusch zu erzeugen, nicht einmal ein Rascheln. Doch dieser Augenblick, in dem ich über die Kuppe ginge, würde genügen, dass Moshoula mich zu sehen bekäme. Auf keinen Fall könnte ich mich unbemerkt entfernen, sollte sie ihren Blick in meine Richtung wenden.

In jenem Moment würde sich auf dem Felsen meine Gestalt abzeichnen, hoch aufgerichtet und von Mondlicht überflutet. Dort könnte das Mädchen, wäre es mir zugewandt, mich wahrnehmen. Ach, wie überrumpelt würde es sich fühlen! Auf der Hand lag auch, dass es sich erschreckte, zu schreien anfinge und mir gar unlautere Absichten unterstellte; dann müsste ich armer Hirte mich auf etwas gefasst machen!

Zuerst dachte ich daran, gleich durch Husten ein Zeichen zu geben und laut auszurufen: »Ich wusste nicht… bin zufällig hier… Erschrick bitte nicht!… Ich gehe gleich wieder weg, Mädchen!«

Nur zu misslich, dass ich ein zaghafter Tölpel war! Hier in den Bergen hatte mir niemand schickliches Benehmen beigebracht. So kauerte ich mich wieder an den Felsen und harrte der Dinge.

»Sie braucht bestimmt nicht lang«, sagte ich mir, »sie schwimmt ein wenig, zieht sich wieder an und geht… Dafür nimmt sie den Pfad, und ich verschwinde über meinen Hang!…«

Und dann dachte ich an Sisois und den Popen Grigorios, den Geistlichen des Klosters, die mich beide oft ermahnten, der Versuchung durch das Weib stets aus dem Weg zu gehen!

Außer zu warten, bot sich weder eine Handhabe noch ein Unterschlupf, es sei denn, ich würde mich, bekleidet wie ich war, zum Sprung ins Wasser entschließen und weit draußen im Meer die ganze Strecke gen Westen schwimmen, weg von hier, wo ich jetzt hockte und das Mädchen badete, schwimmen bis zur großen Bucht und deren Strand, denn die gesamte Küste mit ihren Felsen und Klippen war auf eine halbe Meile unnahbar und unzugänglich. Einzig hier, wo ich mich gerade befand, gab es zwischen Höhlungen und Gesteinsblöcken jene geborgenen Gewässer, in denen man sich wiegen konnte.

Mein oberhalb des Felsens festgezurrtes Zicklein Moshoula müsste ich seinem Schicksal überlassen und, wenn ich in klatschnassen Kleidern von Salzwasser triefend den Strand erreicht hätte (denn ich müsste bekleidet schwimmen), dann zweitausend Schritt auf einem anderen Fußpfad zu meiner Herde zurückfinden, noch ein wenig die Klippen hinunter klettern und Moshoula losbinden, sofern Herrn Moshos' Nichte verschwunden wäre, ohne dass natürlich irgendeine Spur am Strand zurückbliebe. Dieser Plan brächte, sollte ich ihn ausführen, eine große Anstrengung, ja einen gewaltigen Kraftaufwand mit sich und nähme bestimmt mehr als eine Stunde in Anspruch. Auch könnte ich mir nicht sicher sein, dass unterdessen meine Herde gut aufgehoben war.

Also bestand keine andere Möglichkeit als zu warten und den Atem anzuhalten. Dem Mädchen selbst käme nicht in den Sinn, dass ich zugegen sein könnte. So oder so hatte ich ein reines Gewissen.

Doch wie unbescholten ich auch war, die Neugierde ließ nicht auf sich warten. Ganz langsam krabbelte ich wieder hinauf zur Felskuppe, immer gut versteckt hinter Gebüsch, und beugte mich nach vorn, das schwimmende Mädchen anzuschauen.

Oh! Wonne, Wunschtraum, Wunder! Moshoula trieb fast fünf Klafter von der Höhle entfernt im Wasser, hatte mir den Rücken zugewandt und blickte ostwärts. Ich sah ihren schwarzen und doch mattgold schimmernden Schopf, ihren wohlgeformten Nacken, die milchigen Schultern und feinen, gemeißelt wirkenden Unterarme, und alles verschmolz im Mondlicht honigfarben unwirklich ineinander. Ich erkannte zwischen Schatten und Lichtschein ihre geschmeidige Taille, ihre Hüften, Waden und Füße, sämtlich in Meerwasser getauft. Ich erriet ihre Brust, ihren Schoß, der sich in prächtiger Wölbung den lauen Winden und dem göttlichen Meeresduft darbot. Sie war ein Hauch, ein Idol, das jegliche Vorstellung überstieg, ein Wunschtraum in den Wellen – eine Nereide, Nymphe, Sirene, die dahintrieb wie ein verzaubertes Schiff, ein geträumtes …

Damals ging mir nicht durch den Kopf, dass, sollte ich mich aufgerichtet oder gebückt über den Felsen davonstehlen wollen, es so gut wie sicher war, von dem jungen Mädchen überhaupt nicht bemerkt zu werden und mich, wie es sich gehörte, zurückziehen zu können. Moshoula blickte gen Osten, ich war westwärts hinter ihr. Nicht einmal mein Schatten hätte sie irregemacht, denn er fiel, da der Mond im Osten stand, nach Westen und damit hinter meinen Felsen und diesseits der Höhle.

Da saß ich also, blickte unverwandt und wie entrückt dorthin und dachte an nichts mehr, was von dieser Welt war.

Ich weiß wirklich nicht mehr, ob mir damals Hintergedanken oder kindlich alberne Überlegungen in den Sinn kamen, etwa Verwünschungen in Wunschform: »Wäre sie nur plötzlich in Gefahr und stieße einen Schrei aus! Oder würde einen Zackenbarsch unter sich bemerken, den sie für ein Ungeheuer hält oder für einen Dornhai, und riefe dann um Hilfe! …«

Wahr ist, dass ich mich am Wunschtraum in den Wellen nicht sattsehen konnte. Doch am Ende kam ich, wie eigenartig!, zurück auf meinen ursprünglichen Einfall …

Nämlich mich in entgegengesetzter Richtung dem Meer zu überlassen und hinter ihrem Rücken die ganze Strecke bis zum Strand zu schwimmen, nur um zu entkommen, der Versuchung zu entkommen! …

Es half alles nichts, an diesem Traumbild konnte ich mich einfach nicht sattsehen … Jäh holte mich die Stimme meines Zickleins zurück in die Zwänge der wirklichen Welt. Meine kleine Moshoula hatte auf einmal zu meckern angefangen! …

Oh, damit hatte ich nicht gerechnet. Selbst brachte ich es fertig, keinen Ton von mir zu geben, doch meine Ziege konnte ich nicht ohne weiteres zum Schweigen bringen. Wie man Vieh notfalls einen Maulkorb verpasste, wusste ich nicht, denn mich an belebten Dingen zu vergreifen hatte ich noch nicht gelernt, wie etwa mein unbekannter Feind, der ihr das Glöckchen gestohlen, nicht aber die Zunge abgeschnitten hatte, um das Meckern zu unterbinden. – Mit einem verästelten Kreuzdornzweig im Maul oder Binsenginster um die Schnauze, oder so ähnlich; auch wenn ich es gewusst hätte, jetzt war nicht daran zu denken!

Wie ein Wahnsinniger stob ich los, ihr mit der Hand die Schnauze fest zuzudrücken und sie verstummen zu lassen … Um der Meckernden willen vergaß ich in jenem Moment die Schwimmende. Außer Acht lassend, ob das Mädchen mich möglicherweise zu sehen bekäme, richtete ich mich ein wenig auf und betrat in gebückter Haltung den Felsen, um so schnell wie möglich zu meiner Ziege zu kommen.

Zugleich machte sich Angst in mir breit, so groß war meine zärtliche Zuneigung zum armen Zicklein. Der Strick, mit dem ich sie an einen Busch gebunden hatte, war ziemlich kurz. Sollte sie sich womöglich »verstrickt« und ihr Hals sich verfangen haben? War die gequälte Kreatur gar in Gefahr zu ersticken?

Ich weiß nicht, ob das badende Mädchen den Laut meiner Geiß gehört hatte. Und wenn schon, was wäre so merkwürdig daran? Wieso sollte man sich deshalb ängstigen? Beim Schwimmen ein paar Klafter vom Festland entfernt einen Tierlaut zu hören ist nichts, was außergewöhnlich wäre.

Und doch, gerade als ich auf die Felskuppe trat, geschah es. Moshoula, hatte sie nun die Stimme des Zickleins gehört oder nicht – vermutlich ja, denn sie wandte das Gesicht zum Festland –, sah einen schwarzen Schattenriss, meine Kontur auf dem Felsen zwischen Gebüsch, und stieß einen erstickten Angstschrei aus …

Erschrecken, Erschütterung, ja unsägliches Herzeleid bemächtigten sich meiner. Die Knie knickten mir ein. Fassungslos vor Entsetzen, fand ich trotzdem die Kraft, etwas von mir zu geben und laut zu rufen:

»Hab keine Angst! … Alles in Ordnung … Ich will dir nichts Böses!«

Und überlegte in meiner Erregung, ob ich, um ihr zu Hilfe zu kommen, ins Meer springen oder lieber weglaufen sollte … Es kam darauf an, ob sie, falls ich flüchtete, mehr oder genau so viel Mut schöpfen würde, wie wenn ich dabliebe und ihr zur Seite spränge.

Gerade jetzt tauchte ein Boot im Südosten an der Landzunge auf, die so etwas wie das rechte Horn der kleinen Bucht bildete. An diesem Zufall war nichts merkwürdig, denn sämtliche Küsten- und Seegebiete in dieser Gegend wurden von Fischern befahren. Langsam kam es herangerudert; doch statt dem Mädchen Mut zu machen, mehrte es sein Entsetzen.

Es stieß noch einen Schrei aus, diesmal in Todesangst. Ich sah, wie es auf der Stelle unterging und im Wasser versank.

Jetzt gab's für mich kein Halten mehr. Gut zwanzig Klafter von der Stelle, an der Moshoula um ihr Leben kämpfte, lag ein Boot, während ich gerade mal fünf oder sechs Klafter von ihr entfernt war. Augenblicks stürzte ich mich, wie ich war, kopfüber von der Felskuppe ins Meer.

Die Wassertiefe dort betrug über zwei Mannshöhen. Fast langte ich an den sandigen Grund, auf dem weder Felsbrocken noch Steine lagen, so dass Verletzungen nicht zu befürchten waren. Im Nu trieb ich zur schaumigen Oberfläche.

Mittlerweile war ich weniger als fünf Klafter von der Stelle im Meer entfernt, wo sich im Wellenschaum Wirbel und kreiselnde Furchen bildeten; sie sollten zum nassen, flüchtigen Grabmal des unglückseligen Mädchens werden, als einzige Spuren, die ein Mensch, der mit dem Tod ringt, im Wasser hinterlässt! … Mit drei kräftigen Kraul- und Schwimmzügen war ich in Nu bei Moshoula …

Ich sah ihren wohlgestalteten Leib, wie er strudelnd versank, dem Meeresgrund näher als der Gischt, dichter am Tod als am Leben. Da tauchte ich ab, umarmte sie mit einem Griff und kam wieder hoch.

Sobald ich den linken Unterarm um sie geschlungen hatte, war mir, als fühlte ich ihren schwachen Atem an meiner Wange. Gott sei dank, ich war nicht zu spät gekommen! … Doch gab sie kein weiteres Lebenszeichen von sich. Intuitiv schüttelte ich sie heftig, damit sie Luft holen konnte, stützte sie auf meinem Rücken ab und hatte so den rechten Arm und beide Beine frei, um direkt zur Küste zu schwimmen. Währenddessen mehrten sich auf wundersame Weise meine Kräfte.

Ich fühlte, wie sich das Geschöpf an mich schmiegte; es wollte leben; ja, es sollte leben und glücklich sein. In jenem Moment existierte für mich nicht der Anflug eines eigennützigen Gedankens. Mein Herz war erfüllt von Opfergeist und Selbstlosigkeit. Nie und nimmer trachtete ich nach einer Belohnung!

Wie lange noch will mir dieser sanfte, zarte Jungfrauenleib, den ich einige Minuten meines ansonsten sinnlosen

Lebens gespürt hatte, nicht aus dem Sinn gehen? Ein Traum war's, ein Trug, es war Magie. Und wie sehr unterschied sich jene erlesene, ätherische Berührung von all den eigensüchtigen Liebesakten, den Scheinverhältnissen und lügnerischen Liebeleien dieser Welt! Jene wohlumarmte Last lag nicht etwa schwer auf mir, sondern erleichterte und erfrischte mich. Nie war mir unbeschwerter zumute als damals, da ich sie trug … Ich war ein Mensch, der es zuwege gebracht hatte, für eine kleine Weile mit seinen Händen einen Traum anzufassen, seinen Wunschtraum …

Moshoula blieb am Leben, sie lebte weiter. Seither habe ich sie gelegentlich gesehen; heute weiß ich nicht, wie es ihr geht; daher nehme ich an, dass sie zu einer der vielen Evastöchter geworden ist.

Doch das Lösegeld für ihr Leben bezahlte ich. Meine geplagte kleine Ziege, die mir Moshoula zuliebe aus dem Sinn gegangen war, hatte sich in der Tat »verstrickt«, sich böse in den Strick verwickelt, an dem sie hing, und war dann erstickt! … Allzu viel Kummer empfand ich darüber nicht, denn ich hatte die eine der anderen zum Opfer dargebracht.

Und dann lernte ich lesen und schreiben, ob des Wohlwollens und Mitleids, das mir die Mönche entgegenbrachten, und wurde so zum Advokaten … Nach zwei durchlaufenen Priesterseminaren wohl unvermeidlich!

Sollte es jene einzigartige Begebenheit, jene traumverlorene Erinnerung an das schwimmende Mädchen sein, die mich nicht zu einem Mann der Kirche hat werden lassen? Ach wo! Genau diese Erinnerung hätte mich zum Mönch machen müssen.

Zu Recht sagte der alte Sisois immer, dass, wenn aus mir ein Mönch werden solle, man mich nicht irgendwohin weg vom Kloster schicken dürfe … Für mein Seelenheil reichten die paar Wissensbrocken, die der Alte mir hingeworfen hatte, ja, sie waren sogar mehr als genug! …

Und wenn ich jetzt an diesen kurzen Strick denke, in dem mein Zicklein Moshoula sich verfangen und selbst erdrosselt hatte, und mir dann jene Leine aus dem Gleichnis vor Augen rufe, an der ein Hund im Hof seines Herrn liegt, dann frage ich mich, ob beide Seile nicht eng miteinander verwandt sind und womöglich mein »Erbland« umspannen, wie es in der Schrift heißt.

Ach, wäre ich nur als Hirte in den Bergen geblieben! …

(1900)

DAS KLAGELIED DER ROBBE

Als der Tag zu Ende ging, stieg die arme Loukena, eine leidgeprüfte alte Frau, auf einem Pfad, der bei Mamogiannis' Windmühle beginnt, hinunter zum meerumspülten Steilhang, den Gottesacker gegenüber im Blick und westlich davon einen flachen Felsvorsprung, von den Dorfbuben, die sich dort im Sommer den lieben langen Tag im Wasser tummelten, Muschel geheißen – was seiner Form entspricht. Unter der Achsel trug die Frau ein Bündel, denn sie hatte vor, ihre Wolldecken in Salzwasser zu waschen und danach an einer kleinen Quelle auszuspülen, deren Brackwasser aus dem Schieferfelsen rinnt und dann ins Meer sickert. Langsam stieg sie den Pfad am Hang hinunter, summte ein herzergreifendes Klagelied und schirmte sich dabei die Stirn mit der flachen Hand ab, um ihre Augen vor der blendenden Sonne zu schützen, die am Berg gegenüber in sinkender Pracht das kleine, umfriedete Gelände und die schneeweiß getünchten, im späten Licht aufglänzenden Gräber mit letzten Strahlen liebkoste.

Stets dachte sie dabei an ihre fünf Kinder, die sie dort, auf dem Dreschplatz des Schnitters Tod, in jenem Garten des Zerfalls, unter die Erde gebracht hatte, eins nach dem andern, vor vielen Jahren schon, als sie selbst noch jung war. Zwei Mädchen und drei Knaben, sie alle hatte der unersättliche Sensenmann schon im Kindesalter dahingemäht.

Zuletzt nahm er ihr den Mann, und nur zwei Söhne waren ihr geblieben, die jetzt in der Fremde lebten; der eine war, wie man ihr zutrug, nach Australien ausgewandert und hatte in den vergangenen drei Jahren keinen einzigen Brief geschrieben, so dass sie nicht einmal wusste, was aus ihm geworden war; der andere, der jüngere, war im Mittelmeer auf See und dachte gelegentlich noch an sie; geblieben war ihr auch eine verheiratete Tochter mit einem halben Dutzend Kinder.

Ihr griff die alte Loukena nun am Lebensabend unter die Arme, ihr zuliebe stieg sie auch den Pfad am Hang hinab, um Wollzeug und etliches an Kleidung im Salzwasser zu säubern und anschließend im Brackwasser der Quelle auszuspülen.

Die Alte bückte sich über einen flachen, vom Meerwasser zerfressenen Felsen und machte sich an die Arbeit. Rechterhand fiel der Hügel, auf dem der Friedhof lag, weniger schroff ab. Von seinen Hängen kullerte immer wieder in die allverschlingende See morsches Holz aus Gräbern, die man geöffnet hatte, um menschliche Skelette ins Beinhaus zu überführen. Da stürzten Überreste goldfarbenen Schuhwerks ins Meer, goldbestickte Hemden junger Frauen, in denen diese einst bestattet worden waren, Zöpfe von blonden Schöpfen, und welche Beute der Tod sonst noch an sich gerissen hatte. Ein wenig weiter rechts hatte sich über ihr in einer engen, von außen nicht einsehbaren Kuhle neben dem Friedhof ein junger Schäfer hingehockt. Mit seiner kleinen Herde auf dem Heimweg von den Weiden, hatte er, ohne zu bedenken, dass dies ein Ort der Trauer war, die Rohrflöte aus dem Beutel gezogen und ein heiteres Hirtenlied angestimmt. Das Klagelied der Greisin ebbte im Flötenklang ab, und ein jeder, der zur Stunde des Sonnenuntergangs von den Feldern heimkehrte, hörte allein die Flöte und sah sich nach dem Spieler um, der jedoch, in der tiefen Mulde am Hang zwischen Büschen versteckt, nicht zu sehen war.

Ein Zweimaster hatte Segel gesetzt und kreuzte im Hafen. Doch die Segel wollten sich einfach nicht blähen, und das Schiff konnte nicht um die westliche Landzunge biegen.

Eine Robbe, unweit davon auf der Suche nach Nahrung im tiefen Wasser, vernahm, angelockt von der lauten Flöte des jungen Hirten, wohl auch das leise Klagelied der Greisin, denn sie schwamm an die Küste, wo es seicht war, ergötzte sich am Klang und ließ sich von den Wellen schaukeln. Und dann erschien ein kleines Mädchen; es war Akrivoula, die älteste Enkelin der Greisin. Die Neunjährige mochte von ihrer Mutter geschickt worden sein oder, was wahrscheinlicher war, hatte sich aus deren wachsamer Aufsicht fortgestohlen, und als ihr zu Ohren kam, dass Großmutter bei der Muschel am Ufer Wäsche wusch, machte sie sich auf den Weg zu ihr, um ein wenig am Meer zu spielen. Nur dass sie nicht wusste, wo der Pfad begann, nämlich bei der Mühle von Mamogiannis gegenüber vom Gottesacker, und als sie die Flötentöne hörte, lief sie in deren Richtung und stieß auf den Spieler im Versteck. Nachdem sie seinem Instrument zur Genüge gelauscht und den jungen Hirten angestaunt hatte, entdeckte sie im Zwielicht der Dämmerung dort einen schmalen Pfad, arg steil und abschüssig, glaubte sich auf dem richtigen Weg, den auch ihre alte Großmutter von hier aus genommen haben musste, und schlug nun den abschüssigen, steilen Pfad ein, der sie hinunter zur Küste führen sollte. Inzwischen war es dunkel.

Die Kleine ging ein paar Schritte hinunter und sah alsbald, dass der Pfad immer schroffer abfiel. Sie stieß einen Schrei aus, versuchte kehrtzumachen und hinaufzusteigen, gerade als sie an der Kante einer Felsnase stand, etwa zwei Mannshöhen überm Meer. Der Himmel verdunkelte sich, Wolken verhüllten die Sterne, und das bei abnehmendem Mond. Sie tastete sich voran, fand aber den Weg nicht mehr, auf dem sie hergekommen war. Wieder machte sie kehrt und versuchte sich am Abstieg. Da glitt sie aus und fiel – plumps! – ins Meer. Es war so tief wie der Felsen hoch, annähernd zwei Klafter. Der Flötenklang übertönte ihren Schrei. Nur ein klatschendes Geräusch vernahm der Hirt, konnte aber von dort, wo er war, den Fuß des Felsens und den Küstenrand nicht sehen. Ohnehin hatte er das kleine Mädchen nicht beachtet, ja kaum bemerkt, dass sie in seiner Nähe war.

Als die alte Loukena ihr Bündel fertiggewaschen hatte und sich bereitmachte, den Pfad auf dem Heimweg hinaufzusteigen, war es Nacht. Auf halber Strecke hörte sie das klatschende Geräusch, drehte sich um und blickte ins Dunkel, dorthin, wo der Flötenspieler war.

»Der mit seiner Flöte wird's wohl sein«, sagte sie, denn sie kannte ihn. »Es reicht nicht, dass er mit seiner Spielerei die Totenruhe stört, er muss zum Zeitvertreib auch noch Felsbrocken ins Wasser werfen … So ein Rüpel, immer tanzt er aus der Reihe.«

Und sie ging weiter ihres Wegs.

Immer noch kreuzte der Zweimaster im Hafen hin und her, und in der nächtlichen Stille blies der junge Hirte weiterhin auf seiner Flöte.

Als die Robbe näher an die seichte Küste kam, stieß sie auf den kleinen, ertrunkenen Leib der armen Akrivoula. Sie begann um ihn kreisen und ihn zu beklagen, bevor sie ihr abendliches Mahl in Angriff nahm.

Das Klagelied der Robbe, in Menschenworte übertragen von einem greisen Fischer, der in der tonlosen Sprache der Robben bewandert war, lautete ungefähr so:

Dies war die Akrivoula
Die Enkelin der alten Loukena.
Ihr Brautkranz aus Algen geflochten,
die Mitgift aus Muscheln gewoben …

Die Alte trauert immer noch
um ihre Kinder, beklagt den Tod.
Als wären je zu Ende
Der Menschen Qual und Not.

(1908)

TOTER AUF REISEN

Als man die Wasserleiche genau unterhalb des Friedhofs fand, an einem Felsen zwischen dem langen Strand und der Werft, war die Sonne beinahe untergegangen oder vielmehr hinter dem Nachbarberg gegenüber verschwunden. Die örtlichen Behörden, vertreten durch den ehemaligen Amtsrichter und den als Wachtmeister eingesetzten Gendarmerie-Offizier, bekundeten daraufhin, der Tote dürfe nicht gleich heute Nacht unter die Erde kommen, denn morgen müssten die Ärzte ihn wohl oder übel zerlegen, um festzustellen, ob er tatsächlich ertrunken war – oder vielleicht auch nicht.

Ein herzensguter Mensch war er, der selige Kostas Stamatakis. Irgendetwas musste er der Muttergottes »auf der Schaukel« gelobt haben, damit ihm ein Begräbnis auf seiner kleinen Insel vergönnt sein möge, oberhalb des meergepeitschten Felsens, wo Wellen für die Toten ein wunderliches Wiegenlied singen. Und wirklich war die Muttergottes auf sein bescheidenes Anliegen eingegangen, denn seit der Stunde, als er Schiffbruch erlitten und schließlich im Kampf gegen den Charon des Meers seine demütige Seele inmitten der Wellen ausgehaucht hatte, richtete er sich ohne Unterlass an ihrer einsam gelegenen Kapelle weit weg an den westlichen Hängen der lieblichen Insel aus. Unentwegt behielt er sie im Blick, und bis zuletzt klammerte sich sein Verlangen an sie. Dort hob sich zwischen Schirmkiefern und Kastanienbäumen die alte, weiß aufleuchtende Einsiedelei von dichtem Grün ab, ein wenig oberhalb der lieblichen Aselinos-Bucht, wo sich die Sonne stets so anmutig zurückzieht, als verstecke sie ein goldglänzendes Kleinod nach dem anderen in ihrer Schatztruhe.

Und wenn das Glöckchen die derben Berghirten zum Gebet rief – die nie darauf hörten, sich allenfalls von weitem bekreuzigten, wenn sie das überhaupt noch konnten – und Vater Efraim mit seinem Messdiener Micha die Abendandacht hielt, stieg der alte Pope anschließend immer die Stufen zur Quelle hinab, um an jenem Ort, für ihn der »Paradieswinkel«, ein weiteres Mal die süße Wehmut der Einsamkeit zu kosten. Rinne und Becken der Marmorfassung waren ausgewaschen und gerade noch lesbar die Verse, die einst der Abt Dionysios in die Brunnentafel hatte meißeln lassen: »Wer Hände, Füße, Antlitz sich hier sorgsam wäscht/und sich an sprudelnd klarer Quelle labt/möge des Dionysios Seele stets gedenken!«

Ganz oben am Hang, fast an der Kuppe, steht nach wie vor die tausendjährige Schirmkiefer, in deren Wipfel man vor Zeiten die herrliche Ikone der Muttergottes an Ästen hängend aufgefunden hatte. Der Baum sah aus wie ein Mensch, dessen Schopf ein Leben lang ungekämmt geblieben war. Seit dreihundert Jahren hatte niemand Anstalten gemacht, auch nur eine Nadel von diesem gigantischen Gewächs zu entfernen. Sämtliche Zapfen, abertausende dieser Baumfrüchte, hingen seit undenklichen Zeiten an den Ästen. Sicher ist, dass sich dort im 17. Jahrhundert eines Morgens die Ikone der Heiligen Jungfrau fand: das gemalte Brustbild eines Mädchens ohne Christkind im Arm, so dass man es mit Mariae Tempelgang in Verbindung brachte, wo sie dem Haus des Herrn wie ein »dreijähriges Kalb« dargebracht wurde. Daher hatte man die Kapelle der kleinen Klause, aus der später das Kloster entstand, dem Tempelgang Marias geweiht. Die wundersam aufgefundene Ikone ließ zumindest die Christenmenschen von damals an ein arglos feinsinniges Mädchen denken, das seinem Wunsch zu wippen nachgab und sich an den Ästen schaukeln ließ, so dass sie den Namen »Muttergottes auf der Schaukel« erhielt.

An jene alte Einsiedelei, die zwischen dem tiefen Grün des Tals und der von Höhenrücken und Sturzbachrinnen zerklüfteten Schlucht neben dem Meer weiß aufstrahlte, hielt sich der Ertrunkene, als er tagelang auf See unterwegs war, um von den Steilküsten, den Ausläufern des Ossa- und Piliongebirges, zum meerumspülten Hügel zu gelangen, auf dem die getünchten Grabmäler seiner kleinen Heimat lagen, während unten die Wellen kaum zu bändigen waren und sich nur unwillig geifernd vor dem Felsgestein verneigten.

Sein großes Boot, eine Barkasse, fuhr stets beladen zwischen Saloniki und Zagora hin und her, gesteuert von ihm und dem Bruder Giannis, deren beider Vater Stamatakis hieß. Mit an Bord war auch der Mann, der die Handelsgeschäfte ausführte. Man brachte Äpfel, Kartoffeln und Maronen nach Saloniki zu den Juden, und diese lieferten dort andere Ware an, etwa Hülsenfrüchte, einen kleinen Teil als Kostprobe aus der jüngsten Ernte, den größten, fauligen, vom letzten oder vorletzten Jahr.

Das Boot gehörte eigentlich Giannis, dem jüngeren Bruder und Kapitän. Es war alles, was er auf dieser Welt besaß. Kostas hingegen war nie zu Eigentum gekommen. Einst hatte er eine Frau und ein Kind. Doch das Kind starb an der Mutter Brust, und das Weib legte, glaube ich, Hand an sich, als sie in geistiger Umnachtung vom Söller stürzte. Seitdem hatte er sich nicht wieder gebunden, denn er war mehr und mehr in der Lage, seine Freiheit zu schätzen und sie nicht mehr preiszugeben. Stets war sein Blick gesenkt, er rauchte, trank Kaffee und schwieg. Nie kam ein Wort aus seinem Mund. Mittlerweile war er über fünfzig und immer mit seinem jüngeren Bruder unterwegs, gefügig und willig, Mühen und Gefahren auf See mit ihm zu teilen. Giannis wiederum war unter fünfzig, hatte Familie und nahezu ein halbes Dutzend Kinder.

Beide waren dem auf sechsunddreißig Prozent gestiegenen Zinswucher und dem entsprechenden Zinseszins zum Opfer gefallen, wie viele andere auch. Der Wucherer, ein rabiater Bettler (wobei auch Bettler durchtriebene Wucherer sein können – welcher von diesen Schurken ist wohl der üblere?), hatte mit seinen »Seekrediten« und dem Zinssatz von sechsunddreißig Prozent schon längst die Schifffahrt in der Umgebung ruiniert und die gesamte Bevölkerung von sich abhängig gemacht. Fügung, Schicksal und Bestimmung der beiden Brüder wie auch vieler anderer Leute war es, sich winters bis an den Rand der Erschöpfung im wetterwendischen Meer abzurackern, »getötet Tag für Tag/behandelt wie Schafe,/die man zum Schlachten bestimmt hat.« Schließlich wurden die beiden von ihrer Schinderei … erlöst, während eines fürchterlichen Unwetters und Sturms in der vorletzten Novembernacht, einem Montag … Die erste Welle rüttelte von unten am Kiel des Boots, die zweite sorgte dafür, dass es volllief und unter Wasser geriet, die dritte, heftigste, gab ihm barmherzig den Gnadenstoß und versenkte es.

Das Meer hatte sie nicht allzu weit vom Festland verschlungen. Giannis war ein ausgezeichneter Schwimmer. In Hemd und Hose hielt er sich über Wasser, bis er die Felsküste an einem Steilhang bei Agia erreichte. Mit Schrammen, Prellungen und Beulen, hustend, spuckend und durchfroren fand er sich beim Morgengrauen auf festem Grund wieder. Nachdem das Boot gesunken war, dämmerte der Tag herauf, in dessen Licht »ein jeder, der ertrunken, Buße tun« konnte oder womöglich Wrackteile zum Vorschein kamen. Giannis warf einen Blick rundum, nach rechts, links, oben und unten: Da gab es weder eine Hütte noch einen Menschen. Frierend und benommen wie er war, empfand er als absonderlichen Traum, dass er überhaupt noch lebte. Weil nirgends weder ein Weg noch ein Pfad zu erkennen war, begann er die Steilküste zu erklettern. Er rutschte aus, krallte sich verbissen ins Gebüsch, stürzte und stand wieder auf, bis er endlich oben ankam. Später, als die Leute seine Spuren besichtigten, um sich von seinem verzweifelten Aufstieg zu überzeugen, bekreuzigten sie sich. Ein junger Lehrer aus dem Nachbardorf war so erschüttert, dass er in einem fort weinte und schluchzte. Selbst der gerettete Seemann traute seinen Augen nicht, als er die von ihm hinterlassenen Spuren besah.

Er stieß auf gutherzige Hirten, die ihm in ihrer Behausung bereitwillig Gastfreundschaft gewährten. Man versorgte und stärkte ihn und überließ ihm einen Umhang, grob gestrickte Socken und Schnabelschuhe. Die wackeren Leute suchten ringsum sämtliche Küsten ab, um einen toten Seemann oder ein Wrack zu entdecken, womöglich sogar einen lebendigen Menschen. Nirgends war etwas zu erkennen. Auch von Stathis, dem Händler der Ladung, war nichts zu sehen, nichts aufzufinden. Kostas, Giannis' Bruder, war ein guter Seemann, fast so gut wie er selbst, und als Schwimmer genauso geschickt. Wieso tauchte er nicht auf? Wohin hatte es ihn verschlagen? Wie auch immer: Sollte der eine ertrunken und der andere errettet sein (sinnierte der überlebende Giannis stillschweigend in seiner Trauer), so schien sich diesmal das Meer freilich richtig entschieden zu haben; denn er selbst hatte ja Frau und fünf oder sechs Kinder, und der andere war ganz allein auf dieser Welt! ... Diesen Gedanken sprachen anschließend mehr als tausend Menschen laut aus, die von dem Geschehen erfuhren und die persönlichen Umstände kannten.

Gerade war der Schiffbrüchige nach neun oder zehn Tagen zurück im Heimatort, wo er sich, als Totgeglaubter wie aus dem Jenseits wiederaufgetaucht, der Behaglichkeit seiner ärmlichen Bleibe erfreute, da geschah gegen Abend desselben Tages etwas ganz und gar Merkwürdiges.

Auf dem Rückweg von den Feldern sahen ein paar Leute, als sie den langen Strand entlangliefen, neben der westlichen Werft unterhalb der Friedhofsmauer eine Wasserleiche; der aufgedunsene Leib war durch eine Salzkruste noch halbwegs straff und roch auch nicht so stark. Wer war das wohl? Ein ortsfremder Unbekannter? Nein. Es war ein Einheimischer; alle, die ihn sahen, wussten gleich Bescheid. Es war Konstantis Stamatakis aus dem Oberviertel des Städtchens.

Man überbrachte die Nachricht seinen Brüdern: Giannis, dem gerade geretteten Schiffbrüchigen, und Giorgis, der kürzlich aus Amerika heimgekehrt war. Beide eilten dorthin, erkannten in ihm den Bruder und betrauerten ihn. Er lag im flachen Wasser neben niedrigem Felsgestein; seine Beine waren im Sand zur Ruhe gekommen, Kopf und Oberkörper schaukelten im Meer noch immer hin und her. Bevor man sich an ihm zu schaffen machte, benachrichtigte man die Behörden und hieß die Angehörigen Tücher und Kleidung bringen, um den Leichnam zur Aufbahrung herzurichten.

Endlich trafen der Gendarmerie-Offizier und der Richter des früheren Amtsgerichts ein. Ihnen folgte eine neugierige, hie und da auch Anteil nehmende Menschenmenge. Dann ließ ein jeder seine Vermutungen verlauten: Womöglich war der Tote zusammen mit seinem Bruder auf dem Dampfboot »Kaphireas«, das Giannis gestern früh zurückgebracht hatte, und vielleicht hatte er ihn heimlich ins Meer fallen lassen? Eine erste, aus der Luft gegriffene Behauptung. An zweiter Stelle ein möglicher Verdacht: Irgendein Fischer oder Fährmann, mit seinem Boot auf See unterwegs, war irgendwo auf die im Wasser treibende Leiche gestoßen und hatte sie aus Mitleid herbringen wollen, damit dieser Pechvogel von Seemann wenigstens zu einem christlichen Begräbnis käme. Und als er sie schließlich hier hatte, überließ er sie in Strandnähe dem Meer, setzte sie also aus. Man höre: Ein Toter, dem Jenseits ausgesetzt wie ein unehelicher Säugling.

Aber wieso hätte sich jemand die Mühe machen sollen, ihn hierherzuschleppen und in aller Heimlichkeit liegen zu lassen, um dann das Weite zu suchen? Um welche Art von Schmuggelware ging es hier? Der Sinnesart der so Denkenden zufolge, hatte dieser Jemand offensichtlich Angst vor Scherereien mit Behörden und Autoritäten, wie es sie hierzulande eben gibt: »He, du. Wo hast du ihn gefunden? Und wie hast du ihn hergebracht? Was kannst du uns dazu sagen? Woran ist er gestorben? An welcher Stelle genau hast du ihn entdeckt? Sonst hast du nichts gefunden? Sag bloß, du hast ihn nicht durchsucht! Hast du sonst jemanden in der Nähe gesehen? Hast du ihn vielleicht umgebracht? Kannst du sonst noch etwas sagen? … Wie hast du es nur geschafft, ihn hierherzuschleppen?« Offensichtlich stünde hinter der ganzen Reihenfolge an Fragen insgeheim der Gedanke: »Hast du ihn womöglich getötet oder ertränkt? … Und ihn jetzt eigens hierhergebracht, damit du uns durch die Lappen gehst? … Pass bloß auf! Du kannst uns nichts vormachen. Wir sind doch alle gewitzte Rhomäer und nicht auf den Kopf gefallen«, und so weiter und so fort.

Die Ungewissheit ließ sich nicht ausräumen. Wer Argwohn hegte, blieb dabei. Wer von den einfachen Leuten unverdorbener war, glaubte an ein Wunder. »Er war ein guter Mensch und hat vom Leben nicht viel verlangt. Als er mit den Wellen kämpfte, hat er die Gottesmutter gebeten, ihm ein Grab in der Heimat zu gönnen und nicht zuzulassen, dass er zum Fraß für Fische wird. Und dies bescheidene Anliegen hat dem Ertrunkenen die wundertätige Muttergottes erfüllt, deren alte Einsiedelei er vor sich sah, dort an der grünen Anhöhe mit den riesigen Schirmkiefern, wo man sie einst als argloses Kind beim Schaukeln gefunden hat.«

Der Mensch tat seinen letzten Atemzug im Meer und versank zunächst. Später stieg sein toter Leib an die Oberfläche, steuerte, wie sein Bruder sagte, vom Wellengang geleitet, Richtung Süden und glitt dann viele Meilen dahin, glitt bis zum Seedreieck zwischen der Breiten Passage, der Meerenge vom euböischen Artemisio bis Sipiada am Südzipfel des Pilion und den Gewässern um die Sporaden. An dieser Stelle schlingerte er lange, von Strömungen gezogen, von Landwinden und Meeresbrisen gestoßen, und hielt dann die Richtung im Gefolge des südöstlichen Levante- und Schirokkowinds. Ein Toter unterwegs in Gewässern, ohne je im Wasser zu verschwinden! Behutsam gaben die Wellen dem einstigen Seemann auf der letzten Fahrt das Geleit, als erbarmten sie sich seiner. Fische umsprangen ihn in der Gischt und versuchten sich ihm zu nähern, doch stoben sie, wie von einer unsichtbaren Kraft gelenkt, immer wieder weit auseinander. Delfine machten ehrfürchtig einen Bogen um ihn, Robben verbargen sich in Meereshöhlen, Dornhaie wichen zurück, wenn er vorbeizog. Der tote Seefahrer kam nie vom Kurs ab, als habe er an seinem Gerippe immer noch Kompass und Steuer. Noch acht bis zehn Meilen trieb er die gesamte Südseite seiner kleinen Insel entlang und bog abermals ab, jetzt Richtung Norden, um dann langsam in den heimatlichen Hafen einzulaufen …

In all den Tagen hatte er ungefähr vierzig Meilen zurückgelegt. Die Reise ging nicht schnell voran, er ließ sich Zeit. Nicht zum Vergnügen war er unterwegs, sondern zu seiner Beerdigung. Weder ließ er sich von irgendeiner fernen Bucht umfangen noch machte er Halt an einem entlegenen Ufer oder einer menschenleeren Küste seiner Insel. Nirgendwo rastete er, an keinem Riff, keiner Sandbank, keinem Strand. Ohne Umweg strebte er auf den Friedhofshügel oberhalb des Meers im westlichen Teil des Städtchens zu, wurde eben dort ans schmale Ufer gespült und blieb liegen. Sein Leben war unauffällig, schlicht und genügsam. Noch im Tod wollte er den Leuten keine Umstände machen. Weshalb sollte man ihn ins Haus und die Kirche tragen und ihn dann feierlich durch den ganzen Ort geleiten? Er wollte nicht in aller Öffentlichkeit beerdigt werden. Zwei Christenmenschen sollten genügen, um ihn die paar Schritte zu überführen, die Erde zwei, drei Spannen tief auszuheben und ihn darin zu betten, auf dass auch ihre Seele Gnade vor dem Herrn finde. Wenn dann Vater Stamos, Vater Glioris oder gar der Wandermönch Ioakim zu einem Seelenamt käme, bitte schön! Gott wusste in jedem Fall Bescheid.

Indes befanden die Behörden, nachdem der Tote in die Umfriedung des Gottesackers überführt worden war, dass eine Obduktion jetzt, wo die Sonne bald untergehe, nicht angezeigt sei, man sich aber vergewissern müsse, ob es sich tatsächlich um Tod durch Ertrinken handele. So kam es, dass er die ganze Nacht bis zum nächsten Morgen unbestattet dalag.

In jener Nacht waren Gräber und Leichen der Gesprächsstoff einer launigen Runde im Kafenion von Alexis Barbadimos. Dakis Angoudis wettete mit Takis Patakis, dass er imstande sei, um Mitternacht mutterseelenallein auf den Friedhof zu gehen und dort eine Stunde lang im Freien neben der unbeerdigten Wasserleiche zu verweilen. Man beachte, dass dieser Pechvogel nach seinem Tod das Schicksal des peitschenschwingenden Ajax teilte: Nach dem Trauerspiel des Todes bahnte sich nun ein neues Drama ums Begräbnis an. Zum Glück war die Runde von der Sorte, die es bei Gerede belässt und nicht begreift, wie sehr Worte herabwürdigen können.

In den frühen Morgenstunden kamen schließlich die Ärzte her … »Wirst du an den Toten Wunder tun,/werden Schatten aufstehn, um dich zu preisen?« Umsonst gab die Familie des Verstorbenen zu bedenken, dass doch die Todesursache hier offensichtlich, unverkennbar und bezeugt sei.

Zwei Stunden später war die nutzlose Marter zu Ende, und der Tote wurde dem Erdreich übergeben. Sein Grab lag im äußersten Winkel des umfriedeten Geländes, direkt am Meer.

Lasse mich nicht zurück ohne Tränen und Grab bei der
Heimkehr,
...
schütte ein Grabmal mir auf an des grauen Meeres Ge-
stade...

S. 8 – *Klafter:* historische Maßeinheit, 1,80 Meter.

S. 11 – *Evangeliar:* auch »Tetraevangelium«, liturgisches Buch mit dem vollständigen Text der vier Evangelien, oft eng gedruckt und kleinformatig in einem kästchenartigen Behälter aus Holz oder Metall verwahrt, auch um es bei sich tragen zu können; *Epigonation:* »Das bischöfliche Epigonation wird an die Lenden angehängt und bezeichnet das geistliche Schwert des göttlichen Worts, mit welchem der Hirte bewaffnet sein soll gegen die Irrthümer des Unglaubens, der Ketzerei und für die Orthodoxie«. (Aus: Euchologion der Orthodox-Katholischen Kirche, aus dem griechischen Originaltext mit durchgängiger Berücksichtigung der altslavischen Übersetzung ins Deutsche übertragen von Michael Rajewsky. Wien, 1861, XXXI.)

S. 12 – *Weißes Meer:* Im Arabischen und Türkischen wird das Mittelmeer »Weißes Meer« genannt.

S. 13 – *Misr:* Ägypten, bis heute die arabische Bezeichnung des Landes.

S. 18 – *Floros* und sein Zwillingsbruder Lavros bzw. Laurus werden in der orthodoxen Tradition als frühchristliche Heilige und Märtyrer verehrt. Sie waren Steinmetze. Ihr damit zusammenhängendes Märtyrertum wird weiter unten im Text (S. 64) von Papadiamantis erläutert.

S. 19 – *Denn Staub bist du, zum Staub musst du zurück:* Genesis 3, 19; IΣ bzw. XΣ sind Nomina sacra für »Jesus« bzw. »Christus«, NI KA: Er siegt.

S. 22 – *Lepta:* kleinste Währungseinheit ab 1828, 100 Lepta = 1 Drachme, galt bis zur Einführung des Euro 2001.

S. 34 – *Verkündigungkloster:* Das sogenannte Evangelistria-Kloster auf Skiathos, Mariae Verkündigung gewidmet, wurde zwischen 1794 und 1806 von der orthodoxen sog. Kollyvades-Bewegung erbaut, der auch Papadiamantis' Vater angehörte. Ab 1821 engagierte sich das Männerkloster im Kampf gegen die Osmanenherrschaft als Verpflegungszentrum und Unterschlupf für die aufständischen Klephten und Armatolen.

S. 36 – *Kaiki:* traditioneller, im südöstlichen Mittelmeer weit verbreiteter Typ eines Fischerboots; *Rëis:* auch »Rais«, im osmanischen Reich: Würdenträger, Oberhaupt.

S. 37 – *Echo:* in der griechischen Mythologie eine Bergnymphe; *Timar:* Lehngut im Osmanischen Reich.

S. 40 – *Griechische Unabhängigkeit:* Gemeint ist das aus dem Londoner Protokoll 1830 hervorgegangene unabhängige griechische Königreich als Ergebnis des Befreiungskriegs von 1821 bis 1827 gegen die Osmanen.

S. 42 – *Moslemische Großmächte:* Gemeint ist das koloniale britische Empire bzw. das postnapoleonische Frankreich und seine Eroberungen in Nordafrika; *Jesus spricht:* Markus 12,9.

S. 45 – *Okka:* osmanische Gewichtseinheit, entspricht 1282 Gramm.

S. 51 – *Ädipsos:* Städtchen im Norden von Euböa (Evia) mit einer langen Tradition von Thermalquellen, bis heute gut besucht.

S. 58 – Ioannis Graf *Kapodistrias,* im April 1827 von der Nationalversammlung zum ersten Präsidenten (Gouverneur) des befreiten Griechenland gewählt. Am 9. Oktober 1831 wurde er von lokalen, durch Partikularinteressen geleiteten Notabeln in Nafplion ermordet; *Königliche Kämpferphalanx:* ein von König Otto 1835 eingerichtetes Ehrenkorps für ehemals aktive Teilnehmer am Befreiungskampf gegen die Osmanen.

S. 64 – *Ehre sei Dir:* aus dem orthodoxen Hymnenbuch »Ochtoichos« (Parakletike), in dem liturgische Gebete eines Zyklus von acht Wochen entsprechend den acht Tönen der byzantinischen Kirchenmusik zusammengestellt sind; *Horologion:* Stundenbuch der orthodoxen Kirche, bestehend in der Hauptsache aus den gleichbleibenden Teilen der verschiedenen Stunden des Chorgebets; *Hymnen- und Monatsbuch:* Menäon. Zwölf solcher liturgischen Monatsbücher enthalten Texte für jeden Tag im Zyklus des Kirchenjahrs.

S. 66 – *Kommandateur:* sic!

S. 67 – *Er stammte aus Deutschland:* Mehr zur historisch verbürgten Gestalt des bayerischen Arztes Wilhelm Wild im Nachwort S. 234f.

S. 69 – *Enkel des ersten:* In Griechenland werden, vielfach bis heute, die Vornamen in die Enkelgeneration weitergegeben.

S. 76 – Der historische *Chryssostomos* wurde wegen seiner rhetorischen Begabung so benannt. Im Volksmund wird der Name offenbar wörtlich interpretiert.

S. 82 – *Apodeipnon:* im Ritus der Ostkirche das Nachtgebet (»nach dem Essen«), entspricht der westlichen Komplet.

S. 84 – *Einem Himmelstropfen und einer Perle gleich:* Hier geht es um das Gleichnis vom Schatz und von der Perle, Matthäus 13,44–46, in der Orthodoxie auch ein Sinnbild für Jesus; *Tau des Hermon, der niederfällt auf den Berg Zion:* Psalm 133,3.

S. 86 – *Pandekt:* handschriftliche Vollbibel.

S. 90 – *vor dem Herrgott nicht nur das Knie, sondern auch das Herz zu beugen*: angelehnt an einen Satz des liturgischen Pfingsttexts und der Totenmesse der Ostkirche.

S. 91 – *Heraus mit euch Toten, wir wollen hinein*: eine dem Mönch Kosmas dem Ätolier (1714–1779, heiliggesprochen 1961) zugeschriebene Prophezeiung: »Ihr werdet Menschen wie schwarze Vögel am Himmel fliegen und Feuer auf die Erde werfen sehen. Wer dann am Leben ist, wird zu den Gräbern laufen und schreien: Heraus mit euch Toten, damit wir Lebende hineingehen.«

S. 94 – *Lausiaca:* Schrift über frühe Einsiedlermönche in Ägypten und Palästina, verfasst von Bischof Palladius von Helenopolis (ca. 364–420/430); *Messgewand:* »Polystavrion« (Vielkreuz): ein mit bestickten Kreuzen übersätes Messgewand; *Überwurf:* »Schima« (griechisch: σχῆμα), auch Megaloschema oder Schema genannt, ein Gewandstück des Habits mancher Mönche und Nonnen in orthodoxen Klöstern. Die Träger gelten als besonders geübt in Askese, Disziplin, geistlicher Hingabe und Demut sowie standhaft gegenüber Anfechtungen. Als Zeichen tragen sie in der byzantinischen Orthodoxie ein reich verziertes Skapulier und eine Kapuze mit aufgestickten Kreuzen. – Das Aussehen des Schimas geht der orthodoxen Tradition zufolge auf den Wüstenvater Antonios zurück, dem Engel das Aussehen des Schimas in einer Vision gezeigt haben sollen; *Antonios* »der Große« führte als Einsiedler ein asketisches Leben, lange Jahre auch in der Wüste. Er gilt als Begründer des christlichen Mönchstums. Auch in der Orthodoxie fällt sein Gedenk- und Festtag auf den 17. Januar.

S. 99 – *Schnitter Tod:* Jeremias 9,20/21: »Der Tod ist durch unsre Fenster gestiegen, eingedrungen in unsre Paläste. Er rafft das Kind von der Straße weg, von den Plätzen die jungen Männer. Die Leichen der Leute liegen wie Dünger auf dem Feld, wie Garben hinter dem Schnitter; keiner ist da, der sie sammelt«; *Galata:* Stadtteil von Konstantinopel.

S. 103 – *Gajda:* südosteuropäische Sackpfeife der Volksmusik.

S. 106 – *Drei-Hierarchen-Kirche:* die drei Kirchenväter der Ostkirche: Basilius der Große, Johannes Chryssostomos, Gregor von Nazianz, Patrone von Kultur und Bildung, deren Fest auf den 30. Januar fällt.

S. 109 – *weiter flussaufwärts:* Gemeint ist vermutlich der Dnepr.

S. 113 – *der dreigliedrige Jakobsstab:* altes Messinstrument in der Seefahrt, Astronomie und Landvermessung, früher auch die Bezeichnung für die drei nahe aneinanderliegende Sternenreihe des Oriongürtels als Teil des Orion.

S. 114 – *goldene Gluckhenne samt Küken:* »im nhd. seit dem 17. jh. bezeichnet siebengestirn durchweg die gruppe von sechs oder sieben nahe zusammenliegenden sternen im rücken des stiers, das im alterthum plejades oder vergiliae hiesz und als regenbringend galt; es hiesz in Deutschland früher auch die gluckhenne, gluckerin«. (Aus: Deutsches Wörterbuch von Jacob Grimm und Wilhelm Grimm. Online: https://kompetenzzentrum.uni-trier.de/de/projekte/projekte/der-digitale-grimm/.)

S. 121 – *Baratterie* (ital. baratteria): in der Seeschifffahrt eine unrechtmäßige Handlung des Kapitäns oder der Mannschaft eines Schiffes.

S. 125 – *Kokoretsi:* gegrillte Innereien des Lamms am Spieß, umwickelt mit Lammdarm.

S. 133 – *der Makedone:* Gemeint ist Alexander der Große.

S. 135 – *Derfi:* der höchste Gipfel des Gebirgszugs Dirfys auf Euböa (Evia).

S. 141 – *Das endlich ist Bein:* Genesis 2,23; *Was aber Gott verbunden hat:* Matthäus 19,6; Markus 10,9; *denn der Mann ist:* Epheser 5,23.

S. 161 – *Griponisi:* griechischer Name der Insel Euböa (Evia) während der Türkenherrschaft. *Γρίπος* (gripos) bedeutet Fangnetz. Eğriboz: türkisch für Euböa, Euripos: die schmale Meerenge zwischen dem Festland und Euböa auf der Höhe von Chalkida; *Eleoussa:* Die Barmherzige, Beiname der Muttergottes.

S. 164 – *Aussteuerstapel:* gr. »Templa«, hoher Stapel zusammengelegter Decken, Tücher, Matratzen, Webteppiche u. a., vor Eheschließungen als Mitgift sichtbar im Haus der Braut platziert.

S. 165 – *Hoch der Apfel – runter die Quitte:* Kinderlied: *Ανέβα μήλο,/ κατέβα ρόδι/να σε ρωτήσω τι κάνει η κόρη./Πλέκει γαϊτάνι./Για ποιον το πλέκει;/Του μπαρμπα-Γιάννη.* (Hoch der Apfel,/runter der Granatapfel/ will dich fragen, was das Mädchen macht./Sie flicht eine Borte./Für wen tut sie das?/Onkel Giannis' Tochter.) Während die Kinder den Text singen, werfen sie mit jedem Vers die jeweiligen Früchte, es können auch Orangen oder Quitten sein (wie hier bei Papadiamantis), abwechselnd in die Höhe.

S. 169 – *Für meine Hochzeit wird mein Vater Sorge tragen, darüber steht ein Urteil mir nicht zu:* Vgl. Euripides: Andromache (987–988). Übersetzt von Dietrich Ebener. In: Euripides. Tragödien. Zweiter Teil. Berlin, 1975, S. 357.

S. 170 – *Ahitofel:* Vgl. 2 Samuel 16,23. Ahitofel stand im Ruf eines strategisch klugen, überlegten und weitsichtigen Ratgebers. Seine Ratschläge sollen so viel wie ein Gotteswort gegolten haben. Als sein kluger Rat einmal verworfen wurde, erhängte er sich im Bewusstsein der Folgen.

S. 171 – *Sag deiner Mutter:* Auszüge aus Volksliedern: *Θα πάρω βόλτα τα βουνά να δω κι αυτά τι λένε/να δω τα μάτια π' αγαπώ σαν τα δικά μου αν κλαίνε./Αν αρχινήσω και τα πω τα πάθη μου τραγούδια/όλη η γη θα μαραθεί δε βγάζει πια λουλούδια./Κουράστηκα για να πονώ και θέλω να πεθάνω.* (Ich gehe auf den Berg, zu sehen, was er mir sagt/Zu sehen geliebte Augen, ob sie weinen wie die meinen./Und wenn in Liedern dann mein Leid ich singe/verdorrt die ganze Welt, verwelken alle Blüten/Ich bin des Schmerzes müde und will sterben.) *Σύρε να πεις στη μάνα σου να κάνει κι άλλη γέννα/να κάψει κι αλλουνού καρδιά πως έκαψε κι εμένα.* (Sag deiner Mutter, noch eine and're Tochter auf die Welt zu bringen,/damit auch eines andern Herz zerbricht, wie's mir zerbrochen ward von ihr.)

S. 178 – *um dich, den wunderschönen Leib, zu retten:* aus einem Volkslied: *Χρυσό μου καναρίνι, ξύπνα απο την κλίνη,/ξύπνα και μην κοιμάσαι να διής πως τραγουδώ. Σηκώνομ' ο καημένος σαν παραπονεμένος,/και τ' άρματά μου βάζω πάγω να κυνηγώ./Λαγούς, περδίκια να 'βρω πουλάκια να σκοτώσω,/κι εσένα να γλιτώσω, κορμί μ' αγγελικό.* (Geliebtes gelbes Vögelein, erwach auf deinem Lager,/wach auf, versäume nicht mein Lied zu hören./Ich Armer muss mit Kummer mich erheben/Und für die Jagd nach meinen Waffen greifen./Um Hasen, Täubchen, Vögel zu erlegen/Um dich, den wunderschönen Leib, zu retten.)

S. 179 – *Kollyva:* gekochte Süßspeise aus Weizen mit den fleischigen Samenkernen des Granatapfels und anderen Zutaten, die beim Seelenamt in Gedenken an einen Verstorbenen den Anwesenden übergeben wird.

S. 180 – *eine Weihestätte der Wohlberatenheit:* Papadiamantis verwendet hier den aristotelischen Ausdruck »Euboulie«, in der Nikomachischen Ethik als »Wohlberatenheit« wiedergegeben, ein ethisches Konzept, das durch die gesamte Antike hindurch bekannt und geschätzt wurde und heute wohl identisch ist mit »gutem und vernünftigen Überlegen«, vgl. Die Nikomachische Ethik, Buch 6/10, übers. und hrsg. von Olof Gigon, München, 1972, 191 ff.

S. 183 – *Kapodistrias:* s. Anm. zu S. 58.

S. 185 – *Gebote des Deuteronomium:* »Wenn du in den Weinberg eines andern kommst, darfst du so viel Trauben essen, wie du magst, bis du satt bist, nur darfst du nichts in ein Gefäß tun. Wenn du durch das Kornfeld eines anderen kommst, darfst du mit der Hand Ähren abreißen, aber die Sichel darfst du auf dem Kornfeld eines anderen nicht schwingen« (Deuteronomium 23,25–26).

S. 187 – *Schön bist du, meine Freundin:* Hoheslied 4,1.

S. 199 – *Erbland:* Deuteronomium 32,8–11: »Als der Höchste (den Göttern) die Völker übergab,/als er die Menschheit aufteilte,/legte er die Gebiete der Völker/nach der Zahl der Götter fest;/der Herr nahm sich sein Volk als Anteil,/Jakob wurde sein Erbland./Er fand ihn in der Steppe,/in der Wüste, wo wildes Getier heult./Er hüllte ihn ein, gab auf ihn Acht/und hütete ihn wie seinen Augenstern,/wie der Adler, der sein Nest beschützt/und über seinen Jungen schwebt,/der seine Schwingen ausbreitet, ein Junges ergreift/und es flügelschlagend davonträgt.

S. 204: *Dies war die Akrivoula:* Vgl. »Das Lied des Ariel« in Shakespeares »Sturm« (1. Akt, 2. Szene): »Fünf Faden tief dein Vater ruht;/Korallen wird nun sein Gebein,/Aus seinen Augen wird Perlmutt:/Was vergänglich und gemein,/Ward gewandelt durch das Meer/Zu Kostbarkeiten, reich und schwer/Der Nymphen Stundenglocke klingt:/(Refrain) Ding-dong.« (Aus: William Shakespeare, The Tempest – Der Sturm. Übersetzt und herausgegeben von Gert Stratmann. Stuttgart, 2014, S. 47.)

S. 208 – *dreijähriges Kalb:* Der kirchliche Festtag für Mariae Tempelgang fällt auf den 21. November. Vgl. Genesis 15: »Und er sprach zu ihm: ›Ich bin Jahwe, der dich aus Ur in Kasdim herausgeführt hat, um dir dieses Land als dein Erbe zu geben.‹ Und er sagte: ›Mein Herr Jahwe, woran soll ich erkennen, dass ich es erben werde?‹ Und er sprach zu ihm: ›Nimm mir ein dreijähriges Kalb, eine dreijährige Ziege und einen dreijährigen Widder, eine Turteltaube und einen Jungvogel!‹« (Quelle: www.bibelbuch.de, Übersetzung: Hans Jochen Genthe.)

S. 210 – *Seekredite:* gr. *θαλασσοδάνεια*, Anleihen für Seeleute mit extrem hoher Zinsbelastung, deren Rückzahlung davon abhing, ob das Schiff seine Fracht unbeschadet entlud bzw. wieder in den Ausgangshafen einfuhr. Der Begriff wird noch heute benutzt, allerdings für Kredite, die aus unterschiedlichen Gründen nicht oder unvollständig getilgt werden; *getötet Tag für Tag:* Psalm 44,23.

S. 213 – *Rhomäer:* orthodoxe Christen im Osmanischen Reich, eine Selbstbezeichnung, die sich im griechischen Selbstverständnis teilweise bis heute erhalten hat und an die oströmisch-byzantinische Tradition anknüpft.

S. 215 – *Ajax:* In Sophokles' Tragödie »Aias« (Ajax) misshandelt die Titelfigur mit seiner Peitsche ein Rind, das er im Wahn für den Erzfeind Odysseus hält. Als er wieder zu sich kommt, bringt er sich aus verletztem Stolz um, während im zweiten Teil des Stücks ein Streit entbrennt, ob und wie der Selbstmörder bestattet werden darf; *Wirst du an den Toten Wunder tun:* Psalm 88,11.

S. 216 – *Lasse mich nicht zurück:* Homer, Odyssee, aus dem Griechischen übersetzt und kommentiert von Kurt Steinmann, München, 2016, 11/72 u. 75. Die fehlenden Verse 73 und 74 lauten: »wend dich nicht ab, dass nicht Grund ich dir werde für göttliches Zürnen/sondern verbrenne mich samt den Waffen, so viele ich habe.«

Die Anmerkungen zu den Erzählungen stammen sämtlich von der Übersetzerin. Zitate aus dem Alten und Neuen Testament sind, falls nicht anders vermerkt, der Einheitsübersetzung (EÜ) entnommen. Das Zitat von Odysseas Elytis (S. 5) stammt aus dessen Essay »Die Magie von Papadiamantis«. In: M. Mitsou/M. Oikonomou: Reflexionen. Essays neugriechischer Autoren. Neuried, 2005, S. 251.

Nachwort

DÜSTERE IDYLLEN

Für Odysseas (1960–2020)

1873 verlässt der 22-jährige Alexandros Papadiamantis, Sohn eines orthodoxen Geistlichen, seine Heimatinsel Skiathos, um in Athen den Schulabschluss nachzuholen und anschließend dort zu studieren. Nach dem Willen des Vaters soll aus ihm mindestens ein Schulmeister, wenn nicht ein Kleriker werden.

Zu diesem Zeitpunkt war der neugriechische Staat, den Osmanen schwer abgerungen und aus dem Londoner Protokoll von 1830 hervorgegangen als souveräne Erbmonarchie, nicht einmal ein halbes Jahrhundert alt. 1844 hatten die Griechen ihrem König, dem Wittelsbacher Otto, per Staatsstreich eine lange verweigerte Verfassung abgetrotzt; an Ottos Stelle trat 1863 der Däne Georg I. (Glücksburg) als Oberhaupt einer »gekrönten Republik« mit kaum mehr als einer Million Untertanen. Der Modernisierer und spätere Ministerpräsident (1882–1895) Charilaos Trikoupis wiederum erzwang 1875 vom Monarchen die Verpflichtung auf eine parlamentarische Demokratie. Noch lag die Nordgrenze des Landes auf der Horizontalen zwischen Arta und Volos, knapp nördlich der Sporaden, zu denen Skiathos gehört. Erst im Nachgang des Berliner Kongresses von 1878 erweiterte sich das Staatsgebiet um Thessalien und Epirus, entsprechend wuchs die Bevölkerungszahl. Nach und nach hielt Technik aus Europa Einzug in die rasant wachsende griechische Hauptstadt. Straßen erhielten Gasbeleuchtung, zwischen Athen und dem Hafen von Piräus fuhr eine Dampfeisenbahn. Mit Auslandskrediten wurde Infrastruktur auf- und ausgebaut, etwa der Kanal von Korinth oder Eisenbahnlinien. In Athen entstanden literarische Salons, deren Teilnehmer sich über die sogenannte Sprachenfrage stritten: ob die Bildungssprache »Katharevoussa« in ihrer zunehmend als gespreizt empfundenen Künstlichkeit immer noch literaturtauglich sei oder man nicht besser über neue Realitäten in der gesprochenen Alltagssprache, der »Dimotiki«, schreiben solle. Auch debattierte man über die »Große Idee«, das Nationalcredo eines erweiterten Griechenlands, und darüber, inwieweit man sich kulturellen und gesellschaftlichen Einflüssen des Auslands, insbesondere des westeuropäischen, öffnen könne. Der griechischen Wirtschaft ging es damals passabel, nicht zuletzt wegen des hauptsächlichen Exportprodukts, der Korinthen, die international hoch in Kurs standen. Doch ein unverhoffter Preisverfall und die Überschuldung führten 1893 zu Trikoupis' sprichwörtlich gewordener Verlautbarung: »Leider sind wir bankrott.« Die nun folgende Wirtschafts- und Finanzkrise löste eine erste Welle der Massenemigration, hauptsächlich von Landbevölkerung, nach Übersee aus. Bis zum Ersten Weltkrieg sollte eine internationale »Troika« die Kontrolle griechischer Staatsfinanzen übernehmen.

Als der alkohol- und rheumakranke Kettenraucher Papadiamantis 1908 nach fünfunddreißig Athener Jahren aus der »Stadt der Fronarbeit und Geldherrschaft«[1] endgültig nach Skiathos zurückkehrt, um dort 1911 – trotz einer Lungenentzündung psalmensingend – zu sterben, hatte das Land Jahrzehnte eines schwierigen Wandels hinter sich. Das Jahr der Heimkehr verweist zugleich auch auf eine andere, folgenschwere Begebenheit, weg von der Inselwelt und der griechischen Metropole: In Mazedonien, zu jener Zeit noch Teil des Osmanischen Reichs, erhoben sich 1908 die Jungtürken gegen den Sultan. Die Revolte sollte zur Keimzelle einer Entwicklung werden, in deren Folge noch im Osmanischen Reich die ethnischen Säuberungen christlicher Bevölkerungsteile forciert und von den Jungtürken bzw. der türkischen Nationalbewegung fortgesetzt wurden. Für Griechenland wiederum endete hundert Jahre nach dem Beginn des Aufstands gegen die Osmanen der Versuch, sich durch militärische Operationen griechische Siedlungsgebiete an der kleinasiatischen Küste und im Hinterland anzueignen, in einem humanitären und sozialen Desaster. Mit dem definitiven Ende der »Große Idee« wurden die christlichen Griechen aus den von alters her bewohnten Lebensräumen vertrieben.

Ungeachtet seiner Beliebtheit bei Zeitungs- und Zeitschriftenlesern galt Papadiamantis zu Lebzeiten in der griechischen Literaturszene eher als Außenseiter. Umso eifriger war man gleich nach seinem Tod dabei, sich an eine erste Gesamtausgabe zu machen, und errichtete 1925 am Hafen von Skiathos sogar ein Denkmal. Dort steht es immer noch. Auch der 1972 eröffnete Flughafen einige Kilometer außerhalb des Inselstädtchens trägt seinen Namen. Freilich ist der von Papadiamantis erzählerisch rekonstruierte Kosmos seiner Heimat längst in den Kernschatten des griechischen Zeitgeists getreten. Die verbliebenen physischen Relikte sind mittlerweile als Lokalkolorit für die Tourismusindustrie trivialisiert. In Griechenland hat Papadiamantis gleichwohl bis heute Kultstatus, unabhängig von Alter, Geschlecht oder Bildungshintergrund, obschon seine Sprache dem Leser einiges abverlangt und Übersetzer an die Grenzen ihres Handwerks treibt. Findet sich etwa in dieser Sprache das multikulturell gespeiste, historisch vielschichtige griechische Selbstverständnis wieder? Oder liegt es daran, dass im Mikrokosmos seiner Geschichten die Bandbreite dessen zutage tritt, was schlechthin zwischen Menschen möglich ist: große Gefühle des gesamten emotionalen Spektrums, grenzwertiges Handeln, dramatische, komische oder ergreifende Situationen, innige und abstoßende Momente, Tiefpunkte und Tröstendes?

Fern der Hauptstadt wächst Alexandros heran, geboren 1851 als drittes von sechs Kindern eines zur traditionalistischen Kollyvaden-Bewegung gehörenden Popen und der aus einer peloponnesischen Notabeln-Familie stammenden Mutter. Der Vater, geistige Autorität und *pater familias,* nötigt zu Respekt, Ehrfurcht und Ergebenheit. Unter Gleichaltrigen ist der Junge ein beneideter und bekämpfter Außenseiter: »Man hasste mich, weil ich Popenkind war.«[2] Geschützt wird er von seiner tief religiösen Familie, die eine Enklave in der kleinen Dorfgemeinschaft bildet. Vierzehnjährig erlebt er 1865 die in der Erzählung »Wärter an verseuchtem Ort« geschilderte Cholera-Epidemie als etwas, das seine Welt bedroht und verändert. Im Herbst jenen Jahres verlässt der Junge, den man heute wohl hochbegabt nennen würde, erstmals die Familie und geht zur weiteren Schulbildung auf die Nachbarinsel Skopelos.

Abgeschweift 1

Zu Beginn des 19. Jahrhunderts verbreitete sich die Cholera (asiatica) von Indien in mehreren Pandemien über den gesamten Globus und erstmals auch in Europa. Längst war der Cholera-herd Bengalen durch die Britische Ostindien-Kompanie in ein weitverzweigtes Handels- und Schifffahrtsnetz einbezogen. Über uralte Karawanenstraßen durch Afghanistan und Persien wurde die Krankheit auf die Arabische Halbinsel getragen, also auch in die Wallfahrtszentren des Islam, Mekka und Medina, eingeschleppt. Traten dort Cholerafälle auf, verließ man fluchtartig die verseuchten Orte u. a. Richtung Ägypten. Bis zum 19. Jahrhundert wirkte der »Haddsch« bei der Verbreitung der Cholera übers Mittelmeer nicht maßgeblich mit, denn man reiste bevorzugt über Land. Durch den zunehmend lebhaften mediterranen Seeverkehr wurde er schließlich doch zum pandemischen Risikofaktor. Ein zweites Einfallstor der Cholera nach Europa entstand durch den Vorstoß Russlands nach Süden in islamisch bevölkerte und damit potentiell verseuchte Gebiete (Krim, Kaukasus, Armenien, Moldau, Walachei).

In schneller Folge erreichte die erste westeuropäische Krankheitswelle Berlin (wo z. B. im November 1831 Hegel daran verstarb), dann Hamburg, London, Paris und Irland, setzte nach Québec über und brach im Juli 1832 sogar in New York aus. Insgesamt geht man von fünf Cholera-Epidemien des 19. Jahrhunderts in Europa aus, wobei die vierte in den Zeitraum 1864 bis 1875 fällt. Wo Cholera auftrat, wurden Maßnahmen ergriffen, wie man sie schon aus der Pestbekämpfung kannte, vor allem Quarantäne und Militärkordons. Denn noch war nicht klar, wo und wie die Geißel entstand, noch stritten sich Kontagonisten, die Vertreter der Ansteckung durch Berührung, mit Miasmatikern, die lokale Bodenfeuchtigkeit, Exkremente und Gase dafür verantwortlich machten.

Sobald Athen 1834 Sitz der Regierung des souveränen griechischen Staats geworden war, erstellte man im Hafen von Piräus ein weiträumiges Seuchenquartier als Aufenthaltsort für alle, die aus Gebieten des Osmanischen Reichs ins Land kamen und Quarantäne halten mussten. Aber auch auf Skiathos war man für Entseuchungs- bzw. Isolierungsmaßnahmen gerüstet. Anfangs diente dafür die der Küste vorgelagerte und als Kastell ausgebaute Felsmasse Bourtzi, die mit dem Städtchen durch einen schmalen, oft überschwemmten Landstreifen verbunden war.

Als der deutsche Metallkundler Karl Fiedler im Dezember 1834 auf die Insel kam, äußerte er sich entsetzt über diesen Quarantäneort: »Neben der Stadt ist eine kleine Insel, die sogenannte Burg, auf dieser wohnen die, welche Quarantaine zu halten hatten, in elenden Hütten von zusammengestellten alten Bretern; sie hatten dort in dieser regnigten und winterlichen Jahreszeit einen schrecklichen Aufenthalt. Es war keine Sanitätsanstalt, sondern ein Platz um krank zu werden und hülflos zu sterben.« Offenbar war Skiathos als Seuchenstation nicht unüblich: »Es kommen nämlich eine Menge Schiffe aus der Levante hierher, theils um Quarantaine (jetzt 14 Tage) zu halten, theils um Wasser einzunehmen«, was der örtlichen Bevölkerung »mancherlei Vortheile« in Form von Zusatzverdiensten verschaffte.[3]

1836 entschloss sich der Gemeinderat, eine Stelle in einiger Entfernung vom Hauptort zu erschließen, »gegenüber dem Städtchen, auf der anderen Seite des Sees und der Werft, ganz in der Nähe der Georgskapelle«,[4] *wo auf kircheneigenem Gelände und auf Staats-, nicht auf Gemeindekosten eine neue Seuchenstation errichtet wurde. Eben dort lässt Papadiamantis seine Skevo sehnsüchtig an die guten alten Zeiten denken, als die Frauen ihre Männer und Söhne in der Quarantäne noch mit gutem Essen versorgen konnten.*

Aber auch dieses alte Lazarett am Ende der Bucht gab man 1853 auf, um weiter südlich an der Spitze der Landzunge dem Städtchen gegenüber einen neuen, von Zeitgenossen als »prächtig« bezeichneten Bau zu errichten. Papadiamantis beschreibt ihn detailgetreu: »Er bestand aus drei Gebäudeteilen, zwei höheren am Hang und einem dritten, flacheren nächst des Ufers. Zwischen den dreien lag eine große Zisterne, die längst kein Wasser mehr führte. Unterhalb des dritten Baus erstreckte sich eine hohe, breite Marmortreppe und unterhalb der Treppe eine breite, gut ausgebaute Pier«,[5] *wie er sich überhaupt, nicht nur in der hier zitierten Erzählung, an die historischen Realien hält; heute befindet sich das Gelände in privater Hand und die Umgebung heißt nach wie vor Lazaretta.*

1865 galt als Jahr eines der heftigsten Choleraausbrüche vor Ort. Um ihn »einzudämmen, wurden in Griechenland lang-

fristige und strenge Maßnahmen eingeleitet«.[6] *Weshalb man bei dieser epidemischen Lage, die sich bis ins Folgejahr hinzog, für die Quarantäne das unbewohnte Eiland Tsougrias heranzog, dürfte sich durch die unverhältnismäßig große Zahl an Schiffen und potentiell infizierten Menschen auf der Flucht erklären, deren Ankunft man erwartete und befürchtete. Aber auch das aus der Not geborene Provisorium scheint nicht gereicht zu haben. Dies jedenfalls ist dem Beschlussprotokoll des Gemeinderats von Skiathos am 15. Juli 1865 zu entnehmen, dreien in der Nähe liegenden Schiffen aus Port-Said, Alexandria und Konstantinopel eine Anlandung bei Tsougrias wegen fehlender Mittel zu untersagen, vielmehr deren Passagiere lediglich mit dem Allernotwendigsten zu versorgen und sie an die nächste Seuchenstation zu verweisen, »damit die Insel dieser sich wiederholenden Gefahr durch die verheerende Krankheit aus dem Weg geht.« Außerdem beabsichtigte man, wie am 28. Juli 1865 vermerkt, »eine Bewaffnung der Bewohner anzuordnen« und ein Boot für Küstenpatrouillen anzumieten, das eine Missachtung der Hygienemaßnahmen bzw. einen Anlandeversuch auf der Mutterinsel verhindern sollte. Aber auch Sicherheitserwägungen dürften bei der Wahl von Tsougrias eine Rolle gespielt haben, da Abstandsregeln und Kontaktverbote zur örtlichen Bevölkerung bei einem nur auf dem Seeweg erreichbaren Ort ungleich leichter zu kontrollieren sind. Dergleichen Überlegungen und Sachverhalte hat Papadiamantis faktengetreu in die Erzählung »Wärter an verseuchtem Ort« einfließen lassen.*

Nach der Zeit auf Skopelos verbringt Alexandros zwei weiterführende Schuljahre in Chalkida auf Euböa (gr. Evia). 1868 bricht er sie nach einer Auseinandersetzung mit dem Religionslehrer ab: »Vosis hasst mich in dem Maß, wie ich ihn verachte«, schreibt er schon im ersten Brief an den Vater.[7] Erzählerisch taucht diese Episode viel später wieder auf: »Mitten im Schuljahr war er aus der Hauptstadt der

Präfektur zurückgekehrt, wo er das Gymnasium besucht und es vorzeitig abgebrochen hatte. Er wollte sich die Strafe nicht bieten lassen, die ihm wegen eines Wortgefechts mit einem in seinen Augen äußerst ungebildeten Lehrer auferlegt worden war.«[8]

Aus Piräus, wo er nach einem viermonatigen Zwischenspiel Anfang 1870 wieder die Schule hinwirft, berichtet er dem Vater von erheblicher Belastung, wünscht sich mehr Luft zum Atmen und fleht: »Schicken Sie mich irgendwo hin, nur nicht zurück nach Skiathos. Um Himmels Willen, ich kann nicht mehr.«[9] Der Vater antwortet rügend. Überhaupt scheint in ihrem über zwanzigjährigen Briefwechsel eine von wirtschaftlicher Abhängigkeit, Schuldgefühlen und Ernüchterung gezeichnete Beziehung auf. Widerwillig findet sich Alexandros erneut auf der heimatlichen Insel ein, wo er fast zwei Jahre lang eigenbrötlerisch und nach außen hin untätig umherstreift, in den schadenfreudigen Augen der Leute bereits eine gescheiterte Existenz. Den Sommer 1872 verbringt er auf dem Heiligen Berg Athos bei einem Mönch. Wieso er sich dieser Lebensform auf Dauer nicht gewachsen fühlt, verrät vielleicht sein Protagonist in »Wunschtraum in den Wellen«, einst Hirtenjunge und später Athener Advokat, der sich nach Reminiszenzen an eine nackte Badende im Mondschein die Frage stellt: »Sollte es jene einzigartige Begebenheit, jene traumverlorene Erinnerung an das schwimmende Mädchen sein, die mich nicht zu einem Mann der Kirche hat werden lassen?«[10]

Von da an bleibt für einen erneuten Anlauf nur Athen übrig, um durch ein Studium irgendwann wirtschaftlich auf die Beine oder gar in Amt und Würden zu kommen. Im Herbst 1873 drückt er also erneut die Bank eines Gymnasiums in der Hauptstadt. 1874 erreicht er den vom Vater eingeforderten Schulabschluss und schreibt sich an der Philosophischen Fakultät der Athener Universität ein.

Doch wieder macht die Familie ihre Rechnung ohne Alexandros. Bald lässt er das Studium links liegen und ignoriert die Türen, die ihm über gute Beziehungen des Vaters offenstehen. Der Bildungsweg bricht nun ab, ein ›normales‹ Berufsleben rückt in weite Ferne. Vom zürnenden Vater nach wie vor bezuschusst, statt seinerseits der Familie eine finanzielle Stütze zu sein, bringt er sich mit Beiträgen für Zeitungen und Zeitschriften durch, schreibt Fortsetzungsromane für das damals gängige Genre heroisch-romantischer Abenteuergeschichten [11] voller Leidenschaften und Enttäuschungen, teils unter dem Pseudonym »Bohème«. Sein letzter Roman »Das Zigeunermädchen« wird zum Publikumserfolg und erscheint gar in Buchform. Auch übersetzt er, zu einem Hungerlohn und unter erheblichem Zeitdruck, für die Presse Artikel des redaktionellen Bedarfs aus dem Französischen, von denen viele ungenutzt im Papierkorb landen. Später wird er angestellt und verdient dann zum ersten Mal gutes Geld. Er strebt die Zulassung als Lehrer für Französisch an, das er sich autodidaktisch beigebracht hat. Bei den Disputen in Kaffeehäusern macht er kaum mit, sitzt vielmehr schäbig gekleidet meist in Schenken einfacher Leute und trinkt seinen Wein. Manchmal hält er sich in einem Intellektuellencafé am Athener Dexameni-Platz auf: »Meistens saß Papadiamantis außerhalb vom Kafenion, ganz hinten neben dem Fensterchen am Kamin. Durch dieses Fensterchen nahm er seinen Kaffee entgegen, bat um Feuer für seine Zigarette oder fragte nach einer Zeitung. Fern von den anderen Gästen saß er da allein, die Hände übereinandergelegt, den priesterlichen Kopf seitlich geneigt und in seinen Träumereien versunken. Im Alltag vermied er es, Leute anzuschauen. Hatte er Angst vor ihnen? Mag sein. Eher war es so, dass dieser ›arme Wichtigtuer, der seinen kruden Ideen nachhing und sich mit Dingen nicht erwiesener Brauchbarkeit befasste‹, auf sie herabblickte.«[12]

Sich selbst empfindet er als einen, der vom Weg abgekommen ist:

> »Statt ihn rechterhand einzuschlagen, wandte ich mich nach links, zur Schlucht der lebensspendenden Marienquelle.
> Die Schlucht war tief und endlos. In der Erinnerung kommt mir diese Begebenheit aus der Kindheit wie ein Sinnbild meines ganzen Lebens vor.
> Chè la diritta via era smaritta.[13]
> Immer weiter stieg ich in die Klamm und verirrte mich zusehends. Mich selbst fand ich nicht, verlor mich vielmehr. O je, verloren war für mich der geradeaus führende Weg. La diritta via era smaritta.
> Entweder fiel ich in alle möglichen Wassergruben und -kuhlen, ohne einen Fußpfad erkennen zu können, denn diese Gruben waren von glitschigem, scharfkantigen Gestein oder Dornengestrüpp umschlossen, oder ich versuchte mich empor zu hangeln an flachen Felsen, wo man halbwegs Tritt fassen konnte, von denen aus jedoch keinerlei Aussicht möglich war. Eine Art Finsternis legte sich mitten über den Tag, das Dunkel des Unwissens.«[14]

Nichts hätte Papadiamantis' lebensgeschichtlichem Hintergrund und seiner Idiosynkrasie mehr entgegenkommen können als die Wende der griechischen Literatur in den 1880er Jahren. Deren Initiatoren ging es darum, sich vom Rückgriff auf die ab 1821 mit Blut, Schweiß und Tränen erkämpfte Freiheit loszusagen. Jenseits heldisch-patriotischer Rhetorik wollte man sich vielmehr griechischen Volkstraditionen und Sitten als erzählerischem Material zuwenden. Die Traditionsbeule von philhellenisch aufgewertetem Antikenkult sollte aufgebrochen, Imagination durch vitale Erfahrung und Gedächtnis aus erster Hand ersetzt werden. Also verabschiedete man sich von Historienromanen, einem

Genre, das auch Papadiamantis bedient hatte. Doch wie von Alltag und gelebten Traditionen im sprachlichen Artefakt der »Katharevoussa«[15] erzählen, die freilich im neuen Staat als Bildungs-, Literatur- und Amtssprache etabliert worden war? Also entbrannte mit der Wendung zum literarischen Naturalismus ein Kulturkampf zwischen den Verfechtern der Hochsprache und den Anhängern der gesprochenen Volkssprache, den »Demotizisten«.[16] Ausgetragen wurde er nicht zuletzt im neuen Format der »Sittenschilderung« (gr. Ithografia), als deren oberstes Gebot die Authentizität galt.

Für den Schriftsteller Papadiamantis also ein thematischer und stilistischer Neustart? Minutiöser Betrachter, Erinnerer und intimer Kenner kleiner Gemeinschaften und ihrer Religiosität, ist er vertrauter als die meisten mit dem Dorfleben und seinen Gepflogenheiten. Tatsächlich veröffentlicht er wenige Jahre nach dem Startschuss für das neue Genre, in der Literaturgeschichte markiert durch den Aufruf der Zeitschrift »HESTIA« zu einem Wettbewerb sittenschildernder Erzählungen, 1887 ein erstes Beispiel: »Das Christusbrot«.[17] Ort der Handlung: die Insel Skiathos, die Geschichte ziemlich düster: Eine Frau versucht ihre Schwiegertochter zu beseitigen, um den Sohn von seiner unfruchtbaren Frau zu befreien, und vergiftet ungewollt das eigene Kind.

Von nun an soll der Mikrokosmos der Heimatinsel, der »in seinem Herzen wie ein Granatapfel aufplatzt«,[18] zum hauptsächlichen Schauplatz seiner Erzählungen werden. Doch während bei vielen zeitgenössischen Autoren die romantische Flut von einer naturalistischen Ebbe abgelöst wird und die Sujets ihrer »Sittenschilderungen« oft von spannungsloser Bukolik zeugen, geht Papadiamantis einen entscheidenden Schritt weiter. Zwar bedient er sich der Form- und Raumvorgabe und verlegt die meisten Erzählungen auf die Insel,[19] retuschiert sie aber nicht im Sinne einer volkskundlichen Dorfidylle oder idealisierten Ländlichkeit.

Sein kritisch-durchdringender Blick fällt auf die neidische Spitzzüngigkeit der Leute, auf überhebliche weltliche oder klerikale Amts- und Würdenträger, auf profitgierige Bauunternehmer und Kaufleute, auf Schwindler und Wucherer. Er schildert prekäre Daseinsbedingungen, Ränke, Klüngel und Konflikte innerhalb und außerhalb der Familie, sozialen Druck und Mitgefühl, legt Zeugnis ab von mühseligen und beladenen Menschen und entwickelt einen untrüglichen, misstrauischen Instinkt angesichts jeglicher Machtanmaßung. Mit Hilfe seines biografischen Gedächtnisses wird er zum literarischen Hüter der Dorfgemeinschaft: »Ich schreibe einfach die Erinnerungen und Eindrücke meiner Kindheit auf«,[20] so eines der zahlreichen erratischen Morsezeichen des Autors in der ersten Person – oft inmitten einer Geschichte. Unter seinem Mikroskop tummelt sich »jener ganz kleine Kosmos von Menschen, die einander hassen und lieben«, eine Welt, deren Natur aus »Bergen und Stränden, Tälern und Quellen, Reben, Gehölz, Gärten und sogar einem See« besteht. Hauptsächlich von Bauern und Fischern bewohnt, treffen in diesen paar Tausend Menschenseelen »die Erde und das Meer aufeinander«,[21] und doch steckt in dieser »Welt, der kleinen, der großen«[22] eigentlich alles: Wahrheiten und Lügen, Täuschungen und Hoffnungen, Ehrgeiz und Eifersucht, Empathie und Ehrgefühl, zügellose Impulse und natürlich die Liebe in beiden Ausformungen: Eros und Agape.

Abgeschweift II

Zu den sympathischen Figuren der Erzählung »Wärter an verseuchtem Ort« zählt der Arzt Wilhelm Wund, anderswo bei Papadiamantis als Wilhelm Wild angeführt.[23] Beschrieben wird ein in sich ruhender, fast immer zu Heiterkeit aufgelegter und gutherziger Mittfünfziger mit deutschem, von Papadiamantis verschriftlichtem Tonfall des Griechischen. Die Figur ist dem aus Bayern stammenden Mediziner Wild nachempfunden. Ihm hat Papadiamantis nicht zuletzt durch einen 1899 in der Zeitschrift »Asty« publizierten Nachruf einen Platz im griechischen kulturellen Gedächtnis verschafft.

Wild kam in den Regierungsjahren des Wittelsbachers Otto nach Griechenland und ließ sich 1846 auf Skiathos als Arzt nieder, »um den man das Städtchen beneidete […] Die Innenminister des Landes haben sich wiederholt seiner erinnert und ihn, wann immer nötig, von der abgelegenen Insel als Leiter der Quarantänestation nach Delos entsandt, denn er war erfahren, mutig und gewissenhaft […] Weder verehrte er den Mammon noch verletzte er den Eid seiner Wissenschaft.«[24]

Wilhelm Wild, der »seinen ärztlichen Beruf über fünfzig Jahre korrekt ausübte«,[25] *war den Annehmlichkeiten des Lebens in Griechenland keineswegs abgeneigt. Die Dänin Christiane Lüth, Ehefrau des königlichen Hofarztes, erwähnte Wild bei einem Reiseaufenthalt auf Skiathos im Jahr von Alexandros' Geburt als jemanden, der sich mit seiner Frau rasch und umstandslos in die lokale Gemeinschaft integriert hatte.*

Wieso wurde Wild in der hier vorliegenden Erzählung zu Wund? Darüber kann angesichts der Quellenlage nur spekuliert werden. Papadiamantis selbst sprach weder Deutsch noch war er je ins Ausland gereist. Doch hatte er genug Englisch, Französisch und Italienisch gelernt, um diese Sprachen zu lesen und aus ihnen ins Griechische zu übersetzen.

Der historische Wilhelm Wundt wiederum (mit dem im Griechischen nicht reproduzierbaren Doppelkonsonanten dt) war in der zweiten Hälfte des 19. Jahrhunderts als Wissenschaftler und Professor für Philosophie an der Universität Leipzig ein großer Name; 1879 hatte er das erste Forschungsinstitut für Psychologie gegründet und der damals zum Methodenkanon gehörenden Assoziationstheorie, die Bewusstsein mechanistisch als Kette assoziativer Reaktionen versteht, seine Apperzeptionstheorie entgegengesetzt: nämlich die Vorstellung, dass Bewusstsein und Individualität aus einer eigenaktiven, kreativen Synthese von Sinnes- und Erfahrungsinhalten nach deren Eintritt ins Aufmerksamkeitsfeld bestehen. Vielleicht hatte Papadiamantis durch Berichte griechischer Studenten in Leipzig von diesem Diskurs rund um Wundts »Grundzüge der physiologischen Psychologie« gehört, vielleicht eine französische Übersetzung des Werks gelesen, die tatsächlich noch vor der Niederschrift des »Wärters« erschienen war.[26] *Mag sein, dass er in dieser Übersetzung auf den Satz gestoßen ist: »Mit zureichender Sicherheit lässt sich wohl der Satz als begründet ansehen, dass sich nichts in unserem Bewusstsein ereignet, was nicht in bestimmten physiologischen Vorgängen seine körperliche Grundlage fände.« Wundts Überzeugung, dass man mechanistische Konzepte durch hochkomplexe Integrationsmodelle ersetzen müsste, dass sich »von der psychophysischen Peripherie her Ausläufer bis tief in die Mitte des Seelenlebens [erstrecken]«,*[27] *könnte Papadiamantis gefallen haben. Vielleicht ist die Vokalabänderung als eines der kleinen klandestinen Zeichen in Papadiamantis' Werk auszulegen, mittels derer er den Horizont seines Wissens und Denkens absteckt, einen Horizont jedenfalls, der weit über die von ihm bedienten Genres und, trotz ausschließlich griechischer Sujets, über landesspezifische Kontexte hinausweist. Es wäre wohlfeil, gerade den »Wärter an verseuchtem Ort« lediglich als Erzählung aus Epidemiezeiten auf einer kleinen Sporadeninsel zu lesen. Genauso gut ließe sich im Subtext eine psychologische bzw. psychosoziale Betrachtung entziffern. Ihr Thema: Motive und Verhalten von Typen und individuellen Charakteren in einer Gefahrenlage der öffentlichen Gesundheit, die vieles ans Licht bringt.*

Sujet und Sprache

Die existentielle Gratwanderung, bislang eingeübt zwischen Fügsamkeit und Auflehnung gegen äußere Zwänge, erfasst nun auch das Schreiben: Papadiamantis bleibt zwar bei der Hochsprache »Katharevoussa«, modifiziert sie aber und erschließt sich seine ganz persönliche Ausdrucksweise, die indes seinen Figuren nicht unmittelbar geläufig ist. Als erzählender Seelenarchivar dieser kleinen, großen Welt geht er also weitgehend auf Distanz zu deren Umgangs- und Alltagsidiom. Mit dem Kunstgriff des sprachlichen Abstands, aus dem erst die Möglichkeit einer Annäherung erwächst, umschifft er den platten Naturalismus nicht weniger »Sittenschilderer« und verleiht seinem Sujet überhaupt erst das unverkennbare Profil.

Damit schwimmt er gegen den Strom des literarischen Diskurses in der Hauptstadt. Denn die sich bildende städtische Intelligenz hat sich in der Regel auf die Seite der Volkssprachler geschlagen. Bis auf eine einzige, in der »Dimotiki« verfasste Erzählung[28] ist Papadiamantis bei seiner unverwechselbaren »Katharevoussa« geblieben, die jedoch nie steif, pompös oder gespreizt und bis heute als Faszinosum wirkt. In einer geschmeidig gelockerten Fassung verwendet er sie für die Schilderung des Geschehens, während er bei den Beschreibungen der Natur als himmlischer Schöpfung zu einer glühend gesteigerten Hochsprache greift, als »beschreibe er irgendeinen geheimen Paradieswinkel«.[29] Dabei kommt homerisches, attisches und kirchlich-byzantinisches Griechisch zur Geltung. In den Dialogen wird allerdings gesprochen, wie der Schnabel gewachsen ist, ohne Scheu vor Einsprengseln aus dem Türkischen, einem albanischen Idiom oder einer westeuropäischen Sprache, oft auch im Dialekt von Skiathos. Odysseas Elytis hat diese Verbindung heterogener Sprachschichten mit einer Legierung verglichen.[30] Sie stellt eine literarische Verweigerung des griechischen Sprachenstreits dar und ist Papadiamantis' Art, eine dreitausend Jahre alte Tradition zu integrieren und weiterzuführen. Jede Übertragung dieser Sprache muss sich notgedrungen mit einem Annäherungsversuch bescheiden.

Der Kosmos von Papadiamantis ist ohne Frauen gleich welchen Alters nicht denkbar. Obschon meist als klüger, wendiger, tapferer, ausdauernder und erfindungsreicher geschildert, zählen sie zu den Schwachen der Gesellschaft, denen Rechte vorenthalten werden. Weibliche Optionen sind traditionell von einem festgezurrten archaischen Selbst- und Fremdverständnis begrenzt, weit entfernt von Geschlechtergleichheit. Heirat ist ein Geschäft zwischen Familien, die »Mitgift« das Zahlungsmittel. Aufgabe von Frauen ist es zu dienen. Und doch sind sie Dreh- und Angelpunkt des gesamten Daseins. Sie bestimmen und regeln die häuslichen und wirtschaftlichen Verhältnisse auf ihre Art.

Dabei wird den Frauen von Papadiamantis die keineswegs unübliche matriarchalische Rolle nicht in die Wiege gelegt, vielmehr durch schwere Arbeit, Standvermögen, Zähigkeit und langen Atem errungen. Vorteile auf dieser Wegstrecke verschafft ein nüchterner Verstand: Als etwa die verheiratete Ljalio und der junge Mathios sich mitten auf dem Meer verfolgt fühlen, fragt der Verliebte, »der sich ohne den Beistand einer gutwilligen Nymphe insgeheim ziemlich machtlos fühlte«, wie es denn nun weitergehen solle. »Und dann begriff er, wieso Frauen seit eh und je die Oberhand behalten«:[31] In überlegter Raffinesse präsentiert sie ihm aus dem Stegreif den Schlachtplan für eine erfolgreiche Flucht.

Doch gibt es auch Frauengestalten im Werk von Papadiamantis, die angesichts der Übermacht gesellschaftlicher Schranken resignieren, sich ihrem Schicksal ergeben oder gar verzweifelt zum allerletzten Mittel greifen. Ouranitsa etwa bringt sich um; sie hat sich vom Verlobten vorehelich schwängern lassen, doch die Schwiegermutter in spe nimmt ihr nicht ab, dass es der Sohn war, der gegen die

Sitten verstoßen hat;[32] Frangogiannou erwürgt und ertränkt weibliche Neugeborene und kleine Mädchen, um ihnen die weibliche Existenz zu ersparen. Über die Kindsmörderin fällt Papadiamantis kein moralisches Urteil, sondern platziert sie zwischen »göttlicher und menschlicher Gerechtigkeit«.[33] Mit ausgeprägtem Sinn für die Wucht von Konventionen hat er die seelisch-emotionale Leistung gerade dieser Frauengestalt sehr wohl im Blick. Sie ist so eigenwillig wie er, der wiederholt[34] ganz gegen die herrschenden Auffassungen und religiösen Postulate seiner Zeit unverhohlen für Kinderlosigkeit plädiert hat: »Sonderbar, dass jeder Grieche unserer Zeit es für die heiligste Pflicht und das dringlichste Bedürfnis hält, sein Geschlecht zu verewigen.«[35] Frauen schultern Lasten und gehen, auch aus mütterlicher Liebe, hohe Risiken ein; sie nehmen Krankheit und Tod in Kauf und gelten doch selbst als Last. Noch abwesend sind sie wirkträchtig: Ohne weibliche Präsenz vergehen die letzten miserablen Lebensjahre von Konstantis, bis er als reisende Leiche ans heimatliche Gestade findet, wie von einer Frau, der Muttergottes zurückgeführt. Dort erwartet ihn allerdings nur Argwohn und eine behördlich angeordnete Autopsie – was für ein Frevel am religiösen Empfinden!

Überhaupt hat Papadiamantis alle, die jenseits von autoritativem Gebaren ihren beschwerlichen Weg gehen, mit besonderer Aufmerksamkeit bedacht. Sogar den herkömmlichen Begriff des Heldischen definiert er auf eine geradezu modern anmutende Weise um: In der Erzählung »Heldische Hingabe« möchte Giorgis sich für verletzte Gefühle und gekränkte Ehre rächen, indem er zunächst dem Rivalen seine körperliche Überlegenheit vorzuführen plant und gleich darauf entschlossen ist, alle ins Jenseits zu befördern, die ursächlich an seiner Demütigung beteiligt sind, um sich schließlich, einer »verinnerlichten und sozialen Auffassung des Mutes«[36] folgend, zu fassen und durch den Verzicht auf

Gewalt heldisch über seine Hingabe hinauszuwachsen – in eine christliche Haltung der Menschenliebe.

Eros und Verzicht

Wenn es in der neugriechischen Literatur einen Erotiker par excellence gegeben hat, dann ist es sicher der in der körperlichen Liebe vermutlich unbewanderte, eher prüde wirkende Papadiamantis. Auch andere Genüsse werden für ihn nur schwer zugänglich gewesen sein: Gerade in den ersten Athener Jahren muss er wegen seiner knappen Mittel häufig darben. Lebenslang mutet er seinem vernachlässigten Körper Genügsamkeit zu, doch als Autor verlegt er sich mitunter darauf, in Beschreibungen üppiger Mahlzeiten zu schwelgen: »Bei uns hatten wir einen großen Schlegel mit Knoblauch, [...] noch ofenwarm, Rindfleischbällchen, eine gebackene Zahnbrasse und Barsche.«[37]

Obschon »Beute und Opfer von Passionen«,[38] dürfte er nie eine erotisch erfüllte Beziehung erlebt haben. Für seine Gefühlswelt bietet sich neben dem Wein und dem nächtlichen Psalmodieren in einer Athener Kapelle nur die Literatur an. Bisweilen äußert sich seine strapazierte Sinnlichkeit, eingeklemmt im Korsett familiärer und religiöser Traditionen, fast eruptiv in huldigenden Hymnen physischer Schönheit. Augen und Ohren des verstümmelten Sinnenmenschen sind auf die Herrlichkeit der Schöpfung, vornehmlich aber auf den weiblichen Körper gerichtet. Überaus anschaulich ist dies in einer Szene aus »Wunschtraum in den Wellen« zu verfolgen: Der in der ersten Person berichtende Ziegenhirt fühlt sich beim Baden im Meer (gr. *θάλασσα*: ein feminines Nomen) vom Element umarmt, mit ihm vereinigt; kurz darauf erblickt er – einer übersinnlichen Erscheinung gleich – den nackten Mädchenkörper und gerät in Verzückung: »Oh! Wonne, Wunschtraum, Wunder!«[39]

Anderswo wird im Traum des Erzählers aus der Eiche eine Frau:

> »Es war, als verwandele der Baum – im Schlaf habe ich als Sinnbild den Baum geborgen – nach und nach Aussehen, Art und Gestalt. Irgendwann mutete mich die Wurzel wie zwei schöne, wohlgemeißelte Waden an, die eine an der anderen haftend, dann lösten und trennten sie sich nach und nach voneinander; hierauf schien es, als bildete und formte sich der Stamm zu Lenden, Bauch und Brust mit zwei anmutig vorragenden Wölbungen; zwei dicht belaubte Äste kamen mir wie zwei Arme vor, deren Hände sich ins Unendliche reckten und streckten und sich willfährig wieder zur Erde senkten, auf der ich lag; und das immergrüne Blattwerk schien mir wie der dunkle, füllige Schopf eines Mädchens, der hochgesteckt war und dann lockig gelöst in Wellen herabfiel.«[40]

So sehr unterscheiden sich Erlebnisse dieser Qualität, ganz gleich ob erfahren oder erträumt, »von all den eigensüchtigen Liebesakten, den Scheinverhältnissen und lügnerischen Liebeleien dieser Welt«,[41] dass Papadiamantis den Rückzug in die »erotische Trauerarbeit« antritt, als die sein erzählerisches Werk bezeichnet worden ist.[42]

In der Rolle des »Kosmokalogeros«, des weltlichen Mönchs, wie er von seinen Zeitgenossen genannt wurde, findet Papadiamantis zu einer Lebensform, die ihm erlaubt, äußere und innere Widersprüchlichkeiten und Zerreißproben, wenn nicht zu versöhnen und zu überwinden, so doch leidlich zu integrieren. Als angehender Mönch auf dem Berg Athos mag er gescheitert sein, doch nun führt er ein von weitgehender Enthaltung geprägtes Dasein inmitten der Metropole, aller Pflichten entledigt, die mit konventionellem Berufs- und Familienleben einhergehen. Zugleich verzichtet er auf die entsprechenden Annehmlichkeiten und

Vergnügungen und erteilt sämtlichen Ansprüchen an ihn definitiv eine Absage: »Im Geist hatte er alles, was ihm nicht unentbehrlich schien, zum Fenster hinausgeworfen, gleich ob Möbel oder Ideen.«[43] Ferner stellt der Modus der Askese, den er übrigens nirgendwo als Ideal darstellt, auch eine Referenz an die streng orthodoxe Tradition seiner Herkunft dar. In dem Maße, wie er sich die Welt vom Leib hält, vergrößert sich der Raum für seine schriftstellerische Arbeit.

Selbstbild und Fremdwahrnehmung

Papadiamantis hat keine Tagebücher oder sonstige autobiografischen Aufzeichnungen hinterlassen. Aus der Korrespondenz mit dem Vater ergibt sich ein gewisses Bild seiner Person. Auf Bitten Dritter hat er in fortgeschrittenem Alter ein kurzes Selbstzeugnis verfasst. Zu zwei Dritteln besteht es aus der Beschreibung seines missglückten Bildungsmarathons und informiert am Ende recht knapp: »Als Kind zeichnete ich Heilige, schrieb Verse und versuchte mich an Komödien [...] Später schrieb ich um die hundert Erzählungen, die in verschiedenen Zeitschriften und Zeitungen veröffentlicht sind.«[44] Mitnichten geht dieser verhaltene Gestus auf eine kümmerliche Selbsteinschätzung zurück. Im Gegenteil: Seiner Einzigartigkeit ist er sich sehr wohl bewusst. In einem öffentlich ausgetragenen Disput schreibt er einem Kollegen: »Aber ich sage dir, dass man mich weder mit Poe noch mit Dickens, weder mit Shakespeare noch mit Béranger vergleichen kann. Nur mit mir selbst bin ich zu vergleichen.«[45]

Wie Papadiamantis empfunden und was er gedacht hat, ist vor allem in seine Erzählungen eingeflossen, als deren Feuerholz er sein Erfahrungs- und Gedächtnismaterial verwendet. Aus dem inneren Raum der Kindheit, der über Jahrzehnte faktisch im geografischen und sprachlichen Abstand verbleibt, stammen Textsplitter, deren Selbstbezüglichkeit kaum von der Hand zu weisen ist. Diese manchmal nebensächlich wirkenden Abschweifungen oder Anspielungen durchziehen wie Reste eines Palimpsests das gesamte erzählerische Werk, egal ob in der ersten Person als Bericht, Kommentar, ja sogar Fußnote (!) oder in der dritten als Selbstporträt im Erzählfluss. Immer wieder fordert das Ich seine literarischen Rechte ein. Ein typisches Beispiel dafür ist die Beschreibung des »armen Alekos« (Kurzform von Alexandros): »[…] der es nicht einmal zum Schulmeister gebracht hat, obschon er früher einmal in der Philosophischen Fakultät eingeschrieben war; er sollte unscheinbar bleiben, Wind und Wetter ausgesetzt … einer von denen, die Fortsetzungsromane zusammenstückeln!«[46] Man hat diese autobiografischen Streiflichter mit den flüchtigen Auftritten des Regisseurs Hitchcock in seinen Filmen verglichen.[47]

Beachtung verdient auch die Haltung von Papadiamantis zu den seinerzeit in Griechenland zentralen identitätsbildenden Diskursthemen: Weder ist er Parteigänger in der Sprachenfrage, ignoriert vielmehr die damit einhergehenden Zwistigkeiten, noch ist ihm die »Große Idee« als identitätsstiftende Vision eines großgriechischen Territoriums mit Mazedonien, Thrazien und Kleinasien mehr als einen Nebensatz wert. Vielmehr erschließt sich dem Leser eine unterschwellige Skepsis daran, dass sich das Land in seiner jüngsten Vergangenheit unhinterfragt auf die Ideen des Aufklärers Adamantios Korais[48] eingelassen und sich in einer Nationalstaatlichkeit nach ausländischem Muster eingerichtet hat, mit zweifelhaften Folgen: »Man könnte meinen, dieses Land habe seine Freiheit eigens als Beweis dafür errungen, dass es sich aus eigener Kraft nicht verwalten kann.«[49] In den Augen von Papadiamantis markiert das Jahr 1821 keinen Traditionsbruch und kommt auch nicht dem Neuanfang schlechthin gleich, ganz abgesehen davon, dass der »Westen« für Papadiamantis keine Verheißung darstellt.

Weder geht er auf das griechisch-türkische Verhältnis ein, noch ist er Türkenhasser: »Wie zu hören, waren die Athener Türken liebe und vernünftige Leute. Sie sprachen Griechisch und hingen an diesem Ort. Wer von ihnen die Unabhängigkeit überlebt hat und wegen des Glaubens seines Menschenschlags vertrieben wurde, weinte heiße Tränen.«[50] Nirgends fällt ein Wort über das orthodoxe Ökumenische Patriarchat in Konstantinopel, der verlorenen byzantinischen Hauptstadt, oder über den gängigen Topos, die 1453 in der Hagia-Sophia-Kirche unterbrochene Liturgie irgendwann fortsetzen zu können.[51] Nie wird ein Heiligenleben erzählt; statt dessen handeln seine Legenden von denen, »die Zeugnis ablegen vom Martyrium des Meers, sich durchs Leben schlagen und alles an Mitgefühl und Zuneigung verdienen.«[52] Ironisch bis harsch kommentiert der zutiefst religiöse Papadiamantis den höheren Klerus, insbesondere dessen Geiz, Hochmut und Schlemmerei: Nach dem opulent ausgerichteten Aufenthalt eines Bischofs wird von niemandem überschlagen, »wieviel Geld er für Puten, Hummer und Rogen ausgegeben hat«.[53]

Die gegenseitigen Sympathien waren begrenzt, insoweit auch Kirchenkreise über ihn den Stab brachen und ihm ankreideten, er überließe sich dem »Dämon der Sinnenlust« und leide zuvörderst an einer »angeborenen und arglistigen erotischen Überspanntheit.«[54] Dessen ungeachtet hat man ihn noch zu Lebzeiten in Griechenland zu einer Art Säulenheiligen stilisiert und ihn post mortem als mustergültigen Gläubigen vereinnahmt, »Inbegriff eines wahren Christen und unverfälschten Griechen.«[55] Später wurde er von traditionalistischen Kreisen als »Heiliger der griechischen Literatur«, als »unser geistiger Führer«[56] und sein Werk als »Wunder« kanonisiert, vor dem man sich in Verehrung verneigt.[57] Ebenfalls bewundernd, aber nüchterner, äußerte sich Konstantinos Kavafis: »Bei sämtlichen seiner Werke, die ich gelesen habe, war ich von der Beschreibungskraft beeindruckt. Mir scheint, er versteht sich brillant auf die dreifache Kunst der Darstellung – was gesagt, was ausgelassen werden und wovor die Aufmerksamkeit haltmachen muss.«[58] Als im ersten Besatzungswinter 1941 die griechische Bevölkerung Trost und Zuspruch bitter nötig hatte, gab die Zeitschrift »NEA HESTIA« im Weihnachtsheft eine Hommage an den Autor heraus. Mit zahlreichen Beiträgen und Kommentaren damaliger Literaten und Intellektuellen wirkte sie weit über den Anlass hinaus und brachte den Lesern die Erzählungen als Liturgien der Tröstung und Selbstbehauptung nahe.

Der Lyriker Odysseas Elytis hat ihn den »Hagiografen der natürlichen Welt«[59] genannt. Von hier aus ist der Schritt zur Idololatrie nicht mehr weit. In der Tat besteht eine innige Beziehung seiner Figuren zur ihren Heiligen, etwa bei Skevo, die von Ikonen Ermutigung und Antwort erbittet;[60] dabei verortet dieses Verhältnis immer auch die eigene Selbstreflexion, denn auf die Lösungen kommt Skevo am Ende selbst. Seine persönliche Maxime hat Papadiamantis so formuliert: »Was mich betrifft, werde ich, vor allem an derart prächtigen Tagen, solange ich lebe und atme und im Besitz meines Verstandes bin, immerfort meinem Christus huldigen und ihn preisen, inbrünstig die Natur beschreiben und hingebungsvoll die unverfälschten griechischen Lebensformen darstellen.«[61]

Zur Gestalt des Erlösers muss er beim nächtlichen Psalmodieren ekstatisch Zugang gefunden haben, so sehr, als ginge er dabei »lebendig ins Paradies ein«;[62] Zeugenberichten zufolge war er in solchen Momenten kaum wiederzuerkennen.

Neben dem orthodoxen Christusglauben war er Verteidiger eines materiellen Minimalismus. Lange vor Pier Paolo Pasolini hat Papadiamantis für eine »Kultur der Armut«

plädiert. Wohlgemerkt: Armut, nicht Elend. Gemeint ist eine Kultur, in der nur die lebensnotwendigen Dinge Bedeutung haben.[63] Die Potenz des Geldes ist ihm Feind: »Die Geldherrschaft war, ist und wird der stetige Machthaber über die Menschheit sein, ein ständiger Antichrist. Aus ihr erwächst Ungerechtigkeit, sie hegt und pflegt die böse Tat, verdirbt Körper und Seele, führt zu sozialem Verfall, zerstört neu entstehende Gesellschaften.«[64]

1908, im Jahr der endgültigen Rückkehr nach Skiathos, schreibt Papadiamantis »Das Klagelied der Robbe«, einen Abgesang auf das Leben und seine in Schönheit getauchte Vergeblichkeit. Tatsächlich ist seine Welt im Wirbel der Geschichte so gut wie verschwunden. Ihre Bausteine sind, wie er selbst befürchtet und vorausgesehen hat, zu musealen »Gegenständen der Neugier«[65] oder pittoresk geworden. Insofern ließen sich Denkart und Haltung von Papadiamantis auch als erinnernder Vorgriff gegen das Vergessen dieser Lebensformen begreifen. Auch lässt die Wunde, aus der dieses Werk entstand, den Schmerz erahnen, den nicht nur Pasolini Generationen später über den Verlust prämoderner Kulturen empfunden hat.

Wieder hat Danae Coulmas mich bei dieser Arbeit mit wertvollen Hinweisen freundschaftlich begleitet. Treffende Anmerkungen kamen auch von Elisabeth Heidenreich und Horst Möller. Gewidmet sind die vorliegenden Übertragungen meinem Mann Odysseas Antoniadis, ohne dessen Wissen und kritische Unterstützung über drei Jahrzehnte es ein Ding der Unmöglichkeit gewesen wäre, die Tiefenschichten der griechischen Sprache zu berühren.

Andrea Schellinger

1 *Νεκράνθεμα* (Totenblume), GW/4, 578.

2 *Τα δαιμόνια στο ρέμα* (Die Schreckgespenster in der Klamm), GW/3, 241.

3 Fiedler, Bd. 2, 3; 5.

4 Hier, 36.

5 Hier, 41.

6 Hier, 42.

7 Korrespondenz, 4. Oktober 1869 aus Chalkida, 13.

8 Hier, 132.

9 Korrespondenz, 15. Januar 1870, 21.

10 Hier, 198.

11 1879: *Η Μετανάστις* (Die Migrantin); 1882: *Οι Έμποροι των Εθνών* (Die mit den Völkern handeln); 1884: *Η Γυφτοπούλα* (Das Zigeunermädchen), GW/1.

12 Kostas Varnalis, 12 f. Das Zitat ist der Erzählung von Papadiamantis *Χαλασοχώρηδες* (Wüster Haufen) entnommen, s. GW/2.

13 Vgl. Dante Aligheri, Die Göttliche Komödie, übertragen von Ida und Walther Wartburg, Zürich, 1963, I,3. Die ersten drei Verse lauten: »Wohl in der Mitte unsres Lebensweges/geriet ich tief in einen dunklen Wald,/*so dass vom graden Pfade ich verirrte.*«

14 *Τα δαιμόνια στο ρέμα* (Die Schreckgespenster in der Klamm), GW/3, 243.

15 Zur griechischen Sprachenfrage: »After the establishment of the Greek state, its government and most of its literate citizens employed a compromise between Ancient and vernacular Greek for written purposes. This eventually came to be called katharevousa (literally ›tending towards purity‹ because it imitated many features of Ancient Greek grammar and avoided the use of loanwords). But a number of writers (especially in the Ionian Islands, and then increasingly in Athens after the union of the islands with the Greek state) proposed an alternative version of written Greek based on the vernacular, which eventually came to be known as demotic. By 1890 almost all Greek poetry was written in demotic, and the only important fiction writer to continue writing in katharevousa after 1900 was Alexandros Papadiamantis.« (Mackridge, 136).

16 Diese auch politische Auseinandersetzung zwischen gesellschaftlichen Modernisierern und Traditionalisten wird offiziell erst 1976 vom damaligen griechischen Bildungsminister Rallis beendet, der die »Volkssprache« als alleinige Unterrichts- und Amtssprache kanonisiert.

17 GW/2, 77–81.

18 Papagiorgis, 114.

19 Für eine Reihe von Erzählungen bildet der städtische Raum Athens den Hintergrund, doch stammen die dabei auftretenden Personen nie aus der den Kreisen von Bildung und Macht.

20 *Φτωχός Άγιος* (Armer Heiliger), GW/2, 211. An anderer Stelle: »Man glaube nur nicht, dass ich etwas in diesem Text erschaffe oder ersinne«, *Μαυρομαντηλού* (Schwarz bekopftucht), Anm. 1, GW/2, 158.

21 Elytis, 255; 257.

22 Vgl. Refrain in: Elytis, To Axion Esti – Gepriesen sei, Berlin, 2001, 13; 19; 21; 25.

23 Etwa in der Erzählung *Η Καλλικατζούνα* (Der Lappentaucher), GW/4, 542, wo davon die Rede ist, dass Wild beim Kartenspiel »sein Lebtag lang nie als Gewinner hervorging«.

24 Aus dem Nachruf, GW/5, 341.

25 *Ο Πεντάρφανος* (Der Vollwaise), GW/4, 57.

26 Wilhelm Wundt: Grundzüge der physiologischen Psychologie. Leipzig, 1874. (Franz. Übersetzung von Elie Rouvier unter dem Titel »Éléments de psychologie physiologique«, Paris, 1886.)

27 Wundt: Grundzüge, 1874, 2.

28 *Η αποσώστρα* (Sie bringt es zu Ende), GW/4, 51–55.

29 Papagiorgis, 66.

30 Elytis, 288.

31 Hier, 144.

32 *Το νησί της Ουρανίτσας* (Ouranitsas Insel), GW/3, 383–387.

33 A. Papadiamantis: Die Mörderin. 2. Auflage, Berlin, 2021, 153.

34 Mehr bei Moullas, 46.

35 *Το χριστόψωμο* (Das Christusbrot), GW/2, 78.

36 »[Lindner] war sogar trotz der Autorität der Klassiker überzeugt, daß diese Männer und Frauen, die für ihre persönlichen Überzeugungen Verbrechen begangen haben, heutigentags nicht sowohl auf den Kothurn als vielmehr in den Gerichtssaal gehörten. Er setzte ihrem Hang zu schweren Körperverletzungen eine ›verinnerlichte und soziale‹ Auffassung des Mutes entgegen.« Robert Musil: Der Mann ohne Eigenschaften, hrsg. von A. Frisé. Hamburg, 1974, 1053.

37 *Αγάπη στο κρεμνό* (Liebe am Abgrund), GW/4, 488 und an vielen anderen Stellen im erzählerischen Werk, z. B.: A. Papadiamantis: Die Heilige Nacht auf dem Berg. Frankfurt, 2001, 63: »zwei zarte Zicklein [...] mehrere Dutzend gepökelte Amseln [...] zwei Schläuche voll starken Weins, einen Korb Eier und Hartkäse aus Thrazien, ein halbes Dutzend Hühner und einen kleinen Kübel eingelegte Makrelen.«

38 Η Φαρμακολύτρια (Die Giftvertreiberin), GW/3, 309. Gemeint ist Anastassia (von Sirmium), Schutzheilige bei Krankheiten, wobei Papadiamantis in diesem Zusammenhang seelisch-emotionale Verstrickungen meint: Die Heilige Anastassia oder Giftvertreiberin ist es, die der Hexerei das Handwerk legt oder jeglichen Zauber löst und feindliche, arglistige Vorgehensweisen beseitigt.

39 Hier, 193.

40 *Υπό την βασιλικήν δρύν* (Unter der königlichen Eiche), GW/3, 330.

41 Hier, 198.

42 Papagiorgis, 127.

43 Elytis, 274.

44 Zeitschrift »Nea Hestia«, 20–21.

45 Moullas, 56.

46 Ο *σημαδιακός* (Der Gezeichnete), GW/2, 106.

47 Moullas, 35.

48 * 1748 Smyrna, † 1833 Paris, verbrachte sein Leben hauptsächlich außerhalb Griechenlands, gilt als scharfer Kritiker der Orthodoxie und als Vater der Katharevoussa.

49 Hier, 45.

50 *Αι Αθήναι ως ανατολική πόλις* (Athen als Stadt des Orients), GW/5, 198. Diese Erzählung ist ausgerechnet 1896 erschienen, im Jahr der ersten modernen Olympiade in Athen.

51 Einer Legende zufolge zelebrierte der orthodoxe Patriarch gerade die Heilige Messe, als das Heer der Osmanen in die Hagia-Sophia-Kirche eindrang.

52 *Το εναύσιον θύμα* (Das Jahresopfer), GW/3, 223–224.

53 Η *επίσκεψις του αγίου Δεσπότη* (Der Besuch des heiligen Bischofs), GW/4, 133. Weitere Stellen bei Papagiorgis, 144.

54 Vgl. ausführlich Papagiorgis, 108–109.

55 So Dimitrios Papandreou, zwischen 1941 und 1949 als Damaskinos Erzbischof von Athen und Griechenland, auch kurzfristig Regent und Ministerpräsident des Landes, in: Nea Hestia, 22.

56 Fotis Kontoglou, in: Triantafyllopoulos, 229.

57 Petros Charis, Nea Hestia, 1.

58 Zeitschrift »NEA ZOI«, Alexandria, Heft 44, April 1908, 822.

59 Elytis, 275.

60 Hier z. B. 50, 56f.

61 *Λαμπριάτικος Ψάλτης* (Österlicher Kirchensänger), GW/2, 517.

62 *Ελαφροίσκιωτοι* (Gesichter), GW/2, 496.

63 Vgl. Pier Paolo Pasolini: Freibeuterschriften. Die Zerstörung der

Kultur des Einzelnen durch die Konsumgesellschaft. Neu herausgegeben von P. Kammerer. Berlin, 1998, hier: »Enge der Geschichte und Weite der bäuerlichen Welt, 53–58, bes. 55: »Es ist diese grenzenlose, vornationale und frühindustrielle bäuerliche Welt, die bis vor wenigen Jahren überlebt hat, der ich nachtrauere [...] Die Menschen dieses Universums [...] lebten das ›Zeitalter des Brots‹. Sie waren Konsumenten von unbedingt notwendigen Gütern.«

64 *Χαλασοχώρηδες* (Wüster Haufen), GW/2, 453.

65 *Λαμπριάτικος Ψάλτης* (Österlicher Kirchensänger), GW/2, 524.

Verwendete Literatur

Constantinides, Elisabeth: Love and Death: The Sea in the Work of Alexandros Papadiamantis. In: Modern Greek Studies Yearbook, University of Minnesota, Vol. 4 (1988), 99–110.

Corbin, Alain: Pesthauch und Blütenduft. Eine Geschichte des Geruchs. Frankfurt a. M., 1993.

Elytis, Odysseas: Die Magie von Papadiamantis. Übers. von Isabella Schwaderer. In: M. Mitsou / M. Oikonomou: Reflexionen. Essays neugriechischer Autoren. Münchner Schriften zur Neogräzistik Bd. 1. Neuried, 2005.

Fiedler, Karl Gustav: Reise durch alle Theile des Königreiches Griechenland in Auftrag der Königl. Griechischen Regierung in den Jahren 1834 bis 1837. Bd. 2. Leipzig, 1841.

Frangoulis, Ioannis N.: *Σκιαθίτικα Δ' – Μνήμες Σκιάθου* (Skiathos – Erinnerungen), Athen, 1986.

Komis, Kostas: *Χολέρα και Λοιμοκαθαρτήρια, 19ος-20ός αιώνας. Το παράδειγμα της Σαμιοπούλας* (Cholera und Seuchenstationen, 19.–20. Jh. Das Beispiel Samiopoula), Ioannina, 2005.

Lüth, Christiane: *Αρμενίζοντας. Πέντε ταξίδια στο Αιγαίο* 1845–1851 (Übersetzung aus dem Dänischen. Dt.: »Fünf Segelreisen durch die Ägäis 1845–1851), Athen, 1999.

Mackridge, Peter: The Greek language since 1750. In: Caterina Carpinato / Olga Tribulato (Hrsg.): Storia e storie e delle lingua greca. Venedig, 2014, S. 133–164, https://www.academia.edu/10730161/The_Greek_language_since_1750 (letzter Zugriff: 10. Mai 2021).

Moullas, Panagiotis: *Το διήγημα, αυτοβιογραφία του Παπαδιαμάντη* (Die Erzählung als Autobiografie von Papadiamantis. Vorwort zu: Ders. (Hrsg.): A. *Παπαδιαμάντης αυτοβιογραφούμενος* (A. Papadiamantis autobiografisch). Athen, 2014.

Nea Hestia (Zeitschrift), Jg. 30, Heft 355 (Dezember 1941).

Papadiamantis, Alexandros: *Άπαντα* (Gesamtausgabe) in fünf Bänden. Hrsg. von N. D. Triantafyllopoulos. Athen, 1981–1988; auch online: https://www.papadiamantis.net/aleksandros-papadiamantis/ekdoseis.

Papadiamantis, Alexandros: *Αλληλογραφία* (Korrespondenz). Hrsg. von N. D. Triantafyllopoulos, Athen, 1992; auch online: https://www.papadiamantis.net/aleksandros-papadiamantis/syggrafiko-ergo/allilografia.

Papagiorgis, Kostis: *Αλεξανδρος Αδαμαντίου Εμμανουήλ* (Alexandros Adamantiou Emmanouil). 2. Auflage, Athen, 1998.

Triantafyllopoulos, N. D. (Hrsg.): *Αλεξανδρος Παπαδιαμάντης. Είκοσι κείμενα για τη ζωή και το έργο του* (A. P. Zwanzig Texte zu Leben und Werk). Athen, 1979.

Varnalis, Kostas: *Άνθρωποι* (Menschen). Athen, 1958.

Winkle, Stefan: Geißeln der Menschheit. Kulturgeschichte der Seuchen. 3. Auflage, Düsseldorf, 2005.

Wundt, Wilhelm: Grundzüge der physiologischen Psychologie. Leipzig, 1874. (Online: https://archive.org/details/b21905393/page/3/mode/1up).

Zelepos, Ioannis: Kleine Geschichte Griechenlands. Von der Staatsgründung bis heute. München, 2014.

Erstveröffentlichungen

Wärter an verseuchtem Ort. In: »Akropolis«, 14.08.–05.09.1893.
Die Heimwehkranke. In: »Hestia«, wahrscheinlich Mai 1894.
Heldische Hingabe. In: »Akropolis«, 01.01.1897.
Wunschtraum in den Wellen. In: »Panathinaia«, 15.10.1900.
Das Klagelied der Robbe. In: »Patris«, 13.05.1908.
Toter auf Reisen. In: »Panathinaia«, 28.02.1910.

INHALT

Wärter an verseuchtem Ort 7

Die Heimwehkranke 129

Heldische Hingabe 159

Wunschtraum in den Wellen 183

Das Klagelied der Robbe 201

Toter auf Reisen 207

Anmerkungen *217*

Nachwort: Düstere Idyllen *223*

In der Kleinen Griechischen Bibliothek erschienen zudem:

Alexander Adamopoulos: Zwölf und eine Lüge. *Übers. v. Nina Bungarten. Mit Illustr. v. Sandra Christou.* 1. Auflage 2001. 88 S. ISBN 978–3–932245–41–1. – **Alexander Adamopoulos: Noch mehr Lügen.** *Aus dem Griech. v. Nina Bungarten. Mit einem Nachw. v. Margarita Karapanou.* 2016. 80 S. ISBN 978–3–941184–54–1. – **Odysseas Elytis: To Axion Esti – Gepriesen Sei.** Zweispr. Ausgabe. *Übers. u. m. Nachw. vers. v. Günter Dietz.* 4. Aufl. 2012. 208 S. ISBN 978–3–932245–36–7. – **Odysseas Elytis: Die Träume.** Wörter – Menschen – Orte. *Mit zwei Beiträgen v. Ioulita Iliopoulou. Aus dem Griech. übers. und mit einer Deutung vers. von Günter Dietz.* 1. Auflage 2004. 180 S. – ISBN 978–3–932245–58–9. – **Odysseas Elytis: O Ilios O Iliatoras – Die Sonne die Sonnenherrscherin.** Griechisch – Deutsch. *Übersetzt und mit einem Anhang versehen von Günter Dietz und Maria Mavropoulou.* 1. Auflage 2015. 96 S. ISBN 978–3–941184–33–6. – **Nikos Kazantzakis: Odyssee.** Ein modernes Epos. Griechisch – Deutsch. *Übersetzt von Gustav A. Conradi. Mit einem Geleitwort von Thanassis Lambrou.* 2017. 1500 S. ISBN 978–3–941184–67–1. – **Thanassis Lambrou: Labyrinth.** Gedichte. Griechisch – Deutsch. *Übersetzt von Herbert Speckner. Mit einem Nachwort und einem Gedicht von Durs Grünbein.* 1. Auflage 2014. 120 S. ISBN 978–3–941184–31–2. – **Thanassis Lambrou: Meditation.** Gedichte. Griechisch – Deutsch. *Übersetzt und mit einem Nachwort von Herbert Speckner.* 2016. 96 S. ISBN 978–3–941184–66–4. – **Thanassis Lambrou: Pfade.** Gedichte und Sprüche. Griechisch – Deutsch. *Übersetzt von Herbert Speckner. Mit einem Gespräch zwischen Autor und Übersetzer.* 2019. 136 S. ISBN 978–3–96160–028–1. – **Giorgos Lillis: Im Dunkeln schwebend.** *Aus dem Griechischen von Nina Bungarten.* 1. Auflage 2005. 32 S. ISBN 978–3–932245–73–2. – **Alexandros Papadiamantis: Die Mörderin.** *Aus dem Griechischen von Andrea Schellinger. Mit einem Nachwort von Danae Coulmas.* 2. Auflage 2021. 168 S. ISBN 978–3–941184–50–3. – **Jannis Ritsos: Martyríes – Zeugenaussagen.** Drei Gedichtreihen. Griechisch – Deutsch. *Übersetzt von Günter Dietz und Andrea Schellinger. Anmerkungen und Nachwort von Günter Dietz.* 1. Auflage 2009. 286 S. ISBN 978–3–932245–96–1. – **Giorgos Seferis: Logbücher.** Gedichte. Griechisch – Deutsch. *Übersetzt, kommentiert und mit einem Nachwort versehen von Andrea Schellinger.* 2017. 232 S. ISBN 978–3–941184–69–5. – **Maria Stefanopoulou: Athos der Förster.** Roman. *Übersetzt von Michaela Prinzinger.* 2. Auflage 2021. 248 S. ISBN 978–3–96160–003–8.